edition suhrkamp 2152

Der Kosovo-Krieg ist vorbei; wann es das alte Elend sein wird, das zu ihm geführt, und wann das neue, das er verursacht hat, wird derzeit niemand prognostizieren wollen. Außer Zweifel steht aber, daß die Klärung der Wirren, die er in unseren ethischen und rechtlichen Überzeugungen produziert und hinterlassen hat, noch ganz am Anfang steht und lange dauern wird. Begonnen hat sie schon während der Bombardierungen: mit öffentlichen Beiträgen namhafter Rechtsphilosophen und Völkerrechtler in Zeitungen und wissenschaftlichen Journalen. Einige der wichtigsten dieser Beiträge sind im folgenden versammelt. Sie reklamieren Gehör auch in der künftigen, inzwischen weltweit in Gang gekommenen Diskussion.

Was genau ist deren Gegenstand? Hinter dem konkreten Anlaß dieses ersten Krieges der NATO stehen in Wahrheit nichts Geringeres als die Fragen nach Fundament, Reichweite, Revisionsbedürftigkeit und Zukunft tradierter Grundnormen des Völkerrechts und der internationalen politischen Ethik.

Der Kosovo-Krieg und das Völkerrecht

Herausgegeben von Reinhard Merkel

Suhrkamp

edition suhrkamp 2152
Erste Auflage 2000

Erstausgabe

Satz: Jung Satzcentrum, Lahnau
Druck: Nomos Verlagsgesellschaft, Baden-Baden
Umschlag gestaltet nach einem Konzept
von Willi Fleckhaus: Rolf Staudt
Printed in Germany

2 3 4 5 6 – 05 04 03 02 01

Inhalt

Vorwort

Der Kosovo-Krieg ist vorbei; wann es das alte Elend sein wird, das zu ihm geführt, und wann das neue, das er verursacht hat, wird derzeit niemand prognostizieren wollen. Außer Zweifel steht aber, daß die Klärung der Wirren, die er in unseren ethischen und rechtlichen Überzeugungen produziert und hinterlassen hat, gerade erst begonnen hat und lange dauern wird. Angefangen hat sie freilich schon während der Bombardierungen: mit öffentlichen Beiträgen namhafter Rechtsphilosophen und Völkerrechtler in Zeitungen und wissenschaftlichen Journalen. Einige der wichtigsten dieser Beiträge sind im folgenden versammelt. Sie reklamieren – wie der Herausgeber und Verfasser dieser Zeilen meint: mit Recht – Gehör auch in der künftigen, inzwischen weltweit in Gang gekommenen Diskussion.

Was genau ist deren Gegenstand? Nun, hinter dem konkreten Anlaß dieses ersten Krieges der NATO stehen in Wahrheit nichts Geringeres als die Fragen nach Fundament, Reichweite, Revisionsbedürftigkeit und Zukunft tradierter Grundnormen des Völkerrechts und der – wenn man will: internationalen – politischen Ethik. Wir stehen, wenn nicht alle Zeichen trügen, vor einem neuen Schub der substantiellen Renormativierung des Völkerrechts. Das bezeichnet Probleme von säkularer Bedeutung für die Zukunft der Welt. Sie können weder von der praktischen Politik noch von der Wissenschaft des internationalen Rechts allein bewältigt werden. Der vorliegende Band versteht sich insofern als beispielhaft. Denn die hier versammelten Stimmen aus Völkerrecht, Rechts- und Moralphilosophie profilieren genau die Theoriesphären, deren Kooperation für eine angemessene Lösung jener Probleme notwendig ist.

Die Beiträge sind, mit Ausnahme meines eigenen, der um

ein umfangreiches Postskript erweitert worden ist, unverändert geblieben. Sie sind daher geschrieben im Präsens einer dramatischen Situation, deren gewalttätiges Geschehen sich seither Gott sei Dank im wesentlichen erledigt hat.

Reinhard Merkel

Bruno Simma
Die NATO, die UN und militärische Gewaltanwendung: Rechtliche Aspekte*

1. Die Androhung oder Anwendung von Gewalt im Völkerrecht

Das gegenwärtige Völkerrecht geht zweifellos davon aus, daß die gravierende Verletzung von Menschenrechten eine Angelegenheit von internationalem Interesse ist. Eindrucksvolle Vernetzungen von Regeln und Institutionen, auf internationaler wie auf regionaler Ebene, wurden aufgrund dieses internationalen Interesses geschaffen. Für den Fall von Menschenrechtsverletzungen, die das Ausmaß der Kosovokrise erreichen, eröffnen diese Entwicklungen des Völkerrechts den Staaten, sei es alleine, gemeinsam oder über internationale Organisationen, ein breites Spektrum an friedlichen Reaktionen. Entsprechend der vorherrschenden Auffassung über die Verantwortlichkeit der Staaten (entwickelt von der Völkerrechtskommission der Vereinten Nationen) liegt die Pflicht der Staaten, die grundlegenden Rechte aller Menschen zu respektieren und zu schützen, im Interesse aller Staaten: Sie wird allen anderen – *erga omnes* – geschuldet. Folglich kann im Falle einer ernsthaften Verletzung dieser Pflicht jeder andere Staat rechtmäßig geltend machen, in seinen Rechten »verletzt« zu sein, und er ist somit berechtigt, Gegenmaßnahmen (früher als Repressalien

* Der Text dieses Aufsatzes wurde ursprünglich am 11. und 12. März 1999 in politischen »Round table«-Gesprächen vorgetragen, organisiert von der United Nations Association of the U. S. A. in Washington, D. C., und in New York. Fußnoten wurden nachträglich und nur dort hinzugefügt, wo sie notwendig erschienen. Der im Original englische Text wurde von Sebastian Vorberg ins Deutsche übertragen.

bezeichnet) gegen den Täter zu ergreifen. Nach geltendem Völkerrecht, seit 1945 in Kraft und 1970 durch die Deklaration der Generalversammlung über *»Friendly Relations«* bestätigt,[1] dürfen solche Gegenmaßnahmen nicht die Androhung oder Anwendung von Gewalt beinhalten. Im Kosovofall wurden beispielsweise 1998 von der Europäischen Union gewaltlose Sanktionen durch ein Flugverbot für jugoslawische Fluggesellschaften innerhalb der EU verhängt. Unabhängig von der Frage, ob diese besondere Maßnahme irgendeine Wirkung hatte, ist es einigermaßen überraschend, daß ein bestimmter Mitgliedstaat der EU sich, jedenfalls zunächst, rechtlich nicht legitimiert sah, die Bundesrepublik Jugoslawien (BRJ) durch die Anwendung dieser friedlichen Maßnahmen zur Respektierung der Menschenrechte der Kosovo-Albaner zu zwingen. Derselbe Staat ließ andererseits keine solchen Zweifel erkennen, als es um die Rechtmäßigkeit seiner Mitwirkung bei der Androhung von Waffengewalt seitens der Nato nur wenige Wochen später ging.

Die Weltgemeinschaft ihrerseits, handelnd durch den UN-Sicherheitsrat, erließ ein obligatorisches Waffenembargo gegen die BRJ einschließlich des Kosovo.[2] Noch fehlen uns die notwendigen Informationen, um Auswirkungen und Effizienz dieser nichtmilitärischen Maßnahmen verläßlich beurteilen zu können.

Angesichts eines Völkermordes dürfte sich das Recht von Staaten oder Staatengruppen, Menschenrechtsverletzungen entgegenzutreten, wahrscheinlich zur rechtlichen Pflicht wandeln.[3] Im Kosovo allerdings sah sich die internationale Gemeinschaft gewiß mit massiven Verletzungen von Menschenrechten und Rechten ethnischer Minderheiten kon-

1 GA Res. 2625 (XXV) (1970).

2 8, SC Res. 1160 (1998).

3 Vgl. Entscheidung des Internationalen Gerichtshofs im *Genocide (Bosnia-Herzegovina v. Yugoslavia) Case* (1996).

frontiert, nicht jedoch mit einem Völkermord im Sinne der Konvention von 1948.[4]

Was das Problem der Durchsetzung von Menschenrechten mit militärischen Mitteln angeht, so ist die fundamentale Regel, nach der sich jede Untersuchung zu richten hat, Artikel 2 (4) der UN-Charta, der lautet:

> Alle Mitglieder [der UN] unterlassen in ihren internationalen Beziehungen jede gegen die territoriale Unversehrtheit oder die politische Unabhängigkeit eines Staates gerichtete oder sonst mit den Zielen der Vereinten Nationen unvereinbare Androhung oder Anwendung von Gewalt.

Sowohl die teleologische als auch die historische Auslegung des Artikels 2 (4) zeigen deutlich, daß das hierin enthaltene Verbot als umfassendes gemeint war und ist. So wurde die Formulierung »oder sonst mit den Zielen der Vereinten Nationen unvereinbare...« entgegen einigen Auffassungen aus der Zeit des Kalten Krieges nicht etwa deshalb gewählt, um Raum für beliebige Ausnahmen von jenem Verbot zu schaffen, sondern um dieses selbst rundum zu sichern. Im derzeitigen Völkerrecht, kodifiziert im Wiener Übereinkommen über das Recht der Verträge von 1969 (Artikel 53 und 64), ist das Verbot des Artikels 2 (4) der UN-Charta ein Teil des *ius cogens*, d. h., es ist von der Gesamtheit der internationalen Staatengemeinschaft als eine Norm akzeptiert und anerkannt, von der keine Abweichung zulässig ist und die nur durch eine nachfolgende Norm des allgemeinen Völkerrechts, mit demselben zwingenden Charakter, abgeändert werden kann. Daher kann universales *ius cogens*, wie das in Artikel 2 (4) normierte Verbot, nicht auf regionaler Ebene vertraglich abbedungen werden. Außerdem ist das Verbot der Charta, Waffengewalt anzudrohen oder anzuwenden, für die Staaten als einzelne wie auch in ihrer Rolle als Mitglie-

4 *Convention on the Prevention and Punishment of the Crime of Genocide*, 1948.

der internationaler Organisationen, etwa der NATO, und schließlich auch für diese Organisationen selber verbindlich.

Darüber hinaus ist es wichtig, Artikel 52 des eben erwähnten Wiener Übereinkommens zu beachten, wonach »ein Vertrag nichtig [ist], wenn sein Abschluß durch Androhung oder Anwendung von Gewalt unter Verletzung der in der Charta der Vereinten Nationen festgeschriebenen Grundsätze des Völkerrechts herbeigeführt wurde«, deren unbedingt wichtigster eben Artikel 2 (4) ist.

Das Recht der UN-Charta sieht zwei Ausnahmen von dem Verbot des Artikels 2 (4) vor (wobei hier der Mechanismus der sogenannten »Feindstaaten-Klausel« nach Artikel 53 und 107 außer acht bleiben soll, da er heute allgemein für obsolet gehalten wird). Die erste Ausnahme, geregelt in Artikel 51 der Charta, gilt für Staaten, die Opfer von Aggressionen geworden sind:

> Diese Charta beeinträchtigt im Falle eines bewaffneten Angriffs gegen ein Mitglied der Vereinten Nationen keineswegs das naturgegebene Recht zur individuellen oder kollektiven Selbstverteidigung, bis der Sicherheitsrat die zur Wahrung des Weltfriedens und der internationalen Sicherheit erforderlichen Maßnahmen getroffen hat. Maßnahmen, die ein Mitglied in Ausübung dieses Selbstverteidigungsrechts trifft, sind dem Sicherheitsrat sofort anzuzeigen; sie berühren in keiner Weise dessen auf dieser Charta beruhende Befugnis und Pflicht, jederzeit die Maßnahmen zu treffen, die er zur Wahrung oder Wiederherstellung des Weltfriedens und der internationalen Sicherheit für erforderlich hält.

Als Verweis der Charta auf ein kollektives Selbstverteidigungsrecht bildet Artikel 51 die rechtliche Grundlage des Washingtoner Vertrags, mit dem die NATO gegründet wurde.[5] Artikel 5 des NATO-Vertrags beruft sich ausdrücklich auf Artikel 51.

Gemäß der UN-Charta ist individuelle oder kollektive

5 North Atlantic Treaty (1949), 34 UNTS 243.

Selbstverteidigung durch Waffengewalt demnach nur im Falle eines »bewaffneten Angriffs« zulässig. Wie Artikel 2 (4) selbst, ist auch Artikel 51 zum Gegenstand gewisser grober (Miß-)Interpretationen geworden, die überwiegend während des Kalten Krieges aufkamen, als sich der Sicherheitsrat regelmäßig im Zustand der Paralyse befand. Gegen derartige Versuche, eine klar definierte Ausnahme vom umfassenden Gewaltverbot der Charta in eine willkommene Grundlage für alle möglichen militärischen Aktivitäten umzufälschen, soll noch einmal nachdrücklich unterstrichen werden, daß Artikel 51 ein vor der Gründung der UN möglicherweise im Völkergewohnheitsrecht verankertes weiterreichendes Selbsthilferecht heute unzweideutig auf die Abwehr eines bewaffneten Angriffs beschränkt. Insbesondere ist jede offensive Selbsthilfe mittels Androhung oder Anwendung von Gewalt ohne eine Rechtsgrundlage in Kapitel VII der Charta nach deren *ius cogens* verboten.

Was die zweite Ausnahme von dem Verbot der Charta für Waffengewalt angeht, so bildet Kapitel VII den innersten Kern für das globale System der kollektiven Sicherheit. Nach dessen Bestimmungen kann der Sicherheitsrat, wenn er eine Bedrohung oder Verletzung des Friedens oder eine Angriffshandlung festgestellt hat, eine erforderliche Militäraktion mit Hilfe der Streitkräfte der Mitgliedstaaten durchführen. In der gegenwärtigen UN-Praxis ist es üblich, eine solche Militäraktion per Auftrag oder (häufiger) durch Ermächtigung derjenigen Staaten durchzuführen, die zur Teilnahme bereit sind – sei es als einzelne, sei es im Rahmen eines *ad hoc*-Bündnisses oder innerhalb regionaler oder anderer internationaler Organisationen, unter denen die NATO einen herausragenden Rang einnimmt. Während die Implementierung des Kapitels VII über ein »Franchising-System« dieser Art zahlreiche eigene Probleme hervorruft, ist es allgemein anerkannt, daß eine Ermächtigung des Sicherheitsrates gemäß Kapitel VII eine ausreichende Grundlage für die Rechtmäßigkeit von Gewaltanwendungen darstellt, die sich im Rahmen der Resolution(en) des Rates halten. Umgekehrt muß jede Androhung oder Anwendung von Gewalt, die weder als Selbstverteidigung gegen einen bewaffneten Angriff gerechtfertigt noch vom Sicherheitsrat autorisiert ist, als Verstoß gegen die UN-Charta gelten.

Kapitel VIII der Charta (Regionale Abmachungen) vervollständigt diese rechtliche Struktur. Artikel 53 Abs. 1, S. 1 lautet daher:

> Der Sicherheitsrat nimmt gegebenenfalls diese regionalen Abmachungen oder Einrichtungen zur Durchführung von Zwangsmaßnahmen unter seiner Autorität in Anspruch.

Die »*Agenda für den Frieden*« des UN-Generalsekretärs unterstreicht, in welch hohem Maße dieser Unterstützungsmechanismus erstrebenswert, ja notwendig ist.[6] Die Vorschrift lautet jedoch dann weiter:

> Ohne Ermächtigung des Sicherheitsrats dürfen Zwangsmaßnahmen aufgrund regionaler Abmachungen oder seitens regionaler Einrichtungen nicht ergriffen werden [mit der heute obsoleten Ausnahme der »Feindstaatenklausel«].

Diese Bestimmung wurde ebenfalls, insbesondere während des Kalten Krieges, erheblich strapaziert. Ein besonders dubioses Beispiel dafür ist die Auffassung, ein Versäumnis des Rates, regionale Militäraktionen ausdrücklich zu mißbilligen, könne als (stillschweigende) Ermächtigung gedeutet werden. Im Hinblick auf das Vetorecht der ständigen Ratsmitglieder ist dies ein fragwürdiges Argument. Auf der anderen Seite läßt eine angemessene, an Treu und Glauben orientierte Interpretation des Artikels 53 Abs. 1 durchaus Raum für die Möglichkeit einer konkludenten sowie einer *ex-post-facto*-Ermächtigung.

6 Boutros Boutros-Ghali, *An Agenda for Peace* (1992), SC Doc. S/24 111, 17 June 1992.

Vor dem Abschluß dieser kurzen *tour d'horizon* durch das einschlägige Völkerrecht muß noch auf Artikel 103 der Charta verwiesen werden, der bestimmt:

Widersprechen sich die Verpflichtungen von Mitgliedern der Vereinten Nationen aus dieser Charta und ihre Verpflichtungen aus anderen internationalen Übereinkünften, so haben die Verpflichtungen aus dieser Charta Vorrang.

Innerhalb solcher vorrangigen Verpflichtungen der Charta kommt selbstverständlich dem Verbot der Androhung und Anwendung von Gewalt aus Artikel 2 (4) in seinem Zusammenhang mit den anderen obengenannten Bestimmungen der Charta (Artikel 51 und 53, Kapitel VII) eine ganz besondere Dominanz zu. Da Artikel 2 (4) eine Norm des *ius cogens* darstellt, sind sämtliche Vereinbarungen, Entscheidungen und Verpflichtungen, die ihm widersprechen, unwirksam. Artikel 103 macht also die UN-Charta und die aus ihr hervorgehenden Verpflichtungen – z. B. bindende Entscheidungen des Sicherheitsrates – zum gegenüber allen anderen vertraglichen Verpflichtungen der UN-Mitgliedstaaten »höherrangigen Recht«, und damit auch gegenüber denjenigen Pflichten, die aus der NATO-Mitgliedschaft stammen.[7]

Die Frage von Rechtmäßigkeit oder Rechtswidrigkeit sogenannter »humanitärer Interventionen« muß im Lichte des bislang Dargelegten betrachtet werden. Wenn der Sicherheitsrat feststellt, daß eine massive Verletzung der Menschenrechte innerhalb eines Landes eine Bedrohung für den Frieden darstellt, und daraufhin eine Maßnahme zur Beendigung dieser Verletzungen ergreift oder gestattet, dann ist demnach eine bewaffnete »humanitäre Intervention« zulässig. Ohne eine derartige Ermächtigung stellt militärischer Zwang zum Zweck der Nötigung des Zielstaates zur Einhaltung der Menschenrechte einen Bruch des Artikels 2 (4) der

7 Vgl. in diesem Zusammenhang auch Art. 7 des NATO-Vertrags.

Charta dar. Ferner ist eine Berufung auf Artikel 51 solange unzulässig, wie die humanitäre Krise gewissermaßen die Landesgrenzen noch nicht überschritten und zu bewaffneten Angriffen gegen andere Staaten geführt hat. Ein Massenexodus von Flüchtlingen beispielsweise ist kein bewaffneter Angriff. Da es keine Rechtfertigung gibt, die von der UN-Charta unzweideutig zur Verfügung gestellt würde, »kann Gewaltanwendung nicht die angemessene Methode zur Sicherung und Überwachung der Menschenrechte sein«, um eine Formulierung des Internationalen Gerichtshofes aus seiner *Nicaragua*-Entscheidung von 1986 wörtlich zu zitieren.[8] Im selben Jahr hat das britische Außenministerium die Probleme einseitiger, also unautorisierter humanitärer Interventionen folgendermaßen zusammengefaßt:

> [D]ie überwältigende Mehrheit der heutigen Völkerrechtslehren kommt aus drei Gründen zu einer Ablehnung eines Rechtes auf humanitäre Intervention: erstens, die UN-Charta und die Substanz des modernen internationalen Rechts sehen ein derartiges Recht offenbar nicht vor; zweitens, die Praxis der Staaten in den letzten zwei Jahrhunderten, insbesondere seit 1945 liefern allenfalls eine Handvoll »echter« Fälle von humanitärer Intervention, nach der überwiegenden Einschätzung gar keine; und schließlich spricht nach vernünftiger Beurteilung der Spielraum zum Mißbrauch eines solchen Rechts stark gegen dessen Konstruktion ... Kurz: der Grund dafür, die humanitäre Intervention nicht als Ausnahme vom Prinzip der Nicht-Intervention zuzulassen, liegt darin, daß ihre zweifelhaften Vorteile von ihren Nachteilen für das Ansehen des internationalen Rechts gravierend überwogen würden.[9]

Die Frage, die sich an dieser Stelle stellt, ist natürlich, ob der gerade beschriebene Stand des Rechts sich möglicherweise nach dem Ende des Ost-West-Konfliktes oder unter dem Schock des Völkermordes und der Verbrechen gegen die Menschheit im ehemaligen Jugoslawien in den letzten Jahren

8 *International Court of Justice (ICJ) Reports* (1986), 134 Paragraph 268.

9 UK Foreign Office Policy Document No. 148, abgedruckt in *British Yearbook of International Law* 57 (1986), S. 614.

geändert haben könnte. Könnte es nicht sein, daß »humanitäre Interventionen« unter dem Signum »Nie wieder Srebrenica!« auch von seiten der Völkerrechtler eine freundlichere Beurteilung verdienten? Zeigen sich die jüngsten Fälle des »militärischen Humanitarismus« als frei von jenen suspekten Motiven, die solche Aktionen in der Vergangenheit kennzeichneten? In welchem Maß wird bereits eine kollektive Entscheidungsfindung oder die Beteiligung der NATO oder der OSZE garantieren, daß solche unlauteren Motive zurückgedrängt oder ausgeschlossen werden? Und vor allem, wie kann selbst das reinste humanitäre Motiv einer Militäraktion die eben skizzierten schwerwiegenden rechtlichen Einwände ausräumen? Diese Einwände könnten nur durch eine Änderung der Regelungen der UN-Charta überwunden werden. Eine solche Veränderung ist freilich nicht absehbar. Daher werden »humanitäre Interventionen« mittels Androhung oder Anwendung von Gewalt und ohne ein Mandat oder die Ermächtigung des Sicherheitsrates weiterhin grundsätzlich einen Verstoß gegen das Völkerrecht bedeuten. Doch eine so generelle Aussage kann nicht das letzte Wort sein. Vielmehr muß in jedem Fall einer humanitären Intervention eine sorgfältige Einschätzung vorgenommen werden, wie schwer ein solcher Rechtsverstoß gegen alle Umstände des konkreten Einzelfalles ins Gewicht fällt und welche Anstrengungen, falls überhaupt, von den Beteiligten unternommen werden müssen, um »so nah wie möglich« am Recht zu bleiben. Eine solche Abwägung wird nicht nur die moralische, sondern auch die rechtliche Beurteilung dieser Fällen beeinflussen.

2. Kosovo: »A Thin red line«

Im Falle des Kosovo flammten gravierende Gewaltaktionen Ende 1997/Anfang 1998 auf. In diesem Stadium der Entwicklung unternahm die internationale Gemeinschaft schnelle und entschiedene Schritte, verglichen jedenfalls mit bedauerlichen früheren Gelegenheiten. Im März 1998 verabschiedete der Sicherheitsrat auf der Grundlage von Kapitel VII, wenngleich ohne ausdrückliche Kennzeichnung der Kosovo-Krise als Friedensbedrohung, die Resolution 1160 (1998), in der die Bundesrepublik Jugoslawien und die Kosovo-Albaner aufgefordert wurden, eine politische Lösung anzustreben. Wie bereits erwähnt, verhängte der Rat ein verbindliches Waffenembargo gegen beide Parteien.[10] Er betonte nachdrücklich, »daß das Ausbleiben eines konstruktiven Fortschritts der Friedensbemühungen im Kosovo zur Erwägung weiterer Maßnahmen führen« werde.[11]

In den darauffolgenden Tagen und Wochen verschärfte sich die Situation rapide: Die Kämpfe nahmen zu; serbische Sicherheitskräfte und die jugoslawische Armee wandten exzessiv und wahllos Gewalt an, was zu zahlreichen zivilen Opfern, zur Vertreibung von Hunderttausenden Unschuldiger aus ihren Häusern und zu einem Strom von Flüchtlingen in benachbarte und entferntere Länder führte. Im April 1998 beschloß die Kontaktgruppe für das ehemalige Jugoslawien, mit Ausnahme der Russischen Föderation, neue Sanktionen gegen die BRJ. Im Juni wies der UN-Generalsekretär die NATO auf die Notwendigkeit eines Mandates des Sicherheitsrates für jedes militärische Eingreifen im Kosovo hin. Freilich war zu dieser Zeit bereits deutlich geworden, daß die Russische Föderation einem solchen Schritt nicht zustimmen würde.

Im September 1998 erließ der Sicherheitsrat die Resolution 1199 (1998), welche, wiederum auf der Basis des Kapitels VII, die Verschlechterung der Situation im Kosovo als »Gefahr für Frieden und Sicherheit in dieser Region« qualifizierte.[12] Der Rat verlangte die Beendigung der Feindselig-

10 SC Res. 1160 vom 31. März 1998.
11 Ibid., Abschn. 19.
12 SC Res. 1199 vom 23. September 1998.

keiten, einen Waffenstillstand, sofortige Schritte beider Parteien zur Verbesserung der humanitären Situation sowie das Eintreten in Verhandlungen mit internationaler Beteiligung. Die BRJ wurde ersucht, eine Reihe von Maßnahmen mit dem Ziel einer friedlichen Lösung der Krise zu ergreifen. Abschließend beschloß der Sicherheitsrat, daß »sofern die in dieser und in der Resolution 1160 (1998) geforderten Maßnahmen nicht verwirklicht werden sollten, weitere Aktionen und zusätzliche Maßnahmen zur Sicherung oder Wiederherstellung des Friedens und der Stabilität in dieser Region in Betracht gezogen« würden.

Während der folgenden Wochen wurde jedoch deutlich, daß (zumindest) Rußland gegen jede Resolution des Sicherheitsrats, die ein Mandat oder eine Ermächtigung für die Androhung oder Anwendung von Gewalt gegen die BRJ enthielte, sein Veto einlegen würde. Andererseits war es ebenso deutlich, daß der eben genannte Hinweis der Resolution 1199 (1998) auf eventuelle weitere Maßnahmen des Rates selbst keine ausreichende rechtliche Grundlage für die Androhung oder Anwendung von Gewalt durch UN-Mitglieder oder internationale Organisationen darstellte. Somit war der Sicherheitsrat nicht in der Lage, den »logischen« nächsten Schritt im Anschluß an Resolution 1199 (von dem deutschen Außenminister Kinkel »Sprungbrett-Resolution« genannt) zu gehen und schließlich militärische Zwangsmaßnahmen zu genehmigen, sofern sich die Situation nicht verbesserte.

An dieser Stelle übernahm die NATO gewissermaßen das Kommando. Ihre Mitglieder gaben der Organisation grünes Licht für eine Militäraktion, sollte die BRJ den Resolutionen des Rates nicht nachkommen, und die Allianz bereitete sich auf Luftangriffe gegen die BRJ vor. Die rechtliche Grundlage für eine derartige Aktion sollte das Konzept der »humanitären Intervention« sein, möglichst eng an die UN-Charta angelehnt, um so eine weitere Legitimationsbasis zu gewährleisten. Die Position der NATO wurde von deren Generalsekretär Solana am 9. Oktober 1998 wie folgt zusammengefaßt:

Die entscheidenden Punkte, die in unserer Diskussion gestern und heute erörtert wurden, sind die folgenden:
– Die BRJ ist, trotz der Resolution 1160 des UN-Sicherheitsrates vom 31. März 1998, gefolgt von der Resolution 1199 vom 23. September 1998, beide nach Kapitel VII der UN-Charta erlassen, bis heute den dringlichen Forderungen der internationalen Gemeinschaft nicht nachgekommen.
– Der eindeutige Bericht des Generalsekretärs der Vereinten Nationen im Gefolge beider Resolutionen warnte unter anderem vor der Gefahr eines humanitären Desasters im Kosovo.
– Die Fortdauer einer humanitären Katastrophe, weil keine konkreten Maßnahmen für eine friedliche Lösung der Krise von der BRJ ergriffen wurden.
– Das Faktum, daß eine weitere Resolution des UN-Sicherheitsrates, die eine klare Ermächtigung zur militärischen Durchsetzung der bisherigen Resolutionen im Kosovo enthielte, in absehbarer Zukunft nicht erwartet werden kann.
– Die Verschärfung der Situation im Kosovo und ihr Ausmaß stellen, wie in Resolution 1199 des UN-Sicherheitsrates explizit ausgeführt, eine ernsthafte Gefahr für den Frieden und die Sicherheit in dieser Region dar.
Auf der Basis dieser Diskussion ziehe ich den Schluß, daß die Alliierten unter den besonderen Umständen der gegenwärtigen Krise im Kosovo, so wie sie Resolution 1199 beschreibt, davon überzeugt sind, daß der Allianz eine legitime Grundlage für die Androhung und, falls notwendig, die Anwendung von Gewalt zur Verfügung steht.[13]

Diese Ankündigung scheint auf die BRJ einen gewissen Eindruck gemacht zu haben. Jedenfalls führten während der folgenden Tage intensive diplomatische Bemühungen, vor allem des US-Sondergesandten Richard Holbrooke, zu einem Waffenstillstand und zum Abschluß zweier Vereinbarungen:

13 Brief des Generalsekretärs Solana an die ständigen Vertreter des Nord-Atlantik-Rates, datiert 9. Oktober 1998 (Dokument beim Autor).

eines ersten Abkommens vom 16. Oktober 1998 zwischen der BRJ und der OSZE, das für die letztere die Erlaubnis vorsah, eine Überwachungsmission im Kosovo einzurichten, und außerdem eine Zusicherung der BRJ enthielt, die Resolutionen 1160 und 1199 einzuhalten; und eines zweiten Abkommens zwischen der BRJ und der NATO, unterzeichnet am 15. Oktober 1998, das die Einrichtung einer Luftüberwachungsmission über dem Kosovo vorsah, um die OSZE-Mission zu ergänzen. Nach dem erstgenannten Abkommen sollte

> [i]n einer Notfallsituation im Kosovo, in der nach der Beurteilung des [OSZE-]Missionsleiters die Sicherheit von Mitgliedern der Überwachungsmission bedroht ist, die BRJ eine Evakuierung der Mitglieder der Überwachungsmission [durch eine NATO-»Extraction Force«] zulassen und unterstützen.[14]

Holbrooke erreichte außerdem eine Übereinkunft mit der BRJ, wonach Verhandlungen für den Rahmen einer politischen Lösung bis zum 2. November 1998 abgeschlossen sein mußten.

Am 24. Oktober 1998 trat der UN-Sicherheitsrat wieder auf den Plan und reagierte auf den Abschluß der Holbrooke-Abkommen mit der Resolution 1203 (1998). Unter Rekurs auf Kapitel VII der Charta befürwortete und unterstützte der Rat offiziell die beiden Abkommen vom 15. und 16. Oktober, betreffend die Überprüfung der Einhaltung seiner Forderungen in Resolution 1199 durch die BRJ und alle anderen Beteiligten im Kosovo, und verlangte die vollständige und sofortige Durchführung dieser Abkommen durch die BRJ. Der Rat bekräftigte, daß die ungelöste Situation im Kosovo weiterhin eine Bedrohung von Frieden und Sicherheit der Region darstellte.

Nachdem sich die humanitäre Situation und die Sicherheit

14 38 *International Legal Materials* (1999), 24.

im Kosovo für einige Zeit verbessert hatten, kam es erneut zu Gewaltakten, die in den Geschehnissen in Racak Mitte Januar 1999 kulminierten. Als Antwort drohte die NATO erneut mit Luftangriffen.

Am 28. Januar 1999 traf UN-Generalsekretär Kofi Annan, früher selbst UN-Sonderbeauftragter für die NATO, mit dem Nord-Atlantik-Rat zusammen. Seine Erklärung gegenüber dem Rat enthielt die folgenden Passagen:

> Wir müssen auf der ausgezeichneten Zusammenarbeit zwischen der UN und der SFOR in Bosnien aufbauen, um die Kombination aus militärischer Macht und Diplomatie weiter zu verfeinern, die, wie überall, auch auf dem Balkan der Schlüssel zum Frieden ist. Der Erfolg einer NATO-geführten Mission unter einem Mandat der Vereinten Nationen ist sicher ein Modell für künftige Bemühungen...
> Lassen Sie mich damit schließen, Ihnen zum nahenden 50. Geburtstag der Allianz zu gratulieren und Ihnen viel Erfolg bei Ihren Beratungen über die Entwicklung eines neuen strategischen Konzepts für das nächste Jahrhundert zu wünschen. Wie Sie Ihre Rolle definieren und wo und wie Sie sich entscheiden, sie durchzusetzen, ist in Anbetracht der langen Tradition von Kooperation und Koordination zwischen NATO und der UN in der Frage von Krieg und Frieden von hohem Interesse für die Vereinten Nationen. Ich sehe Ihren Ansichten in dieser Angelegenheit gerne entgegen.[15]

Bei einer Pressekonferenz in Brüssel soll der UN-Generalsekretär, als er nach den Voraussetzungen einer Militärintervention in der BRJ/Kosovo gefragt wurde, geantwortet haben, daß »*normalerweise* eine Resolution des UN-Sicherheitsrates erforderlich« sei.[16]

Am selben Tag gab der NATO-Generalsekretär gegenüber der Presse im Namen des Nord-Atlantik-Rates eine Erklärung ab, in der er versicherte, daß die NATO vollständig hinter einer neuen Initiative der Kontaktgruppe stehe und

15 Dokument beim Autor.
16 Dokument beim Autor; Hervorhebung vom Autor.

bereit sei, ihre militärischen Mittel bei Bedarf einzusetzen. Er fügte dann hinzu: »Sie haben bei dem Besuch des UN-Generalsekretärs heute früh gesehen, daß die Vereinten Nationen unsere Entscheidung und unser Ziel mittragen.«[17] Am Abend des 29. Januar 1999 – im Anschluß an Entscheidungen der Kontaktgruppe vom selben Tag, die auf eine politische Lösung zwischen den Parteien im Kosovo-Konflikt zielten und hierfür Rahmen und Zeitplan vorschlugen – gab der Vorsitzende des Sicherheitsrates eine Erklärung ab, wonach der Rat die Entscheidung der Kontaktgruppe willkommen hieß und unterstützte und worin er verlangte, daß die Parteien ihre Verantwortung akzeptieren und diesen Entscheidungen, ebenso wie den einschlägigen Resolutionen des Rates, vollständig nachkommen sollten. Außerdem bekräftigte der Sicherheitsrat noch einmal seine Unterstützung der internationalen Bemühungen, einschließlich jener der Kontaktgruppe und der OSZE-Kontrollmission, zum Abbau der Spannungen im Kosovo und zur Erleichterung einer politischen Lösung.[18]

Am nächsten Tag wiederholte der Nord-Atlantik-Rat die Androhung von Luftangriffen, falls die »Forderungen der internationalen Gemeinschaft« und alle einschlägigen Resolutionen des Sicherheitsrates nicht beachtet würden. In diesem Zusammenhang hieß er die eben zitierte Erklärung des Sicherheitsratsvorsitzenden willkommen.[19] Am 1. Februar 1999 bat der Vertreter der BRJ um eine Dringlichkeitssitzung des Sicherheitsrates »als Folge der Bedrohung der Souveränität [seines] Landes durch die NATO«. Nach Ansicht der BRJ »stellt die Entscheidung der NATO als einer regionalen Vereinigung, ihren Generalsekretär Luftangriffe gegen Ziele auf jugoslawischem Territorium autorisieren zu lassen, ... eine offene und eindeutige Aggressionsdrohung ge-

17 *NATO Press Release* [99] 11.
18 S/PRST/1999/5.
19 *NATO Press Release* [99] 12.

gen die BRJ als einen souveränen und unabhängigen Mitgliedstaat der Vereinten Nationen dar«.[20] Der Brief der BRJ lenkte die Aufmerksamkeit sodann auf das Erfordernis einer UN-Ermächtigung für die Zwangsmaßnahme einer regionalen Organisation.

Gegenwärtig, im März 1999, erwartet die internationale Gemeinschaft von den Parteien im Kosovokonflikt eine Rückkehr an den Verhandlungstisch und die Erarbeitung der Details eines »Rambouillet-Abkommens«. Wie die Dinge derzeit stehen,[21] wird der Sicherheitsrat in diesem Abkommen ersucht werden, ein Mandat für eine von der NATO geführte multinationale Friedenstruppe (KFOR) zu erteilen und dabei Streitkräfte von Mitgliedern und Nichtmitgliedern der NATO einzubeziehen, um die Durchführung des »Rambouillet-Abkommens« zu sichern, notfalls auch mit militärischen Mitteln. Angesichts der Tatsache, daß das zukünftige Abkommen die Einwilligung der BRJ für den Einsatz einer multinationalen Friedenstruppe auf ihrem Territorium enthalten würde, scheinen allerdings die NATO und ihre Mitglieder ein Mandat bzw. eine Ermächtigung des UN-Sicherheitsrates zwar für politisch wünschenswert, aber nicht für unerläßlich anzusehen, falls diese Lösung vom Veto eines ständigen Mitglieds blockiert werden sollte. Das war jedenfalls der Standpunkt der deutschen Regierung in der Parlamentsdebatte Ende Februar 1999, in der der Bundestag einer deutschen Beteiligung sowohl an der militärischen Durchsetzung eines künftigen »Rambouillet-Abkommens« als auch an NATO-Operationen im Rahmen der »Extraction Force« zustimmte.[22] Eine ähnliche Sicht war schon vorher

20 Dokument beim Autor.
21 Zum Zeitbezug dieses Satzes vgl. die Bemerkung unter * am Anfang dieses Aufsatzes [Anm. des Übersetzers].
22 Vgl. *Deutscher Bundestag*, 14. Wahlperiode, 14/397 und 14/414; vgl. weiter den Bericht der Mitglieder des Auswärtigen Ausschusses des Bundestages (dem zweiten zitierten Dokument als Anlage 5 beigefügt).

hinsichtlich der Wirkung der Holbrooke-Abkommen für die Rechtfertigung der Anwesenheit der OSZE-Überwachungsmission im Kosovo und der eventuellen Evakuierung von Mitgliedern der OSZE-Mission durch die NATO Extraction Force artikuliert worden.[23]

Im Gegensatz hierzu, heißt es, bestehe die Russische Föderation auf einem Mandat des Sicherheitsrates auf der Grundlage von Kapitel VI der Charta, zusätzlich zu einem Abkommen mit dem Gebietssouverän. Sollten diese Bedingungen erfüllt werden, so wäre Rußland sogar bereit, an einer von der NATO geleiteten multinationalen Friedensmission im Kosovo teilzunehmen.

Das sind die im Zusammenhang mit der momentanen Situation entscheidenden Ereignisse. Im folgenden sollen diese Tatsachen im Licht des oben im Abschnitt 1 dargestellten Rechts untersucht werden.

Erstens: Entgegen dem Standpunkt der BRJ bei ihrem Antrag vom 1. Februar für eine Dringlichkeitssitzung des Sicherheitsrates ist die NATO keine regionale Organisation im Sinne des Kapitels VIII der UN-Charta. Seitens der NATO wurde dies bereits vor Jahren durch einen Brief des früheren Generalsekretärs Willy Claes an den UN-Generalsekretär ausdrücklich klargestellt. Folglich ist die in Artikel 53 Abs. 1 der Charta genannte Voraussetzung einer ausdrücklichen oder konkludenten, vorherigen oder *ex-post* erteilten Ermächtigung von Gewaltmaßnahmen gemäß regionalen Abmachungen oder durch regionale Akteure im Falle NATO formell nicht anwendbar. Die NATO ist eine internationale Organisation auf der Grundlage des Artikels 51 der Charta; die einzige nach diesem Artikel vorstellbare »Zwangsmaßnahme« ist die der kollektiven Selbstverteidigung. Wenn die NATO jetzt das Gebiet ihrer Aktivitäten über »Artikel-5-

23 Vgl. die Passage aus der Vereinbarung vom 16. Oktober 98 (siehe Anm. 14).

Missionen« hinaus erweitert,[24] verläßt sie den Bereich der relativen Handlungsfreiheit, die Maßnahmen nach Artikel 51 der Charta innewohnt und unterliegt den rechtlichen Grenzen, die das »höhere« Charta-Recht (vgl. Art. 103) festlegt und die den Sinn haben, jede andere, nämlich offensive Form von Zwang mittels militärischer Gewalt zu kontrollieren oder zu verbieten. Damit sind wir wieder beim fundamentalen Prinzip: keine Androhung oder Anwendung militärischer Gewalt, ausgenommen zur Selbstverteidigung oder mit Mandat bzw. Ermächtigung des Sicherheitsrats. In unserem Fall ergäbe sich das Erfordernis einer solchen Ermächtigung (nicht aus Kapitel VIII, aber) aus Kapitel VII der Charta. Allerdings sind hinsichtlich der einzelnen Modalitäten einer solchen Ermächtigung die zu Artikel 53 Absatz 1 entwickelten Klarstellungen gewiß im Wege einer Analogie anwendbar. Man könnte sogar so argumentieren: Rechtliche Beschränkungen, die für eine Interaktion zwischen der UNO und regionalen Organisationen gelten, müssen gegenüber einer Organisation wie der NATO, die sich nun in den Bereich militärischer Gewaltanwendung gegen Drittstaaten vorwagt, eher noch größere Bedeutung haben (*arg. a minore ad majus*). Konkret für den gegenwärtigen Fall: Die NATO könnte durch den Sicherheitsrat zur Androhung oder Anwendung von Gewalt gegen die BRJ nicht nur ausdrücklich und vorher, sondern auch konkludent und *ex post* ermächtigt werden, freilich nicht durch völliges Stillschweigen.

Da es, wie wir oben gesehen haben, zu einer solchen ausdrücklichen Gewalt-Ermächtigung nie gekommen ist, schließt sich die Frage an, ob die diversen Reaktionen des Sicherheitsrates auf die (oben beschriebenen) Aktivitäten der NATO und deren Ergebnisse als eine implizite *ex post*-Ermächtigung gelten können. Eine zustimmende Antwort

24 Zu den internen, »konstitutionellen« Aspekten dieser Entwicklung s. unten, Abschnitt 3.

könnte sich auf den hohen Grad der »Zufriedenheit« des Sicherheitsrats berufen, wie sie in seiner Resolution 1203 (1998) und gleichermaßen in dem Statement seines Vorsitzenden vom 29. Januar 1999 über die Holbrooke-Abkommen und die anschließenden Erfolge der Kontaktgruppe zum Ausdruck kam – alles Ergebnisse, die in einem kausalen Zusammenhang mit der Androhung von Luftangriffen standen. Diese Zeichen einer politischen Billigung hätten zu jeder Zeit durch den Widerspruch eines jeden ständigen Mitglieds des Rates verhindert werden können. Die Russische Föderation entschloß sich jedoch stillzuhalten. Freilich hat Rußland andererseits im Herbst 1998 klargestellt, daß es über die Resolutionen 1160 und 1199 hinaus nicht bis zum letzten Schritt der Entfesselung eines bewaffneten Angriffs gegen die BRJ folgen werde. Dieser Standpunkt ist seither nicht verändert worden.

Betrachtet man die Dinge so, dann erweist sich die Ansicht, die positive Aufnahme der Resultate der NATO-Drohungen durch den Sicherheitsrat könne als dessen konkludente *ex post*-Ermächtigung dafür gelten, als unhaltbar. Aber würde das nicht bedeuten, daß der Sicherheitsrat Entwicklungen willkommen geheißen hat, die unter Verletzung der UN-Charta stattgefunden haben? Die Frage einer solchen Rechtsverletzung *vel non* werden wir genauer untersuchen müssen. Sicher ist jedenfalls (und zwar ganz unabhängig von der abschließenden rechtlichen Beurteilung), daß der Sicherheitsrat, der als politisches Organ primär mit der Erhaltung und Wiederherstellung von Frieden und Sicherheit und weniger mit der Durchsetzung des Völkerrechts betraut ist, in vielen Fällen Situationen wird akzeptieren oder voraussetzen müssen, die sich aus Rechtsverstößen entwickelt haben.

Erwägt man dies alles, dann liegt der Schluß nahe, daß NATO-Drohungen mit Luftangriffen gegen die BRJ, die vom Sicherheitsrat weder ausdrücklich noch konkludent autorisiert waren, nicht im Einklang mit der UN-Charta stehen. Unter diesem Aspekt macht es nur einen unbedeutenden Unterschied aus, daß die Androhung bis jetzt [d. i. zum Zeitpunkt der Abfassung dieses Artikels[25]] nicht wahr gemacht wurde; denn Artikel 2 (4) verbietet solche Drohungen genauso wie die tatsächliche Gewaltanwendung selbst.

Lassen Sie uns nun die Interaktion zwischen UN und NATO von der anderen Seite, nämlich der der NATO, aus betrachten. Diese ergänzende Perspektive könnte den gerade festgestellten rechtlichen Mangel sozusagen in ein milderes Licht tauchen.

Man ist in der Tat sofort davon beeindruckt, wie deutlich sich die Bemühungen der NATO und ihrer Mitgliedstaaten an die »Logik« des Sicherheitsrats im Umgang mit der Kosovo-Krise anschließen. In einer Rede am 4. Februar 1999 in Bonn sprach der stellvertretende US-Staatssekretär Strobe Talbott von einem »noch nie dagewesenen und vielversprechenden Grad der Synergie«, und zwar insofern, als die UN und NATO (neben anderen Institutionen) »ihre Energien und ihre Stärken in Verfolgung einer drängenden gemeinsamen Angelegenheit gebündelt« haben. Was den spezifischen Beitrag der UN angeht, so sah er diesen in der Tatsache, daß »die UN den Bemühungen im Kosovo ihre politische und moralische Autorität beigegeben hat«. Man beachte das Stillschweigen über die *rechtliche* Autorität der UN!

Abgesehen von dem eben diskutierten Mangel einer formalen Ermächtigung könnte die Lektüre der einschlägigen Resolutionen des Rates zusammen mit den entscheidenden Erklärungen der NATO (bzw. ihrer Mitglieder) einem Beobachter den Schluß nahelegen, beide Seiten hätten im Einklang miteinander, konzentriert, gehandelt. Am eindrucksvollsten wird diese Sicht der Dinge durch die Art illustriert, in der die Resolution 1203 (1998) des Sicherheitsrates das Abkommen zwischen NATO/OSZE und BRJ, das aufgrund

25 Vgl. oben, vor Anm. 1, unter * [Anm. des Übersetzers].

(oder zumindest mit Hilfe) der unautorisierten Drohung der NATO zustande gekommen war, begrüßt und gutgeheißen hat.

Analysiert man die Begründung hinter der Erklärung der NATO, es werde Waffengewalt eingesetzt, wenn die BRJ nicht von weiteren massiven Menschenrechtsverletzungen ablasse,[26] dann sieht man, daß sie zwei Linien verfolgt: Erstens spielt sie auf Elemente der Lehre von der »humanitären Intervention« an, ohne sie beim Namen zu nennen; zweitens, und weitaus deutlicher, bezieht und stützt sie sich, wo und wann immer ihr das möglich ist, auf die UN-Charta und den Sicherheitsrat sowie auf andere Maßnahmen der UN, die den Kosovo betreffen. Vor allen Dingen lenkt sie die Aufmerksamkeit auf die Resolutionen 1160 und 1199 des Sicherheitsrates und darauf, daß die BRJ die hieraus unter der UN-Charta abgeleiteten Verpflichtungen nicht erfüllt hat. Weiterhin läßt der Brief keinen Zweifel daran, daß es die Vereinten Nationen sind, die die internationale Gemeinschaft in ihren Belangen angesichts der Kosovokrise vertreten und die jeweiligen Interessen der Gemeinschaft artikulieren. Die NATO versucht also, die Außenwelt davon zu überzeugen, daß sie so wenig wie möglich »alleine« handle, vielmehr im wesentlichen die von der internationalen Gemeinschaft bzw. den Vereinten Nationen formulierte Politik durchsetze; sie fülle die beschriebenen Lücken in der Charta in einer Weise, die mit der Absicht der UN übereinstimme. Und, wie bereits erwähnt, dann folgte die Resolution 1203 des Sicherheitsrates, die die Aktionen der NATO guthieß und auf sie aufbaute. Ganz ähnlich unterstützte die Erklärung des Ratspräsidenten vom 29. Januar 1999 die Bemühungen der Kontaktgruppe, die den erneuten Drohungen der NATO nach dem Massaker in Racak folgten – und lieh damit, in Strobe Tal-

26 Vgl. v. a. den Brief Generalsekretär Solanas vom 9. Oktober 1998, zit. oben zu Anm. 13.

botts Worten, »ihre politische und moralische Autorität den Bemühungen im Kosovo«.

Vor dem Hintergrund dieser Interaktion oder »Synergie« zwischen den Vereinten Nationen und der NATO kann man der Ansicht des damaligen deutschen Außenministers Kinkel zustimmen, wonach die NATO in einem humanitären Notstand, in dem sich die internationale Gemeinschaft im Falle des Kosovo befand, nach »Sinn und Logik« der Resolutionen gehandelt hat, die der Sicherheitsrat auf den Weg brachte. Die Androhung von Gewalt durch die NATO unterstützte und erweiterte die Stoßrichtung der Resolutionen 1160 und 1190 des Sicherheitsrates; sie kann daher mit aller gebotenen Zurückhaltung als legitimes oder sogar legales Einschlagen einer Richtung gedeutet werden, die durch die UN-Entscheidungen vorgegeben worden war.

Gleichwohl gilt: Trotz all dieser »Synergie«, Nähe und Interaktion des Engagements von NATO und UN in der Kosovokrise gibt es keinen Zweifel daran, daß ein Erfordernis des Rechts der Charta gebrochen wurde.

Dieser Mangel spielte eine zentrale Rolle in den Beratungen des Bundestages Mitte Oktober 1998 über die deutsche Beteiligung an NATO-Luftangriffen. In diesen Debatten wurden die einschlägigen Völkerrechtsfragen ausgiebig und in beträchtlicher Tiefe erörtert. Der Respekt für das Recht der UN-Charta, der während der Debatte demonstriert wurde, war bemerkenswert. Diese Hochachtung wurde besonders deutlich in der kritischen Diskussion über das Fehlen einer Ermächtigung des Sicherheitsrats. Die Bundesregierung argumentierte unter Anerkennung dieses rechtlichen Mangels, daß die Situation im Kosovo so hoffnungslos gewesen sei, daß die Drohung der NATO selbst ohne UN-Ermächtigung gerechtfertigt sei, da es in dieser Situation des humanitären Notstands keine Alternative dazu gab. In diesem Punkt nannte die Regierung, im Gegensatz zum NATO-Generalsekretär, das Kind beim rechten Namen und sprach über die Drohung der NATO als einen Fall der »humanitären Intervention«. Der Bundestag gab schließlich seine Zustimmung zu der Beteiligung Deutschlands an der NATO-Aktion. Doch wurde von allen Stimmen, die diese Teilnahme befürworteten, besonders von seiten der Bundesregierung, hervorgehoben, daß die deutsche Zustimmung zur rechtlichen Position der Allianz im Kosovofall keineswegs als generelles »grünes Licht« für ähnliche NATO-Interventionen in der Zukunft aufzufassen sei. Um Außenminister Kinkel in seiner Rede vor dem Bundestag zu zitieren: »Die Entscheidung der NATO [für die Luftangriffe gegen die BRJ] darf kein Präzedenzfalll werden. Was das Gewaltmonopol des Sicherheitsrats betrifft, so müssen wir vermeiden, auf eine schiefe Bahn zu geraten.«[27]

Diese Erklärung wird auch im Abschnitt 3 dieses Aufsatzes von Bedeutung sein. Ob diese ausdrückliche Verneinung des Präzedenzcharakters, die sich wie ein roter Faden durch die deutsche Parlamentsdebatte zog, den gewünschten Effekt erzielt, kann selbstverständlich nicht von Deutschland allein entschieden werden. Sehr wichtig ist jedoch der Nachdruck, mit dem die Bundesregierung und der Bundestag die Singularität des Kosovofalles betont haben, aus der keine allgemeine Regel oder Politik abgeleitet werden könne.

Um noch zwei weitere, eher technische Punkte zu erörtern: Die Gewaltdrohungen der NATO gegen die BRJ als »humanitäre Intervention« zu charakterisieren entspricht nicht dem geläufigen Schema dieses umstrittenen Begriffs. Unter den Kategorien der völkerrechtlichen Selbsthilfe und -durchsetzung stellen sich diese Drohungen eher als Repressalien oder »Gegenmaßnahmen« mit dem Ziel dar, die BRJ zur Einhaltung ihrer Verpflichtungen zu veranlassen, die in einer ersten Phase aus allgemeinem Völkerrecht und den ein-

27 *Deutscher Bundestag*, Plenarprotokoll 13/248, 16. Oktober 1998, S. 23 129.

schlägigen Resolutionen des Sicherheitsrates und in einer zweiten Phase zusätzlich aus den Holbrooke-Abkommen vom Oktober 1998 entstanden sind. Jedoch ändert eine solche Charakterisierung das Ergebnis der rechtlichen Analyse nicht: Wie am Anfang erwähnt, sind Gegenmaßnahmen (Repressalien) unter Einschluß der Androhung oder Anwendung von Gewalt nach Völkerrecht verboten, ohne Rücksicht auf humanitäre Absichten hinter ihnen, es sei denn, sie sind durch den Sicherheitsrat unter Kapitel VII oder VIII der Charta autorisiert.

Die zweite Beobachtung bezieht sich auf die Ansicht, daß dann, wenn ein »Rambouillet-Abkommen« die Zustimmung der BRJ zur Präsenz einer NATO-geführten multinationalen Friedenstruppe beinhalte, die KFOR auch ohne ein autorisierendes Mandat des Sicherheitsrates eine ausreichende rechtliche Grundlage habe. Wie zuvor erwähnt, sieht die Russische Föderation ein UN-Mandat nach Kapitel VI offenbar als notwendig, aber aus demselben Grunde auch als ausreichend an.

Diese Ansichten erscheinen nur überzeugend, soweit die im Kosovo erwarteten Vorgänge sich innerhalb der Reichweite des klassischen »peacekeeping« hielten; damit ist lediglich eine Mission ohne Anwendung militärischer Gewalt gemeint. Wenn jedoch die KFOR gegebenenfalls den Frieden »robust« zu stiften hat (man denke zum Beispiel an die Entwaffnung der Kosovo-Befreiungsarmee), erscheint allein die Einwilligung der BRJ als rechtliche Grundlage für die Präsenz und die Aktivitäten der KFOR eher fragil und als eine problematische Abweichung von der früheren Praxis. Ferner steht nicht zu erwarten, daß in einem »Rambouillet-Abkommen« die BRJ dem Einsatz von bewaffneten Kräften der KFOR, notfalls auch gegen die jugoslawische Armee und Polizei zustimmt (man betrachte nur die extrem vorsichtige Formel hinsichtlich des Einsatzes der NATO »Extraction Force« im Kosovo in dem Holbrooke-Abkommen vom

16. Oktober 1998[28]). Im Hinblick auf die explosive Umgebung, in der die KFOR zu operieren haben würde, erscheint – um das mindeste zu sagen – ein Mandat nach Kapitel VII zusätzlich zu der Einwilligung des territorialen Souveräns äußerst wünschenswert.

Um die Überlegungen dieses Abschnitts zusammenzufassen: Ob wir die in der Kosovokrise mobilisierte Drohung der NATO als eine Art Kapitel VII-Ersatzmaßnahme, als »humanitäre Intervention« oder als Androhung kollektiver Gegenmaßnahmen mit Waffengewalt betrachten – jeder Versuch einer juristischen Rechtfertigung wird letztlich unbefriedigend bleiben. Daher wären wir gut beraten, an der Ansicht festzuhalten, die in der deutschen Debatte so nachdrücklich betont wurde, nämlich die Kosovokrise als einen Einzelfall zu betrachten, in dem die NATO sich wegen des überwältigenden humanitären Notstands entschlossen hat, ohne die Ermächtigung des Sicherheitsrates zu handeln, aus dem aber keine generelle Schlußfolgerung gezogen werden darf. Das ist keine rechtliche Haarspalterei gegen die Verfolgung humanitärer Imperative. Der entscheidende Punkt ist vielmehr, daß wir die gefestigten Regeln nicht ändern sollten, nur um unseren humanitären Impulsen nachzugeben; wir sollten keine neuen (rechtlichen) Standards setzen, nur um in einem singulären Fall das (moralisch) Richtige zu tun. Die rechtlichen Fragen, die die Kosovokrise aufwirft, sind ein eindrucksvoller Beleg für die These, daß problematische Fälle schlechtes Recht erzeugen: »Hard cases make bad law.«

28 S. den Text zu Anm. 14.

3. Das künftige »strategische Konzept« der NATO: Von »Out of Area« zu »Out of Treaty«?

Derzeit entwirft die NATO ein neues »strategisches Konzept«, um ihre Rolle im 21. Jahrhundert zu definieren. Es soll bei Gelegenheit des Gipfels aus Anlaß des 50. Geburtstags der Allianz in Washington Ende April 1999 angenommen werden. Während ich dies schreibe, wird noch verhandelt. Die meisten Dokumente zu den Themen des vorliegenden Artikels sind vertraulich. Doch ist die allgemeine Richtung, in die insbesondere die Vereinigten Staaten die Allianz in für die Zukunft lenken wollen, ziemlich klar. Der Stellvertretende US-Staatssekretär Strobe Talbott sagte zum Beispiel in seiner bereits erwähnten Ansprache unter anderem das folgende über seine Vorstellungen von dem, was er eine »Vertiefung« der NATO nannte:

In diesem Projekt [d. h. der Transformation der NATO]... müssen wir ehrgeizig sein. Die NATO wurde gegründet um der Sowjetunion und dem Warschauer Pakt angemessen zu begegnen. Dieser Staat und dieser Pakt haben sich aufgelöst und ebenso die Bedrohung, die sie darstellten... Das soll nicht heißen, daß die ursprüngliche Aufgabe der NATO, die kollektive Verteidigung, beendet ist oder daß die kollektive Verteidigung nicht mehr den Kern der Mission des Bündnisses darstellt. Die NATO muß ihre Fähigkeiten aufrechterhalten, die der Art. V des Vertrages von Washington vorsieht: das, was man klassische Aggression nennen kann, abzuschrecken und notfalls zu besiegen. Eine solche Bedrohung könnte auch in Zukunft entstehen. Aber das ist weniger wahrscheinlich, wenn die NATO stark und einsatzbereit bleibt.

Das ist jedoch nicht genug, wenn die NATO auch künftig ein bedeutender Faktor bleiben soll. Mit dem Ende des Kalten Krieges sind neue, weniger spektakuläre, aber variationsreichere Bedrohungen entstanden. Dispute über Rasse, Religion oder Territorium können, wie wir bereits gesehen haben, bewaffnete Konflikte auslösen, die wiederum grenzüberschreitende politische Instabilität, Flüchtlingsströme und humanitäre Krisen nach sich ziehen können, welche die europäische Sicherheit gefährden.

Die NATO muß in der Lage sein, solchen Drohungen, unter Aufrechterhaltung ihrer Kernfunktion der kollektiven Verteidigung, entgegenzutreten.
[...]
Bei der Neustrukturierung der NATO müssen wir schwere politische Entscheidungen treffen und für unsere Wählerschaft einen überzeugenden politischen Standpunkt beziehen. Hier ist mein Vorschlag für den Standpunkt, den wir zu Rolle und Mission der NATO einnehmen sollten: Sie haben mit Art. V des Vertrags von Washington zu beginnen – unserem Bekenntnis zur kollektiven Verteidigung. Aber wir müssen auch erkennen, daß die aktuellen und die vorhersehbaren Herausforderungen für die europäische Sicherheit Missionen erfordern, die nicht aus Art. V abzuleiten sind; auch auf sie müssen wir uns daher vorbereiten.
Zudem sind wir in unserer zunehmend komplexen und vernetzten Welt mit unterschiedlicheren und weiterreichenden Bedrohungen konfrontiert als in den Tagen Trumans und Adenauers. Die Verbreitung von Massenvernichtungswaffen und die Geißel des Terrorismus passen nicht mehr richtig zu unseren alten Slogans und Konzepten wie »Die freie Welt« und »Der eiserne Vorhang« oder zu alten geographischen Simplifizierungen wie den verjährten geopolitischen von »Ost gegen West«... Das heißt, daß wir unter Aufrechterhaltung unserer Fähigkeit, die territoriale Integrität aller NATO-Mitglieder zu verteidigen, außerdem Kräfte, Konzepte und Kommunikationsmöglichkeiten brauchen, um im Bedarfsfall die Herausforderungen eines ethnischen Konflikts und regionaler Streitigkeiten anzunehmen, die unsere Sicherheit beeinträchtigen, aber über das NATO-Gebiet hinausgehen – wie wir es im Balkan tun und getan haben. Auch ist es einfach eine Frage der Klugheit und des gesunden Menschenverstands, nicht etwa übermäßiger Ambitionen, wenn wir vorschlagen, daß eine ernsthaft reformierte Allianz in der Lage sein sollte, effektiv mit den nur allzu gegenwärtigen Herausforderungen der Verbreitung von ballistischen Raketen und Massenvernichtungswaffen umzugehen.
Einige Kommentatoren behaupten, daß solche Anpassungen eine Änderung des Nordatlantikvertrags erfordern, oder glauben, daß wir eine solche vorschlagen. Das ist nicht richtig. Die Verfasser des Vertrages von Washington waren vorsichtig genug, dem, was die Allianz zum Schutz ihrer Sicherheit sollte tun können, keine willkürlichen funktionalen oder geographischen Grenzen aufzuerlegen.

Lassen Sie mich ganz deutlich sein: Ich sage *nicht*, daß es *keinerlei* Begrenzungen dessen gibt, was die NATO tun kann und sollte. Selbstverständlich gibt es sie. Die NATO ist eine Organisation, die auf Konsens aufbaut, und sie definiert ihre gemeinsamen Interessen dementsprechend – durch die Übereinstimmung ihrer Mitglieder. Wir würden als Allianz nicht einfach irgendwohin gehen, wenn nicht alle unsere Mitglieder wollten, daß wir dorthin gehen. Kein Mitglied kann anderen die Zustimmung zu einer NATO-Aktion aufnötigen. Unter Art. IV des Vertrages von Washington werden die NATO-Mitglieder sich beraten, wenn ihre Sicherheit bedroht ist, und gemeinsam werden sie die geeignete Anwort finden.
Außerdem gibt es Grenzen in den militärischen Möglichkeiten der Alliierten selbst. Niemand schlägt vor, daß wir NATO-Kräfte, sagen wir, auf den Spratley Inseln einsetzen sollten.[29]

Der Stellvertretende Staatssekretär schloß diesen Punkt mit folgenden Worten:

Wir schlagen auch nicht vor, daß die NATO in einer »splendid isolation« – oder einer hochtrabenden Mißachtung – gegenüber den Vereinten Nationen oder der OSZE agiere. Alle NATO-Alliierten sind Mitglieder beider Organisationen. Wir glauben, daß die Missionen und Aufgaben der NATO mit den Zwecken und Prinzipien der UN und der OSZE übereinstimmen müssen. Wir erwarten, daß die NATO und ihre Mitglieder sich weiterhin von ihren Verpflichtungen aus der UN-Charta und der Schlußakte von Helsinki leiten lassen.
Gleichzeitig müssen wir jedoch darauf achten, die NATO nicht irgendeiner anderen internationalen Institution zu unterstellen oder die Integrität ihrer Befehlsstruktur zu gefährden. Wir werden versuchen, in Übereinstimmung mit anderen Organisationen und im Respekt für deren Prinzipien und Ansichten zu handeln. Aber die Allianz muß sich das Recht und die Freiheit bewahren, tätig zu werden, wenn ihre Mitglieder dies übereinstimmend für notwendig halten.[30]

Die so avisierte künftige Rolle der NATO und die rechtlich-institutionellen Konsequenzen dieses vorgeschlagenen neuen

29 Vgl. Anm. 20.
30 Manuskript S. 4 und 7f.

Konzepts für die Beziehung zwischen NATO und Vereinten Nationen kamen auch in einer von der (parlamentarischen) Nord-Atlantik-Versammlung im November 1998 verabschiedeten »Resolution on Recasting Euro-Atlantic Security« (Resolution zur Neugestaltung der euro-atlantischen Sicherheit) zum Ausdruck. Die Versammlung,

[g]eleitet durch die Vision, daß die NATO im 21. Jahrhundert ein beständiges politisch-militärisches Bündnis unter souveränen Staaten darstellen sollte, deren Absicht es ist, Macht und Diplomatie für die kollektive Verteidigung und die Förderung der Sicherheit der Alliierten, der demokratischen Werte, des Rechts und des Friedens einzusetzen,

forderte in diesem Dokument Regierungen und Parlamente der Mitglieder des Nord-Atlantik-Bündnisses auf

[...]
b. zur Beschleunigung des Fortschritts in der Entwicklung von Fähigkeiten, neue Herausforderungen für die Sicherheit zu bestehen, die sowohl Artikel-5- als auch Nicht-Artikel-5-Missionen verlangen könnten, einschließlich der Abwehr von Bedrohungen durch die Verbreitung von Massenvernichtungswaffen und den internationalen Terrorismus, und zum Ausbau der Machtprojektion, der Überwachungsmittel, Kommunikationsformen, Stützpunkte, der informationellen Überlegenheit und der Interoperabilität;
[...]
d. zu versuchen, die breiteste internationale Legitimität für Nicht-Artikel-5-Missionen zu erlangen und auch dann einsatzbereit zu sein, wenn der UN-Sicherheitsrat außerstande sein sollte, seiner Aufgabe nachzukommen, den internationalen Frieden und die internationale Sicherheit zu wahren;
e. zu bestätigen, daß das naturgegebene Recht auf individuelle und kollektive Selbstverteidigung, das in Artikel 51 der UN-Charta ebenfalls vorausgesetzt ist, die Verteidigung von gemeinsamen Interessen und Werten auch dann zu umfassen hat, wenn die letzteren durch humanitäre Katastrophen, Verbrechen gegen die Menschlichkeit und Kriegsverbrechen bedroht werden; ...[31]

31 NATO Doc. AR 295 SA (1998).

Gewiß werden diese Formeln nicht das letzte Wort darüber sein, wie die NATO ihre zukünftigen rechtlich-institutionellen Beziehungen mit der universalen Organisation der UN definieren wird. Aber die Botschaft, die diese Stimmen in unserem Kontext überbringen, ist deutlich: Wenn sich herausstellt, daß ein Mandat oder eine Ermächtigung des Sicherheitsrates für künftige bewaffnete »Nicht-Artikel-5-Missionen« der NATO nicht erlangt werden kann, muß die NATO trotzdem in der Lage sein, solche Einsätze durchzuführen. Daß die Allianz dies kann, ist in der Kosovokrise demonstriert worden. Ob ein solcher Kurs rechtlich zulässig ist, ist eine andere Frage. Die Resolution der Nord-Atlantik-Versammlung vom November 1998 läßt in dieser Hinsicht zwei verschiedene rechtliche Argumente erkennen. Nach deren erstem ist das Recht auf Selbstverteidigung, das »auch« in Artikel 51 der UN Charta geregelt ist, so weit auszulegen, daß es auch die Verteidigung von »gemeinsamen Interessen und Werten« umfaßt. Dieser Text fordert zwei kurze Anmerkungen: Zunächst mag die Wortwahl den Eindruck hervorrufen, »Selbstverteidigung« im Völkerrecht habe einen weiteren semantischen Spielraum als in Artikel 51 vorgesehen und sei daher nicht nur als Abwehr bewaffneter Angriffe, sondern darüber hinaus auch gegen andere Bedrohungen gerechtfertigt. Welche anderen Bedrohungen der Autor sich vorgestellt hat, wird dann klargestellt: Angriffe gegen »gemeinsame [d. h. NATO-]Interessen und Werte«. Den Spielraum für Selbstverteidigung als Rechtsinstitut derart zu erweitern ist vom juristischen Standpunkt aus nicht zu tolerieren, sogar absurd, und verdient keinen weiteren Kommentar. Was aber hier erwähnt werden mag, ist der Umstand, daß auch »die Achtung vor den Verpflichtungen aus Verträgen und anderen Quellen des Völkerrechts«[32] zu den gemeinsamen Werten der NATO-Mitgliedstaaten zählt.

32 Präambel der UN-Charta.

Das zweite Argument in Absatz d. der Resolution der Nord-Atlantik-Versammlung liest sich wie eine Kodifizierung des Kurses, den die NATO in der Kosovokrise steuerte. Die rechtliche Kritik, wie sie im vorhergehenden Teil der vorliegenden Untersuchung entwickelt wurde, kann deshalb zur Gänze auch darauf bezogen werden. Es ist wahrscheinlich kein Zufall, daß die Formulierung des Absatzes d. derjenigen in der »Uniting for Peace«-Resolution der UN-Generalversammlung vom 3. November 1950 ähnelt, wenn man den Eifer erwägt, mit dem die NATO ihren Aktivitäten sozusagen die Teilhabe an UN-Legitimität sichern möchte. Aber nach »Uniting for Peace« war es selbstverständlich die Sache der Generalversammlung als eines UN-Organs *aller* Mitgliedstaaten, die Last der Aufrechterhaltung oder Wiederherstellung des internationalen Friedens und der Sicherheit anstelle des Sicherheitsrats zu schultern, nicht die einer externen regionalen Organisation, die nur etwa ein Zehntel der UN-Mitglieder umfaßt.

»Uniting for Peace« war ein Versuch, eine Lücke im System der kollektiven Sicherheit, wie es die Charta entwirft, während der dunkelsten Phase des Kalten Krieges (und natürlich des heißen Krieges in Korea) zu schließen. Wie schon erwähnt, waren während jener Zeit mehrere fundamentale Bestimmungen der Charta, wie Artikel 2 (4), 51 und 53, Gegenstand von »realistischen« Neuinterpretationen mit dem Ziel, einzelnen Staaten wie auch regionalen Organisationen oder Verteidigungsbündnissen zu erlauben, im Hinblick auf die Möglichkeit der Gewaltanwendung zu Vor-Charta-Bedingungen zurückzukehren. Bedenkt man den fast ständigen, jahrzehntelang anhaltenden Stillstand im Sicherheitsrat, so könnte eine derartige Ersatzkonstruktion zu jener Zeit eine gewisse Legitimation erlangt haben. Heute liegen die Dinge jedoch anders: Seit dem Ende des Kalten Krieges arbeitet der Sicherheitsrat genau in der Weise, die 1945 vorgesehen war. Während des Jahrzehnts bis einschließlich 1997 wurde Kapitel VII nicht weniger als 112mal angewendet; in der gleichen Zeit war die Zahl der eingelegten Vetos extrem niedrig. In Anbetracht dieser Sachlage ist die Umgehung materieller und insbesondere prozeduraler Sicherungen des Rechts der Charta daher viel gefährlicher für die Integrität des UN-Friedenssystems, als es jene Abweichungen in der Vergangenheit waren.

Mit Blick auf die russische Position zu der Aussicht auf NATO-»Friedensmissionen« in Gestalt militärischer Einsätze »out of area« wurde kürzlich eine neue Formel vorgeschlagen, wonach die notwendige rechtliche Basis für Nicht-Artikel-5-Missionen, einschließlich der Anwendung bewaffneter Gewalt, »in der Regel« aus einem Mandat des UN-Sicherheitsrates oder daraus bezogen werden sollte, daß »unter der Verantwortung der OSZE« gehandelt wird (so der deutsche Bundeskanzler Gerhard Schröder vor dem Münchner Sicherheitsforum am 6. Februar 1999).[33]

Die damit angebotene Alternative kann vielleicht die Russische Föderation beschwichtigen, nicht aber den Völkerrechtler befriedigen: Die OSZE ist zu einer regionalen Organisation im Sinne des Kapitels VIII geworden. Als solche bedarf sie, entsprechend den zuvor dargestellten Regeln, für sämtliche militärischen Aktionen unter ihrer Verantwortung einer Autorisierung durch den UN-Sicherheitsrat. Somit braucht eine solche Friedenssicherung unter der Ägide der OSZE nicht nur die Zustimmung der Russischen Föderation, sondern auch die des Sicherheitsrats nach Artikel 53 Absatz 1 der UN-Charta. In der Perspektive des Rechts der Vereinten Nationen lautet die Frage daher nicht nur, wie die Zustimmung oder Teilnahme Rußlands an Friedensmissionen zu erlangen ist, sondern wie dies auf regionaler Ebene in voller Übereinstimmung mit der Charta erreicht werden kann.

33 *Bulletin des Presse- und Informationsamts der Bundesregierung* Nr. 8 vom 22. Februar 1999, S. 91.

Wenden wir uns einem subtileren sprachlichen Problem zu: Es ist aufschlußreich zu beobachten, wie einige, insbesondere amerikanische Stimmen die Vereinten Nationen in die Umgebung von regionalen Organisationen oder ähnlichen Institutionen zu stellen suchen. In der schon mehrfach erwähnten Bonner Erklärung Strobe Talbotts finden wir zum Beispiel folgende Erwägungen:

Wir haben den Prozeß institutioneller gemeinsamer Aktionen in Bosnien begonnen, und wir haben im Kosovo darauf aufgebaut. Wir haben fünf Institutionen – die NATO, die EU, die OSZE, die Vereinten Nationen und die Kontaktgruppe – eine beispiellose und vielversprechende Form der Synergie entwickeln sehen. Damit meine ich, daß diese unterschiedlichen, aber sich überlappenden Organisationen ihre Energien und Stärken im Namen einer dringlichen gemeinsamen Sache vereint haben.[34]

In der aktuellen Debatte scheint die Formel von den UN und einschlägigen westlichen Regionalinstitutionen als »sich wechselseitig unterstützend« akzeptiert worden zu sein. Für den Verfasser der vorliegenden Zeilen ist diese Beschreibung des Verhältnisses der genannten Institutionen nur mit großer Vorsicht zu genießen. Einerseits ist es gewiß beruhigend, die durch Herrn Talbott bestätigte »politische Autorität« der UN durch die Kraft von dynamischeren regionalen Institutionen so nachdrücklich gestützt zu sehen. Andererseits könnte (soll?) diese Ansicht in politischer wie in rechtlicher Hinsicht dazu führen, die Vereinten Nationen auf dieselbe Stufe der Hierarchie zu stellen wie jene Institutionen und damit den rechtlichen Vorrang zu relativieren, den die Verpflichtungen aus der UN-Charta haben.[35] Im überwiegenden Teil der Welt, einschließlich Deutschlands, steht es außer Frage, daß die UN-Charta nicht bloß ein multilateraler Vertrag unter anderen ist, sondern ein Instrument von heraus-

34 Manuskript, S. 9.
35 Vgl. etwa zu Artikel 103 der Charta oben, Abschnitt 1.

ragendem rechtlichen Gewicht, so etwas wie eine »Verfassung« der internationalen Gemeinschaft. Dieser Status der Charta sollte durch die NATO nicht beschädigt werden.

In seiner Bonner Ansprache sprach der Stellvertretende US-Staatssekretär von den harten politischen Entscheidungen, die für die »Wieder-Erfindung der NATO« getroffen werden müßten.[36] Im selben Atemzug jedoch bestritt er, daß eine solche Neuerfindung eine Revision des Nord-Atlantik-Vertrages erforderlich mache. Im vorliegenden Beitrag, der sich vornehmlich auf das UN-Recht konzentriert, können dazu nur wenige kurze Anmerkungen gemacht werden.

Wenn wir die Praxis von Änderungen und Revisionen der konstituierenden Instrumente internationaler Organisationen im allgemeinen mit der Kapazität der NATO vergleichen, neue Regeln und Aufgaben sozusagen zu absorbieren, ohne daß irgendwelche formalen Änderungen des Gründungsvertrages für notwendig gehalten wurden, so erscheint eine derartige Flexibilität schon heute, noch vor der bevorstehenden »Neuerfindung«, erstaunlich. Daher haben Mitglieder des deutschen Verfassungsgerichts einmal die gut passende Metapher vom NATO-Vertrag als einem »Vertrag auf Rädern« verwendet.

Nach dem Völkerrecht gibt es weitreichende Möglichkeiten für die Mitgliedstaaten internationaler Organisationen, die Gründungsverträge dieser Institutionen durch gegenseitige Abkommen oder nachfolgende Praxis zu entwickeln, zu verbessern und zu überarbeiten. In Fällen, in denen Organisationen auf der Basis von Mehrheitsentscheidungen arbeiten, werden die rechtlichen Grenzen solcher Änderungen nach Doktrinen wie der *ultra vires*-Lehre einerseits und derjenigen von den *implied powers* andererseits debattiert und gelegentlich auch adjustiert werden. Diese Fragen werden freilich in der Praxis solcher internationaler Organisationen,

36 Vgl. Anm. 29.

die – wie die NATO – ihre Entscheidungen einstimmig oder per Konsens fällen, schwerlich auftauchen. In dieser Perspektive ist daher fast jede Transformation der NATO durchführbar, solange nur alle Mitglieder zustimmen, und zwar auch ohne eine Änderung des förmlichen Gründungsvertrags. In dieser Hinsicht sind die Äußerungen von Herrn Talbott absolut richtig. Jedoch kann keine Einmütigkeit der NATO-Mitgliedstaaten die Grenzen ignorieren, die diesen Staaten durch zwingendes internationales Recht (*ius cogens*) außerhalb der Organisation gesetzt sind, insbesondere durch das höhere Recht (vgl. Artikel 103) der UN-Charta über die Androhung und Anwendung von Gewalt. Der NATO ist es erlaubt, alles zu tun, was rechtlich zulässig ist, mehr jedoch nicht. Rechtlich hat die Allianz keine größere Freiheit als ihre Mitgliedstaaten. Diese Klarstellung ist das Hauptanliegen des vorliegenden Artikels.

Jedoch führt die Frage der rechtlichen Grenzen der Transformation der NATO zu einem weiteren Punkt: dem der demokratischen Legitimation einer solchen »Neu-Erfindung«. Die Dringlichkeit und die aktuelle Bedeutung dieser Frage werden von Land zu Land variieren. In der Bundesrepublik Deutschland ist diese Frage im Mittelpunkt mehrerer großer verfassungsrechtlicher Kontroversen gestanden, die schließlich vom Bundesverfassungsgericht entschieden worden sind. In diesen Fällen war eines der entscheidenden Probleme, in welchem Umfang die Veränderung existierender Verpflichtungen, unter anderem aus dem NATO-Vertrag oder die Entstehung neuer solcher Verpflichtungen durch völkerrechtliches »soft law« herbeigeführt werden könnte und dürfte, zum Beispiel durch Entscheidungen des Nord-Atlantik-Rates, um gleichwohl noch immer von der ursprünglichen Zustimmung des Bundestags zu dem NATO-Vertrag vor fast einem halben Jahrhundert gedeckt zu bleiben. Das Gericht war bereit, die dynamische Evolution der NATO in weitem Umfang zuzulassen, um der Voraussetzung einer neuen parlamentarischen Zustimmung zu entgehen; aber bestimmte Grenzlinien hat es gleichwohl hervorgehoben, vor allem (in seiner Entscheidung 1994 über die Verfassungsmäßigkeit der deutschen Beteiligung an dem NATO/WEU-Einsatz gegen die BRJ im Mittelmeer und an UNOSOM II) die Voraussetzung der Übereinstimmung all dieser Aktivitäten mit den Regeln und Prozeduren der UN-Charta als dem übergreifenden, universalen System kollektiver Sicherheit. Angesichts des großen Nachdrucks, mit dem die deutsche Regierung wie auch der deutsche Bundestag den singulären Ausnahmecharakter der Gewaltandrohung durch die NATO gegen die BRJ im Herbst 1998 und die ausdrückliche Ablehnung einer daraus abzuleitenden Präzedenzwirkung betont haben, könnte daher eine generelle Ermächtigung für eine »neue« NATO zu militärischen Eingriffen »out of area« ohne Zustimmung des UN-Sicherheitsrates durchaus die vom deutschen Grundgesetz gezogenen Grenzen überschreiten. Die deutsche Verfassung sieht diverse Verfahren vor, diese Frage vom Gericht in Karlsruhe entscheiden zu lassen. Insgesamt besteht hier Grund zur Vorsicht, nicht zuletzt auch deswegen, weil das Bundesverfassungsgericht seinen Willen demonstriert hat, die verfassungsrechtlichen Voraussetzungen einer deutschen Beteiligung an internationalen Organisationen und an einer übernationalen Integration durchzusetzen, und zwar selbst gegen starken politischen Gegenwind.[37]

Wie das Hintergrund-Papier für die gegenwärtige Gesprächsrunde, vorbereitet von Jeffrey Laurenti für die »United Nation Association« der USA,[37a] es treffend ausdrückt, befürchten manche Stimmen in der aktuellen Debatte,

> daß die Aufgabe des dem Sicherheitsrat zugewiesenen Monopols zur Bestimmung rechtmäßiger Gewaltanwendung gegen andere (die

37 Vgl. die *Maastricht*-Entscheidung 1993.
37a Vgl. Fußnote auf S. 9.

Selbstverteidigung ausgenommen) die Weltgemeinschaft auf eine schiefe Bahn konkurrierender Ansprüche auf »Rechte« zur Intervention geraten lassen könnte – mit der möglichen Folge, Feindseligkeiten zu verschärfen, anstatt sie zu lösen. Einige sehen einen beunruhigenden historischen Präzedenzfall der Selbst-Ermächtigung einer Allianz zur Anwendung von Gewalt in der Intervention des Warschauer Pakts in der Tschechoslowakei 1968 (einer Intervention, die wohlgemerkt ein Mitglied dieses Paktes betraf). Einige warnen davor, daß eine solche Fragmentierung der rechtlichen Autorität zur Gewaltanwendung die Entstehung von Gegenbündnissen unter jenen, die den großspurigen Interventionismus einer anmaßenden westlichen Allianz fürchten, nach sich ziehen könnte. Das Bedenken lautet: Wenn die UNO zu viele Hemmungen vor einer Anwendung von Gewalt hat, könnten es bei der NATO unter amerikanischem Druck zu wenige sein.[38]

Der Verfasser dieser Zeilen teilt solche Bedenken. Er fühlt sich dabei in guter Gesellschaft angesichts der Vehemenz, mit der die deutsche Regierung und der Bundestag in der Debatte vom Oktober 1998 betont haben, daß die Entscheidungen der NATO im Kosovofall keinen Präzedenzcharakter haben dürfen, der etwa zu einem generellen Recht der Allianz führen könnte, ohne Mandat bzw. Ermächtigung des Sicherheitsrates militärisch *out of area* zu intervenieren. Der Geist einer »Selbst-Ermächtigung« der NATO darf nicht aus der Flasche gelassen werden. Das entspricht ganz offenbar auch der Auffassung von Regierungen anderer NATO-Mitglieder.

Da das Völkerrecht ein horizontales System bildet, tendieren Rechtmäßigkeitsbehauptungen, die von seinen Akteuren – Staaten wie Organisationen – erhoben werden, dazu, einen Bumerang-Effekt auszulösen. Gewiß ist die NATO derzeit die einzige regionale Organisation, die (selbstdefinierten) Sicherheitsbedrohungen effektiv, und wenn nötig mit militäri-

38 J. Laurenti, *NATO, the U. N., and the Use of Force*, Hintergrundpapier für die United Nations Association of U. S. A. (1999).

schen Mitteln, begegnen kann. Aber die Dinge könnten sich in der Zukunft ändern, und andere Staaten oder neue Bündnisse in Europa oder anderen Gegenden der Welt könnten dann ebenfalls proklamieren, ohne den Sicherheitsrat »zum Eingreifen bereitzustehen«, oder bekräftigen, gewisse »Interessen und Werte« mit bewaffneter Gewalt zu verteidigen (um Formulierungen aus der Resolution der Nord-Atlantik-Versammlung vom November 1998 zu zitieren). Auf 1968 zu verweisen, erscheint nicht allzuweit hergeholt: Als die Sowjetunion der Intervention des Warschauer Pakts in der Tschechoslowakei die »Breschnew-Doktrin« nachschob, erfolgte von seiten des Westens, insbesondere der Vereinigten Staaten, eine strenge und resolute Verurteilung sowohl der Invasion als auch des generellen Konzepts zu ihrer Rechtfertigung. Äußerungen über die Ungültigkeit einer solchen *inter se*-Außerkraftsetzung von fundamentalen Verpflichtungen der Charta gab es im Überfluß. Man wünscht sich, daß etwas von dem Respekt, der der UN-Charta aus diesem traurigen Anlaß gezollt wurde, auch die Debatte um das strategische Konzept der NATO für das 21. Jahrhundert kennzeichnen möge. Der in dem zitierten UNA-Hintergrundpapier erwähnte Umstand, daß die Warschauer Pakt-Intervention von 1968 innerhalb der eigenen Mitgliedschaft stattfand, ist nicht zur Beschwichtigung rechtlicher Bedenken geeignet; im Gegenteil erscheint die Androhung oder Anwendung von Gewalt gegenüber einem Staat, der nicht Mitglied einer bestimmten internationalen Organisation ist und der deswegen vielleicht die »gemeinsamen Interessen und Werte« dieser Organisation nicht teilt, noch weniger gerechtfertigt als die Gewaltanwendung innerhalb des Kreises der Organisationsmitglieder.

Unter diesem Gesichtspunkt erscheint die Ankündigung, die NATO solle gegenüber der Bedrohung durch die Verbreitung von Massenvernichtungswaffen funktionsfähiger werden, besonders »extrovertiert«, wenn man, wie das

UNA-Hintergrundpapier, die Tatsache bedenkt, daß außer ihren atomar bewaffneten Mitgliedern kein Land in der Region der NATO Programme für die Entwicklung dieser Waffen hat. Wie ebenfalls in dem Hintergrundpapier erwähnt, betrachten alle internationalen Vertragswerke, die diese Waffen kontrollieren, den Sicherheitsrat als zuständig für ihre Durchsetzung. Im Lichte solcher Erwägung ist zu hoffen, daß die zukünftige Rolle der Allianz auf diesem Gebiet verknüpft wird mit der bereits existierenden des Rates, indem man als unerläßliche Bedingung für alle Aktionen der NATO mit Erzwingungscharakter ein Mandat des Sicherheitsrates vorsieht.

4. Abschließende Bemerkungen

Es ist beunruhigend zu beobachten, wie sich das Verhältnis zwischen UN und NATO innerhalb weniger Jahre verändert hat. 1994, während ihres Gipfels in Brüssel, hatte die NATO ihre Bereitschaft erklärt, mit den Vereinten Nationen in »Friedens- und anderen Missionen unter der Autorität des UN Sicherheitsrats« zusammenzuarbeiten. Im Dezember 1997 betrachtete der Abschlußbericht einer hochrangigen internationalen Expertengruppe zum Problem der Durchsetzung von Resolutionen des UN-Sicherheitsrates es »als zweifelhaft, daß die NATO einen Einsatz, jedenfalls einen *out of area*, ohne eine Ermächtigung des Sicherheitsrats in Erwägung ziehen würde«.[39]

Weniger als ein Jahr später waren diese Zweifel verflogen. In dem hier betrachteten Bereich haben sich die Aktionen der NATO gewandelt vom Modus einer vollständigen Zusammenarbeit mit den UN sowohl bei Friedensmissionen als

39 United Nations Association of the U. S. A., *Words to Deeds: Strengthening the U. N.'s Enforcement Capabilities* (1997), S. 45.

auch bei Einsätzen in Bosnien zum Modus von Einsätzen *anstelle* der UN, wenngleich noch immer durch den Sicherheitsrat autorisiert, nämlich zum Zweck der Durchsetzung des Dayton-Abkommens; im Kontext des Kosovo-Problems sind daraus nun Einsätze anstelle der UN *ohne* eine solche Ermächtigung geworden. Manche wollen dieses zuletzt genannte Schema jetzt generell in dem neuen »strategischen Konzept« der NATO verankern. Nach dem UNA-Hintergrundpapier indiziert diese Entwicklung eine Verschiebung im Verhältnis zwischen UN und NATO weg von gegenseitiger Unterstützung[40] hin zu einer Konkurrenz:

In einem solchen Szenario scheint die Organisation, die Gefahr läuft, belanglos zu werden, nicht die NATO, vielmehr scheinen es die Vereinten Nationen zu sein. In einer politischen Variante des marktförmigen freien Wettbewerbs riskiert der UN-Sicherheitsrat, als ein in Sicherheitsfragen ernst zu nehmendes Gremium zu verschwinden, da die wirklich Mächtigen es vorziehen, mit einem für sie bequemeren Instrument zu arbeiten. Alles was der Sicherheitsrat nach Ansicht einiger westlicher Regierungen noch zu bieten hat, ist »Legitimität« – und die NATO darf dann den gewünschten multilateralen Schutz mit weniger Hindernissen bereitstellen.

Eine solche Entwicklung wäre beklagenswert. In den Worten des UN-Generalsekretärs Kofi Annan:

[F]riedenssicherung ist nicht eine Arena der Rivalität zwischen Vereinten Nationen und NATO und darf dies auch nicht werden. Für beide gibt es jede Menge Arbeit zu tun. Und wir arbeiten am besten, wenn wir unsere Kompetenzen gegenseitig respektieren und vermeiden, uns gegenseitig in den Weg zu geraten.[41]

Dieser Artikel hat zu zeigen versucht, daß einerseits die Androhung von Gewalt durch die NATO gegen die BRJ in der Kosovokrise seit Herbst 1998 mangels einer Ermächtigung des Sicherheitsrates rechtswidrig gewesen ist, die Allianz je-

40 Vgl. zu dieser Formulierung Anm. 34.

41 Rede vor der Georgetown University am 23. Februar 1999; UN Doc. SG/SM/6901, PKO 80.

doch andererseits alle Anstrengungen unternommen hat, der Legalität so nah wie möglich zu kommen, indem sie, erstens, der Stoßrichtung des Sicherheitsrates gefolgt ist und ihre Bemühungen an dessen Resolutionen gekoppelt hat und indem sie, zweitens, ihr Vorgehen als dringende Maßnahme in einem humanitären Notstand zur Vermeidung noch größerer humanitärer Katastrophen im Kosovo charakterisiert hat.

Die Lehre, die hieraus gezogen werden kann, ist diese: Es kommen leider »hard cases« vor, in denen man sich mit schrecklichen Dilemmata konfrontiert sieht und zwingende politische und moralische Erwägungen anscheinend keine andere Wahl lassen als die eines Handelns außerhalb des Rechts. Je isolierter solche Fälle bleiben, um so kleiner wird ihr Potential sein, die Regeln des Völkerrechts, in unserem Fall die UN-Charta, zu unterminieren. Wie oben erwähnt, kann ein potentieller Bumerang-Effekt solcher Rechtsbrüche niemals ausgeschlossen, aber seine Gefahr kann zumindest dadurch reduziert werden, daß man die konkreten Umstände genau bezeichnet, die zu einer *ad hoc*-Entscheidung mit singulärem Charakter geführt haben. In dieser Hinsicht hat die NATO recht überzeugende Arbeit geleistet. Nach Ansicht des Verfassers dieser Zeilen ist es nur eine dünne Linie, die das Vorgehen der NATO im Kosovo von Völkerrechtskonformität trennt. Aber sollte die Allianz nun den Bruch der UN-Charta zum regulären Bestandteil ihres strategischen Programms für die Zukunft machen, so hätte dies eine unermeßlich viel größere destruktive Wirkung auf das universale System der kollektiven Sicherheit, das die Charta verkörpert. Der Rückgriff auf illegale Mittel als ausdrückliche *ultima ratio* aus so überzeugenden Gründen wie im Kosovofall ist eine Sache. Eine solche Ausnahme in eine generelle Politik umzuwandeln, ist etwas ganz anderes. Wenn wir uns einig sind, daß der NATO-Vertrag einen harten rechtlichen Kern besitzt, den auch die dynamischste und innovativste (Re-)Interpretation nicht zur Erosion bringen kann, dann ist dies die Unterordnung der NATO unter die Prinzipien der Charta der Vereinten Nationen.

Um mit einer etwas leichteren Bemerkung zu schließen: Wir alle verlassen gelegentlich den Pfad der Tugend. Aber man sollte einen solchen gefährlichen Kurs nicht als generelles Programm für die Zukunft ankündigen, insbesondere nicht aus Anlaß eines 50. Geburtstages.

Jürgen Habermas
Bestialität und Humanität

Ein Krieg an der Grenze zwischen Recht und Moral

Mit dem ersten Kampfeinsatz der Bundeswehr ging die lange Periode einer Zurückhaltung zu Ende, die sich den zivilen Zügen der deutschen Nachkriegsmentalität eingeprägt hat. Es ist Krieg. Gewiß, die »Luftschläge« der Allianz wollen etwas anderes sein als ein Krieg der traditionellen Art. Tatsächlich haben die »chirurgische Präzision« der Luftangriffe und die programmatische Schonung der Zivilisten einen hohen legitimatorischen Stellenwert. Das bedeutet die Abkehr von einer totalen Kriegführung, die die Physiognomie des zu Ende gehenden Jahrhunderts bestimmt hat. Aber auch wir Halbbeteiligten, denen das Fernsehen den Kosovo-Konflikt allabendlich serviert, wissen, daß die jugoslawische Bevölkerung, die sich unter den Luftangriffen duckt, nichts anderes als Krieg erfährt.

Glücklicherweise fehlen in der deutschen Öffentlichkeit die dumpfen Töne. Keine Schicksalssehnsucht, kein intellektueller Trommelwirbel für den guten Kameraden. Während des Golfkrieges ist noch die Rhetorik des Ernstfalls, die Beschwörung von staatlichem Pathos, von Würde, Tragik und männlicher Reife gegen eine lautstarke Friedensbewegung aufgefahren worden. Von beidem ist nicht viel übriggeblieben. Hie und da noch ein bißchen Häme über den kleinlaut gewordenen Pazifismus oder die Härteparole »Wir steigen von den Höhen der Moral herab«. Aber nicht einmal dieser Tenor verfängt, denn Befürworter wie Gegner des Einsatzes bedienen sich einer glasklaren normativen Sprache.

Die pazifistischen Gegner rufen den moralischen Unterschied zwischen Tun und Lassen in Erinnerung und lenken den Blick auf das Leiden der zivilen Opfer, die eine noch so zielgenaue militärische Gewaltanwendung »in Kauf nehmen« muß. Der Appell richtet sich jedoch dieses Mal nicht an das gute Gewissen hartgesottener Realisten, die die Staatsräson hochhalten. Er richtet sich gegen den *legal pacifism* einer rot-grünen Regierung. An der Seite der alten Demokratien, die von vernunftrechtlichen Traditionen stärker als wir geformt worden sind, berufen sich die Minister Fischer und Scharping auf die Idee einer menschenrechtlichen Domestizierung des Naturzustandes zwischen den Staaten. Damit steht die Transformation des Völkerrechts in ein Recht der Weltbürger auf der Agenda.

Der Rechtspazifismus will den lauernden Kriegszustand zwischen souveränen Staaten nicht nur völkerrechtlich einhegen, sondern in einer durchgehend verrechtlichten kosmopolitischen Ordnung aufheben. Von Kant bis Kelsen gab es diese Tradition auch bei uns. Aber heute wird sie von einer deutschen Regierung zum ersten Mal ernst genommen. Die unmittelbare Mitgliedschaft in einer Assoziation von Weltbürgern würde den Staatsbürger auch gegen die Willkür der eigenen Regierung schützen. Die wichtigste Konsequenz eines durch die Souveränität der Staaten hindurchgreifenden Rechts ist, wie sich im Falle Pinochets schon andeutet, die persönliche Haftung von Funktionären für ihre in Staats- und Kriegsdiensten begangenen Verbrechen.

In der Bundesrepublik beherrschen die Gesinnungspazifisten auf der einen, die Rechtspazifisten auf der anderen Seite die öffentliche Auseinandersetzung. Sogar die »Realisten« schlüpfen unter den Mantel der normativen Rhetorik. Die Stellungnahmen pro und con bündeln ja gegensätzliche Motive. Die machtpolitisch Denkenden, die der normativen Zügelung der souveränen Staatsgewalt grundsätzlich mißtrauen, finden sich Arm in Arm mit Pazifisten wieder, während die »Atlantiker« aus schierer Bündnistreue ihren Argwohn gegen den regierungsamtlichen Menschenrechtsenthusiasmus unterdrücken – gegen Leute, die vor kurzem noch gegen die Stationierung der Pershing II auf die Straße gegangen sind. Dregger und Bahr stehen neben Stroebele, Schäuble und Rühe neben Eppler. Kurzum, die Linke an der Regierung und der Vorrang normativer Argumente, beides erklärt nicht nur die eigentümliche Schlachtordnung, sondern den beruhigenden Umstand, daß öffentliche Diskussion und Stimmung in Deutschland nicht anders sind als in anderen westeuropäischen Ländern. Kein Sonderweg, kein Sonderbewußtsein. Eher schon zeichnen sich Bruchlinien ab zwischen Kontinentaleuropäern und Angelsachsen, jedenfalls zwischen denen, die den Generalsekretär der UNO zu ihrer Beratung einladen und eine Verständigung mit Rußland suchen, und jenen, die hauptsächlich den eigenen Waffen vertrauen.

Natürlich gehen die USA und die Mitgliedstaaten der Europäischen Union, die die politische Verantwortung tragen, von einer gemeinsamen Position aus. Nach dem Scheitern der Verhandlungen von Rambouillet führen sie die angedrohte militärische Strafaktion gegen Jugoslawien mit dem erklärten Ziel durch, liberale Regelungen für die Autonomie des Kosovo innerhalb Serbiens durchzusetzen. Im Rahmen des klassischen Völkerrechts hätte das als Einmischung in die inneren Angelegenheiten eines souveränen Staates, das heißt als Verletzung des Interventionsverbots gegolten. Unter Prämissen der Menschenrechtspolitik soll dieser Eingriff nun als eine bewaffnete, aber von der Völkergemeinschaft (auch ohne UN-Mandat) stillschweigend autorisierte Frieden schaffende Mission verstanden werden. Nach dieser westlichen Interpretation könnte der Kosovo-Krieg einen Sprung auf dem Wege des klassischen Völkerrechts der Staaten zum kosmopolitischen Recht einer Weltbürgergesellschaft bedeuten.

Diese Entwicklung hatte mit Gründung der UNO eingesetzt und war, nach der Stagnation während des Ost-West-Konflikts, durch den Golfkrieg sowie durch andere Interventionen beschleunigt worden. Humanitäre Interventionen sind freilich seit 1945 nur im Namen der UNO und mit förmlicher Zustimmung der betroffenen Regierung (soweit eine funktionierende Staatsgewalt vorhanden war) zustande gekommen. Während des Golfkriegs hat der Sicherheitsrat mit der Einrichtung von Flugverbotszonen über dem irakischen Luftraum und von »Schutzzonen« für kurdische Flüchtlinge im Nordirak zwar faktisch in »innere Angelegenheiten« eines souveränen Staates eingegriffen. Das ist aber nicht explizit mit dem Schutz einer verfolgten Minderheit vor der eigenen Regierung begründet worden. In der Resolution 688 vom April 1991 haben sich die Vereinten Nationen auf das Interventionsrecht berufen, das ihnen in Fällen der »Bedrohung der internationalen Sicherheit« zusteht. Anders verhält es sich heute. Das nordatlantische Militärbündnis handelt ohne ein Mandat des Sicherheitsrats, rechtfertigt aber die Intervention als Nothilfe für eine verfolgte ethnische (und religiöse) Minderheit.

Von Mord, Terror und Vertreibung waren im Kosovo schon in den Monaten vor dem Beginn der Luftangriffe etwa 300 000 Personen betroffen. Inzwischen liefern die erschütternden Bilder von den Vertriebenentrecks auf den Routen nach Mazedonien, Montenegro und Albanien die Evidenzen für eine von längerer Hand geplante »ethnische Säuberung«. Daß die Flüchtenden auch wieder als Geiseln zurückgehalten werden, macht die Sache nicht besser. Obwohl Milošević den Luftkrieg der NATO benutzt, um seine elende Praxis bis zum bitteren Ende zu forcieren, können die niederdrückenden Szenen aus den Flüchtlingslagern den kausalen Zusammenhang nicht verkehren. Es war schließlich das Ziel der Verhandlungen, einen mörderischen Ethnonationalismus zu stoppen. Ob die Grundsätze der Völkermordkonvention von 1948 auf das, was jetzt unter der Kuppel des Luftkrieges am Boden geschieht, Anwendung finden, ist kontrovers. Aber einschlägig sind die Tatbestände, die als »Verbrechen gegen die Menschlichkeit« aus den Leitsätzen der Kriegsverbrechertribunale von Nürnberg und Tokyo ins Völkerrecht eingegangen sind. Seit kurzem behandelt der Sicherheitsrat auch diese Tatbestände als »Friedensbedrohungen«, die unter Umständen Zwangsmaßnahmen rechtfertigen. Aber ohne Mandat des Sicherheitsrats können die Interventionsmächte in diesem Fall nur aus den *erga omnes* verpflichtenden Grundsätzen des Völkerrechts eine Ermächtigung zur Hilfeleistung ableiten.

Wie dem auch sei, der Anspruch der Kosovaren auf gleichberechtigte Koexistenz und die Empörung über das Unrecht der brutalen Vertreibung haben der militärischen Intervention im Westen eine breite, wenn auch differenzierte Zustimmung gesichert. Der außenpolitische Sprecher der CDU, Karl Lamers, hat die Ambivalenz, die diese Zustimmung von Anbeginn begleitete, schön zum Ausdruck gebracht: »Also könnte unser Gewissen ruhig sein. Das sagt uns unser Verstand, aber unser Herz will nicht recht darauf hören. Wir sind unsicher und unruhig ...«

Es gibt mehrere Quellen der Beunruhigung. Im Laufe der letzten Wochen verstärkten sich die Zweifel an der Klugheit einer Verhandlungsstrategie, die keine andere Alternative als den bewaffneten Angriff zuließ. Denn Zweifel bestehen an der Zweckmäßigkeit der Militärschläge. Während in der jugoslawischen Bevölkerung bis tief in die Reihen der Opposition hinein die Zustimmung zum trotzig halsstarrigen Kurs von Milošević wächst, kumulieren sich ringsum die bedrohlichen Nebenfolgen des Krieges. Die angrenzenden Staaten Mazedonien und Albanien sowie die Teilrepublik Montenegro geraten aus verschiedenen Gründen in den Strudel der Destabilisierung; im atomar hochgerüsteten Rußland setzt die Solidarität breiter Kreise mit dem »Brudervolk« die Regierung unter Druck. Vor allem wachsen die Zweifel an der Verhältnismäßigkeit der militärischen Mittel. Hinter jedem »Kollateralschaden«, jedem Eisenbahnzug, der unbeabsichtigt mit einer zerbombten Donaubrücke in die Tiefe gerissen wird, hinter jedem Traktor mit flüchtenden Albanern, jedem serbischen Wohngebiet, jedem zivilen Ziel, das ungewollt dem Raketenbeschuß zum Opfer fällt, kommt nicht irgendeine Kontingenz des Krieges zum Vorschein, sondern ein Leiden, das »unsere« Intervention auf dem Gewissen hat.

Fragen der Verhältnismäßigkeit sind schwierig zu entscheiden. Hätte die NATO die Zerstörung des staatlichen Rundfunks nicht eine halbe Stunde vorher ankündigen sollen? Auch die beabsichtigten Zerstörungen – die brennende Tabakfabrik, das lodernde Gaswerk, die zerbombten Hochhäuser, Straßen und Brücken, die Ruinierung der wirtschaftlichen Infrastruktur eines durch UN-Embargo ohnehin geschädigten Landes – steigern die Unruhe. Jedes Kind, das auf der Flucht stirbt, zerrt an unseren Nerven. Denn trotz des überschaubaren kausalen Zusammenhangs verheddern sich jetzt die Fäden der Verantwortung. Im Elend der Vertreibung bilden die Folgen der rücksichtslosen Politik eines Staatsterroristen mit den Nebenfolgen der Militärschläge, die ihm, statt ihm das blutige Handwerk zu legen, auch noch einen Vorwand lieferten, ein schwer entwirrbares Knäuel.

Schließlich die Zweifel am diffus gewordenen politischen Ziel. Gewiß, die fünf Forderungen an Milošević gehorchen denselben makellosen Prinzipien, nach denen das Dayton-Abkommen für ein liberal verfaßtes multiethnisches Bosnien konstruiert worden ist. Die Kosovo-Albaner hätten kein Recht auf Sezession, wenn nur ihr Anspruch auf Autonomie innerhalb Serbiens erfüllt würde. Der großalbanische Nationalismus, der durch eine Abspaltung Auftrieb erhielte, ist ja keinen Deut besser als der großserbische, den die Intervention eindämmen soll. Inzwischen machen die Wunden der »ethnischen Säuberung« mit jedem weiteren Tag die Revision des Zieles einer gleichberechtigten Koexistenz der Volksgruppen unausweichlicher. Aber eine Teilung des Kosovo wäre erst recht eine Sezession, die niemand wollen kann. Zudem würde die Einrichtung eines Protektorats eine Veränderung der Strategie erfordern, nämlich einen Bodenkrieg und die jahrzehntelange Präsenz von friedensichernden Streitkräften. Wenn diese unvorhergesehenen Konsequenzen eintreten sollten, würde sich retrospektiv die Frage nach der Legitimation des Unternehmens noch einmal ganz anders stellen.

In den Verlautbarungen unserer Regierung ist ein gewisser schriller Ton, ein Overkill an fragwürdigen geschichtlichen Parallelen – so als müßten Fischer und Scharping mit ihrer hämmernden Rhetorik eine andere Stimme in sich selbst übertönen. Ist es die Furcht, daß das politische Scheitern des militärischen Einsatzes die Intervention in ein ganz anderes Licht rücken, gar das Projekt der durchgreifenden Verrechtlichung zwischenstaatlicher Beziehungen auf Jahrzehnte zurückwerfen könnte? Würde dann nicht von dem »Polizeieinsatz«, den die NATO hochherzig für die Völkergemeinschaft unternimmt, ein ordinärer Krieg übrigbleiben, sogar ein schmutziger Krieg, der den Balkan nur noch in größere Katastrophen gestürzt hat? Und wäre das nicht Wasser auf die Mühlen eines Carl Schmitt, der es immer schon besser wußte: »Wer Menschheit sagt, will betrügen«? Er hat seinen Antihumanismus auf die berühmte Formel gebracht: »Humanität, Bestialität«. Der bohrende Zweifel, ob am Ende der Rechtspazifismus selbst das falsche Projekt ist, ist unter den Quellen der Beunruhigung die tiefste.

Der Krieg im Kosovo berührt eine grundsätzliche, auch in Politikwissenschaft und Philosophie umstrittene Frage. Der demokratische Verfassungsstaat hat die große zivilisatorische Leistung einer rechtlichen Zähmung der politischen Gewalt auf der Grundlage der Souveränität völkerrechtlich anerkannter Subjekte erreicht, während ein »weltbürgerlicher« Zustand diese Unabhängigkeit des Nationalstaats zur Disposition stellt. Stößt der Universalismus der Aufklärung hier auf den Eigensinn einer politischen Gewalt, der unauslöschlich der Antrieb zur kollektiven Selbstbehauptung eines partikularen Gemeinwesens eingeschrieben ist? Das ist der realistische Stachel im Fleisch der Menschenrechtspolitik.

Auch die realistische Denkschule nimmt natürlich den Strukturwandel jenes mit dem Westfälischen Frieden von 1648 entstandenen Systems unabhängiger Staaten zur Kenntnis – die Interdependenzen einer immer komplexer werdenden Weltgesellschaft; die Größenordnung von Problemen, welche die Staaten nur noch kooperativ lösen können; die wachsende Autorität und Verdichtung der supranationalen Einrichtungen, Regime und Verfahren, nicht nur auf dem Gebiet der kollektiven Sicherheit; die Ökonomisierung der Außenpolitik, die Verwischung der klassischen Grenze zwischen Innen- und Außenpolitik überhaupt. Aber ein pessimistisches Menschenbild und ein eigentümlich opaker Begriff »des« Politischen bilden den Hintergrund für eine Doktrin, die am völkerrechtlichen Prinzip der Nichtintervention mehr oder weniger uneingeschränkt festhalten möchte. In der internationalen Wildbahn sollen sich unabhängige Nationalstaaten nach Maßgabe eigener Interessen möglichst ungehindert nach eigenem Ermessen bewegen können, weil Sicherheit und Überleben des Kollektivs aus der Sicht der Angehörigen nichtverhandelbare Werte sind und weil, aus der Perspektive eines Beobachters gesehen, die Imperative zweckrationaler Selbstbehauptung die Beziehungen zwischen den kollektiven Aktoren immer noch am besten regeln.

Aus dieser Sicht begeht die interventionistische Menschenrechtspolitik einen Kategorienfehler. Sie unterschätzt und diskriminiert die gewissermaßen »natürliche« Tendenz zur Selbstbehauptung. Sie will normative Maßstäbe einem Gewaltpotential überstülpen, das sich der Normierung entzieht. Carl Schmitt hatte diese Argumentation durch seine eigentümlich stilisierte »Wesensbestimmung« des Politischen noch zugespitzt. Mit dem Versuch der »Moralisierung« einer von Haus aus neutralen Staatsräson, so meinte er, läßt erst die Menschenrechtspolitik selbst den naturwüchsigen Kampf der Nationen zu einem heillosen »Kampf gegen das Böse« entarten.

Dagegen erheben sich triftige Einwände. Es ist ja nicht so, als ob in der postnationalen Konstellation kraftstrotzende Nationalstaaten von Regeln der Völkergemeinschaft gegängelt würden. Vielmehr ist es die Erosion der staatlichen Autorität, sind es Bürgerkriege und ethnische Konflikte innerhalb zerfallender oder autoritär zusammengehaltener Staaten, die Interventionen auf den Plan rufen – nicht nur in Somalia und Ruanda, sondern auch in Bosnien und nun im Kosovo. Ebensowenig findet der ideologiekritische Verdacht Nahrung. Der vorliegende Fall zeigt, daß universalistische Rechtfertigungen keineswegs immer die Partikularität uneingestandener Interessen verschleiern. Was eine Hermeneutik des Verdachts dem Angriff auf Jugoslawien ankreidet, ist ziemlich mager. Für Politiker, denen die globale Ökonomie innenpolitisch wenig Spielraum läßt, mag ja außenpolitische Kraftmeierei eine Chance bieten. Aber weder das den USA zugeschriebene Motiv der Sicherung und Erweiterung von Einflußsphären noch das der NATO zugeschriebene Motiv der Rollenfindung, nicht einmal das der »Festung Europa« zugeschriebene Motiv der vorbeugenden Abwehr von Einwanderungswellen erklären den Entschluß zu einem so schwer wiegenden, riskanten und kostspieligen Eingriff.

Gegen den »Realismus« spricht aber vor allem die Tatsache, daß die Subjekte des Völkerrechts mit den Blutspuren, die sie in der Katastrophengeschichte des 20. Jahrhunderts hinterlassen haben, die Unschuldsvermutung des klassischen Völkerrechts ad absurdum geführt haben. Die Gründung und die Menschenrechtserklärung der UNO sowie die Strafandrohung für Angriffskriege und Verbrechen gegen die Menschlichkeit – mit der Konsequenz einer wenigstens halbherzigen Einschränkung des Prinzips der Nichtintervention –, dies waren notwendige und richtige Antworten auf die moralisch signifikanten Erfahrungen des Jahrhunderts, auf die totalitäre Entfesselung der Politik und auf den Holocaust.

Schließlich beruht der Vorwurf der Moralisierung der

Politik auf einer begrifflichen Unklarheit. Denn die angestrebte Etablierung eines weltbürgerlichen Zustandes würde bedeuten, daß Verstöße gegen die Menschenrechte nicht unmittelbar unter moralischen Gesichtspunkten beurteilt und bekämpft, sondern wie kriminelle Handlungen innerhalb einer staatlichen Rechtsordnung verfolgt werden. Eine durchgreifende Verrechtlichung internationaler Beziehungen ist nicht ohne etablierte Verfahren der Konfliktlösung möglich. Gerade die Institutionalisierung dieser Verfahren wird den juristisch gezähmten Umgang mit Menschenrechtsverletzungen vor einer moralischen Entdifferenzierung des Rechts schützen und eine unvermittelt durchschlagende moralische Diskriminierung von »Feinden« verhindern.

Ein solcher Zustand ist auch ohne das Gewaltmonopol eines Weltstaates und ohne Weltregierung zu erreichen. Aber nötig sind wenigstens ein funktionierender Sicherheitsrat, die bindende Rechtsprechung eines internationalen Strafgerichtshofes und die Ergänzung der Generalversammlung von Regierungsvertretern durch die »zweite Ebene« einer Repräsentation der Weltbürger. Da diese Reform der Vereinten Nationen noch nicht in greifbarer Nähe ist, bleibt der Hinweis auf die Differenz zwischen Verrechtlichung und Moralisierung eine zwar richtige, aber zweischneidige Entgegnung. Denn solange die Menschenrechte auf globaler Ebene vergleichsweise schwach institutionalisiert sind, kann sich die Grenze zwischen Recht und Moral wie im vorliegenden Fall verwischen. Weil der Sicherheitsrat blockiert ist, kann sich die NATO nur auf die moralische Geltung des Völkerrechts berufen – auf Normen, für die keine effektiven, von der Völkergemeinschaft anerkannten Instanzen der Rechtsanwendung und -durchsetzung bestehen.

Die Unterinstitutionalisierung des Weltbürgerrechts äußert sich beispielsweise in der Schere zwischen der Legitimität und der Effektivität der friedensichernden und friedenschaffenden Interventionen. Srebrenica hatte die UNO zum

Schutzhafen erklärt, aber die Truppe, die dort legitimerweise stationiert war, konnte nach dem Einmarsch der Serben das grauenhafte Massaker nicht verhindern. Demgegenüber kann die NATO der jugoslawischen Regierung nur deshalb effektiv entgegentreten, weil sie ohne die Legitimation, die ihr der Sicherheitsrat verweigert hätte, aktiv geworden ist.

Die Menschenrechtspolitik zielt darauf ab, die Schere zwischen diesen spiegelbildlichen Situationen zu schließen. Vielfach ist sie aber angesichts des unterinstitutionalisierten Weltbürgerrechts zum bloßen Vorgriff auf einen künftigen kosmopolitischen Zustand, den sie zugleich befördern will, genötigt. Wie kann man unter dieser paradoxen Bedingung eine Politik betreiben, die den Menschenrechten, notfalls sogar mit militärischer Gewalt, gleichmäßig Nachachtung verschaffen soll? Die Frage stellt sich auch dann, wenn man nicht überall eingreifen kann – nicht zugunsten der Kurden, nicht zugunsten der Tschetschenen oder Tibetaner, aber wenigstens vor der eigenen Haustür auf dem zerrissenen Balkan. Ein interessanter Unterschied im Verständnis der Menschenrechtspolitik zeichnet sich zwischen Amerikanern und Europäern ab. Die USA betreiben die globale Durchsetzung der Menschenrechte als die nationale Mission einer Weltmacht, die dieses Ziel unter Prämissen der Machtpolitik verfolgt. Die meisten Regierungen der EU verstehen unter einer Politik der Menschenrechte eher ein Projekt der durchgreifenden Verrechtlichung internationaler Beziehungen, das die Parameter der Machtpolitik schon heute verändert.

Die USA haben in einer von der UNO nur schwach reglementierten Staatenwelt die Ordnungsaufgaben einer Supermacht übernommen. Dabei fungieren Menschenrechte für die Bewertung politischer Ziele als moralische Wertorientierungen. Es gab natürlich immer isolationistische Gegenströmungen, und wie andere Nationen verfolgen auch die USA in erster Linie eigene Interessen, die nicht immer im Einklang mit den erklärten normativen Zielen stehen. Das hat der Vietnamkrieg gezeigt, das zeigt immer wieder der Umgang mit Problemen im eigenen »Hinterhof«. Aber die »neue Mischform von humanitärer Selbstlosigkeit und imperialer Machtlogik« (Ulrich Beck) hat in den Vereinigten Staaten Tradition. Unter den Motiven von Wilson, in den Ersten, und von Roosevelt, in den Zweiten Weltkrieg einzutreten, gab es eben auch die Orientierung an Idealen, die in der pragmatistischen Tradition tief verwurzelt sind. Dem verdanken wir, die 1945 besiegte Nation, daß wir zugleich befreit worden sind. Aus dieser sehr amerikanischen, also nationalen Sicht einer normativ orientierten Machtpolitik muß es heute plausibel erscheinen, den Kampf gegen Jugoslawien, unangesehen aller Komplikationen, geradlinig und kompromißlos fortzusetzen, nötigenfalls auch mit dem Einsatz von Bodentruppen. Immerhin hat das den Vorzug der Konsequenz. Aber was sagen wir, wenn eines Tages das Militärbündnis einer anderen Region – sagen wir in Asien – eine bewaffnete Menschenrechtspolitik betreibt, die auf einer ganz anderen, eben einer Interpretation des Völkerrechts oder der UN-Charta beruht?

Anders sieht die Sache aus, wenn die Menschenrechte nicht nur als moralische Orientierung des eigenen politischen Handelns ins Spiel kommen, sondern als Rechte, die im juristischen Sinne implementiert werden müssen. Menschenrechte weisen nämlich ungeachtet ihres rein moralischen Gehalts die strukturellen Merkmale von subjektiven Rechten auf, die von Haus aus darauf angewiesen sind, in einer Ordnung zwingenden Rechts positive Geltung zu erlangen. Erst wenn die Menschenrechte in einer weltweiten demokratischen Rechtsordnung in ähnlicher Weise ihren »Sitz« gefunden haben wie die Grundrechte in unseren nationalen Verfassungen, werden wir auch auf globaler Ebene davon ausgehen dürfen, daß sich die Adressaten dieser Rechte zugleich als deren Autoren verstehen können.

Die Einrichtungen der UNO sind auf dem Wege, den

Kreis zwischen der Anwendung zwingenden Rechts und der demokratischen Rechtsetzung zu schließen. Wo das nicht der Fall ist, bleiben aber Normen, und seien sie noch so moralisch in ihrem Inhalt, gewaltsam auferlegte Beschränkungen. Gewiß, im Kosovo versuchen die Interventionsstaaten die Ansprüche derer durchzusetzen, deren Menschenrechte von der eigenen Regierung mit Füßen getreten werden. Aber die Serben, die auf den Straßen von Belgrad tanzen, sind, wie Slavoj Zizek feststellt, »keine verkappten Amerikaner, die darauf warten, vom Fluch des Nationalismus erlöst zu werden«. Ihnen wird eine politische Ordnung, die gleiche Rechte für alle Bürger garantiert, mit Waffengewalt aufgenötigt. Das gilt auch unter normativen Gesichtspunkten, solange nicht wenigstens die UNO gegen ihr Mitglied Jugoslawien militärische Zwangsmaßnahmen beschlossen hat.

Selbst 19 zweifellos demokratische Staaten bleiben, wenn sie sich selbst zum Eingreifen ermächtigen, Partei. Sie üben eine Interpretations- und Beschlußkompetenz aus, die, wenn es heute bereits mit rechten Dingen zuginge, nur unabhängigen Institutionen zustände; insoweit handeln sie paternalistisch. Dafür gibt es gute moralische Gründe. Wer aber im Bewußtsein der Unvermeidlichkeit eines vorübergehenden Paternalismus handelt, weiß auch, daß die Gewalt, die er ausübt, noch nicht die Qualität eines im Rahmen einer demokratischen Weltbürgergesellschaft legitimierten Rechtszwangs besitzt. Moralische Normen, die an unsere bessere Einsicht appellieren, dürfen nicht wie etablierte Rechtsnormen erzwungen werden.

Aus dem Dilemma, so handeln zu müssen, als gäbe es schon den voll institutionalisierten weltbürgerlichen Zustand, den zu befördern die Absicht ist, folgt jedoch nicht etwa die Maxime, die Opfer ihren Schergen zu überlassen. Die terroristische Zweckentfremdung staatlicher Gewalt verwandelt den klassischen Bürgerkrieg in ein Massenverbrechen. Wenn es gar nicht anders geht, müssen demokratische Nachbarn zur völkerrechtlich legitimierten Nothilfe eilen dürfen. Gerade dann erfordert aber die Unfertigkeit des weltbürgerlichen Zustandes eine besondere Sensibilität. Die bereits bestehenden Institutionen und Verfahren sind die einzig vorhandenen Kontrollen für die fehlbaren Urteile einer Partei, die für das Ganze handeln will.

Eine Quelle von Mißverständnissen ist beispielsweise die historische Ungleichzeitigkeit von politischen Mentalitäten, die aufeinanderstoßen. Zwischen dem Krieg der NATO in der Luft und dem Krieg der Serben am Boden besteht zwar keine Zeitdifferenz von 400 Jahren, wie Enzensberger meint. Beim großserbischen Nationalismus kommt mir eher Ernst-Moritz Arndt als Grimmelshausen in den Sinn. Aber Politologen haben festgestellt, daß sich eine Differenz zwischen »Erster« und »Zweiter« Welt in einem neuen Sinne herausgebildet hat. Nur die friedlichen, wohlhabenden OECD-Gesellschaften können es sich leisten, ihre nationalen Interessen mit dem halbwegs weltbürgerlichen Anspruchsniveau der Vereinten Nationen mehr oder weniger in Einklang zu bringen.

Demgegenüber hat die »Zweite Welt« (in der neuen Lesart) das machtpolitische Erbe des europäischen Nationalismus angetreten. Staaten wie Libyen, Irak oder Serbien gleichen ihre instabilen Verhältnisse im Inneren durch autoritäre Herrschaft und Identitätspolitik aus, während sie sich nach außen expansionistisch verhalten, in Grenzfragen sensibel sind und neurotisch auf ihre Souveränität pochen. Beobachtungen dieser Art erhöhen die Hemmschwellen im Umgang miteinander. Heute rechtfertigen sie die Forderung nach verstärkten diplomatischen Bemühungen.

Eine Sache ist es, wenn die USA in den Spuren einer wie auch immer bemerkenswerten politischen Tradition die menschenrechtlich instrumentierte Rolle des hegemonialen Ordnungsgaranten spielen. Eine andere Sache ist es, wenn wir den prekären Übergang von der klassischen Machtpolitik zu einem weltbürgerlichen Zustand über die Gräben eines aktuellen, auch mit Waffen ausgetragenen Konflikts hinweg als gemeinsam zu bewältigenden Lernprozeß verstehen. Die weiter ausgreifende Perspektive mahnt auch zu größerer Vorsicht. Die Selbstermächtigung der NATO darf nicht zum Regelfall werden.

Reinhard Merkel

Das Elend der Beschützten

Rechtsethische Grundlagen und Grenzen der sog. humanitären Intervention und die Verwerflichkeit der NATO-Aktion im Kosovo-Krieg[1]

I.

»Dieser Krieg«, sagte Bundeskanzler Schröder, »ist politisch und moralisch legitim.« Irritiert fragt man sich: Und rechtlich? Oder wäre er auch dies, wenn er jenes wäre?

Nein. Dieser Krieg der NATO ist illegal, und er war es von Anfang an. Der rasche Wechsel der offiziellen Kriegsziele schließt die Rechtfertigungslücke nicht, sondern erweitert sie ins Bodenlose. Der Kosovo-Krieg ist aber auch illegitim und keiner ethischen Rechtfertigung zugänglich. Das ist nicht der kalte Blick eines moralblinden Rechtspositivismus, selbst wenn das völkerrechtliche Gewaltverbot nichts anderes wäre als eine verfügbare Norm (und nicht die zwingende Voraussetzung jeder rechtlichen Koexistenz von Staaten). Denn das Verdikt reicht über den Vorwurf der Widerrechtlichkeit des Krieges weit hinaus. Er verletzt nicht einfach nur das Völkerrecht. Er zerstört die Bedingungen jeder Verrechtlichung der internationalen Beziehungen. Er desavouiert damit die Maxime einer allmählichen Zivilisierung jenes gesetzlosen Naturzustandes zwischen den Staaten, der dem zu Ende gehenden Jahrhundert das Signum des Grauens eingebrannt hat. Er bedroht die Zukunft der internationalen Ord-

1 Der erste Teil des folgenden Beitrags erschien am 12. Mai 1999 in Nr. 20 der Wochenzeitung *Die Zeit*. Er wird hier unverändert abgedruckt. Unter dem Titel »Postskript« folgt dann der ausführliche Versuch, die grundlegenden Argumente des ursprünglichen Beitrags gegen zwischenzeitlich erhobene Einwände zu verteidigen und weiterzuentwickeln.

nung als einer des Rechts, und nicht bloß der prekären Balance selbstlegitimierter Mächte, die noch niemals, auf welcher Seite welchen Konflikts auch immer, Mühe hatten, jenseits des Rechts Moralprinzipien zu mobilisieren und deren Durchsetzung mit Leid, Blut und Leben anderer bezahlen zu lassen.

Diese Kritik, wird man sagen, ist einäugig und ungerecht. Sie zielt auf das eingesetzte Gewaltmittel und ignoriert den verfolgten Zweck. Auch er ist aber der einer Zivilisierung staatlicher Macht unter universalen Prinzipien des Rechts: den Prinzipien fundamentaler Menschenrechte aller, die vom eigenen Staat verfolgt, vertrieben, ermordet werden. Das Grauen dieses Jahrhunderts bestand ja wahrhaftig nicht nur im Wüten der Staaten gegeneinander, sondern auch in allen Varianten staatlicher Makrokriminalität nach innen. Und unter diesen, wer hätte daran Zweifel, wird die Kosovo-Politik des Herrn Milošević im Gedächtnis der Nachwelt ihren Platz finden.

Damit scheint der NATO-Einsatz zwei miteinander kollidierenden Maximen zu folgen. Pointiert: normative Begrenzung der staatlichen Souveränität nach innen durch Entnormativierung ihrer Handlungsfreiheit nach außen. Globales Zwangsrecht gegen internen Staatsterror – und rechtsfreier Raum zum Krieg?

Das ist der Knoten des Legitimationsproblems im Kosovo-Krieg. So abstrakt ist er freilich nicht lösbar. Und seine völkerrechtlichen Titel – »Humanitäre Intervention vs. Gewaltverbot« oder »Weltbürgerrecht vs. staatliche Souveränität« – sind um nichts deutlicher. Betrachtet man die Normenkollision jedoch genauer, so eröffnet sie für den Kosovo-Konflikt eine eindeutige Lösung: das obige Verdikt. Dieser Krieg ist illegal, illegitim und, unbeschadet seiner hohen moralischen Zielsetzung, moralisch verwerflich. Das will ich zeigen.

II.

Normatives Fundament für den NATO-Einsatz ist das Prinzip der Nothilfe. Es ist nicht bloß ein moralisches, sondern ein rechtliches Prinzip von universaler Reichweite: das der Notwehr, die zugunsten Dritter eben »Nothilfe« heißt. Damit können die Luftangriffe der NATO zunächst einen durchaus stabileren Grund reklamieren als den Flugsand einer populären Gesinnungsethik, die hier einen Konflikt zwischen Recht und Moral und umstandslos den Vorrang dieser vor jenem behauptet. Das Völkerrecht erkennt inzwischen den Rechtsstatus von Individuen auch im Bereich seiner Zuständigkeit an: Sie sind Inhaber eines Mindeststandards fundamentaler Menschenrechte, zu deren interner Garantie jeder Staat gegenüber allen anderen (*erga omnes*) verpflichtet ist. In dieser Normensphäre gibt es daher ein Durchgriffsrecht der internationalen Gemeinschaft auf die Legitimationsgrundlagen des souveränen Staates.

Damit wird die Nothilfe gegen rabiate Verletzungen jenes Minimalstandards zum Rechtstitel auch für intervenierende Fremdstaaten. Aus welcher Völkerrechtsquelle immer man sie formell herleiten mag: Sie wäre auch gegen den Widerstand der Völkerrechtsdoktrin, ja sogar der Mehrheit der Staaten zulässig. Selbst ihre gewaltsame Durchsetzung dürfte sich auf ein normatives Gebot der Fortentwicklung des Völkerrechts berufen, ein universales Prinzip der »schützenden Gerechtigkeit«.

Verbreitet, aber irrig ist der Einwand, schon das Fehlen einer Ermächtigung der Intervention durch den Sicherheitsrat mache diese rechtswidrig, so wie umgekehrt die Annahme verfehlt ist, ein solcher Sicherheitsratsbeschluß allein könne eine an sich rechtswidrige Intervention legalisieren. Gewiß ist der Sicherheitsrat in militärischen Konflikten eine Kontrollinstanz von herausragender Bedeutung. Sowenig aber das Notwehr- und damit auch das Nothilferecht der Staaten untereinander von einer formellen Bestätigung durch den Sicherheitsrat abhängen kann (was Art. 51 der UNO-Charta ausdrücklich klarstellt), da sich Notlagen nicht nach Gremienbeschlüssen richten, sowenig kann dies für die Nothilfe zugunsten der »neuen« Völkerrechtssubjekte gelten: der in ihren Menschenrechten schwer und massenhaft verletzten Individuen. Auch hierin spiegelt sich der fundamentale, wenn man so will vorpositive Status des Notwehr-/Nothilfeprinzips: Eine Rechtsordnung, die es nicht anerkennen wollte, wäre in diesem Punkt bis zum Verlust ihrer Verbindlichkeit illegitim.

Jürgen Habermas hat plastisch von einer allmählichen »Transformation des Völkerrechts in ein Recht der Weltbürger« gesprochen (siehe in diesem Band, S. 51). Freilich darf man dabei die Primärfunktion des Völkerrechts, die Friedenssicherung zwischen den Staaten, nicht vergessen. Damit kommt erneut und schärfer jene Prima-facie-Kollision zweier Normen in den Blick: des Nothilferechts und des Gewaltverbots. Ihr formelles Verhältnis zueinander ist offensichtlich das von Ausnahme und Regel. Auf der Hand liegt, daß Ausnahmen vom Gewaltverbot, im internationalen nicht anders als im innerstaatlichen Recht, nur in den engen Grenzen klarer Kriterien für Form, Richtung und Maß legitim sind.

III.

Deren erstes heißt »Erforderlichkeit«. Keine noch so berechtigte, noch so dringende, gegen noch so grausamen Terror gerichtete Hilfsaktion kann Gewaltanwendung rechtfertigen, die für ihr Ziel nicht erforderlich ist. Logische Bedingung der Erforderlichkeit eines Mittels ist dessen Tauglichkeit zum beabsichtigten Zweck. Untaugliche Gewaltmittel sind niemals erforderlich und immer Unrecht.

Natürlich muß die Tauglichkeitsfrage in einer Perspektive »ex ante« beurteilt werden und ist daher belastet mit Risiken der Prognose. Tauglich im Rechtssinne ist schon, was *vor* seinem Einsatz vernünftigerweise als tauglich gelten kann. Ein unerwarteter nachträglicher Fehlschlag ändert an der Rechtmäßigkeit des Gewaltmittels nichts. So ist das Scheitern der bewaffneten Intervention »Restore Hope« vom Dezember 1992 in Somalia, deren Grundlage, Resolution 794 des Sicherheitsrats, von Völkerrechtlern gern als »Geburtsurkunde« der modernen humanitären Intervention bezeichnet wird, kein Einwand gegen ihre Rechtmäßigkeit.

Projiziert man diese Kriterien legitimer Nothilfe auf den Luftkrieg der NATO im Kosovo, dann liefern sie ein zwingendes Resultat: Wer hätte bereits vor dem Aufstieg des ersten Bombers ernsthafte Zweifel an der in jedem Leitartikel präsentierten Erwartung gehabt, daß Serbien die Luftschläge zum Anlaß nehmen würde, genau das Elend, zu dessen Unterbindung sie beschlossen wurden, ins Unermeßliche zu verschärfen? Und so bitter das klingen mag: Daß die Not der Albaner vor Beginn der Bombardierung, trostlos genug schon damals, deutschen Behörden nicht einmal ausreichte, den Asylgrund der »Gruppenverfolgung« zu erfüllen, das haben Oberverwaltungsgerichte unter Berufung auf amtliche Auskünfte der Bundesregierung noch Mitte März verbindlich bestätigt.

Die beklemmende Überlegung, ob die NATO für die Verschärfung dieses Elends geradezu mitverantwortlich sei, mag durchaus auf sich beruhen. Immerhin stellt die Empörung der westlichen Regierungen schon über die bloße Frage ein Muster an Selbstbetrug vor: Wer sehenden Auges einem erkennbar tatgeneigten Verbrecher objektiv in die Hände spielt oder ihm zusätzliche Motive liefert, kann sich keineswegs schlechthin von der Zuständigkeit für dessen nachfolgende Taten freizeichnen. Außer Zweifel steht aber, daß eine gewaltsame Nothilfe, die das Elend der Beschützten vergrößert, untauglich und damit Unrecht ist, und zwar selbst gegenüber dem Verbrecher, der die Notlage geschaffen hat.

Jedenfalls die bisher praktizierten Bombenangriffe stehen daher außerhalb jeder Möglichkeit der Rechtfertigung. Wie immer man die Rolle der NATO als künftiger Weltpolizei beurteilt: Wo gäbe es auf dieser Welt ein Gemeinwesen, dessen Polizei sich »legitim« nennen und gleichwohl ihre Eingriffsermächtigungen selbst bestimmen dürfte? Gerade diese Kompetenz ist jedenfalls im innerstaatlichen Bereich das definitive Stigma eines Unrechtsregimes? Und im internationalen? Nicht daß in einer Welt ohne überstaatliche Macht (und mit einem stets blockierbaren UNO-Sicherheitsrat) einzelne Staaten selbst beschließen, militärisch zu intervenieren, ist das Problem. Aber daß sie sich dabei von den Erfordernissen des Rechts suspendieren, ist unerträglich. »Non sub homine, sed sub lege« hat der große Rechtsphilosoph Hans Kelsen das Kriterium legitimer Machtausübung formuliert. Gewaltbefugnisse kraft eigener Ermächtigung – unmittelbar »sub homine« – zerstören die Voraussetzungen des Rechtsverhältnisses selbst. Wie könnte dies zwischen den Staaten anders sein als in ihrer Binnensphäre?

Daß jetzt im Kosovo-Krieg – neben einer Neudefinition von Kriegszielen, die man vor seinem Beginn zu seiner Rechtfertigung gewiß nicht anzuführen gewagt hätte – zunehmend der polizeiliche Charakter der Intervention insgesamt verleugnet und von einer »Strafaktion gegen Milošević« geredet wird, macht den Befund nur trostloser. Strafe ist keine Nothilfe. Und zwischen rechtlich gleichrangigen Subjekten hat sie schon begrifflich keinen legitimen Platz. Strafkriege gegen unabhängige Staaten, das hat vor mehr als 200 Jahren schon Kant in seinem Traktat *Zum ewigen Frieden* geschrieben, sind niemals rechtmäßig.

IV.

Nun liegt der Einwand auf der Hand: Die behauptete Untauglichkeit der Bombardierung als Nothilfe mag sich ja als bloß vermeintliche, als vorläufige erweisen. Wenn schon nicht für den sofortigen Verbleib, dann wird eben für die anschließende Rückkehr der Albaner in ihre Heimat gebombt. Irgendwann muß auch ein skrupelloser Gewaltherrscher nachgeben, und wäre es dann, wenn außer Schutt und Asche nichts mehr vorhanden ist, was er beherrschen könnte.

Ganz gewiß. Aber der Einwand führt, verfolgt man ihn weiter, ins Bodenlose: zum gänzlichen Bankrott der Legitimation dieses Krieges. Dabei soll gar nicht vom Umkippen der Relation zwischen Mittel und Zweck ins irgendwann Unverhältnismäßige die Rede sein. Es geht erneut um ein fundamentales Prinzip der Gerechtigkeit: Wer Gewaltanwendung mit der Hilfe für ein mißhandeltes Opfer legitimieren will, hat die »Kosten« seines Handelns, sofern er sie nicht dem Täter selbst aufbürden kann, auf sich zu nehmen. Keinesfalls darf er sie unschuldigen Dritten zuschieben.

So tonlos in seiner Abstraktion, malt sich dies inzwischen als Menetekel auf den Hintergrund des Kosovo-Krieges, als Hohn auf die damit angeblich verteidigten »Werte«. Die Rede ist von der Tötung Hunderter, ja Tausender serbischer Zivilisten, die Herrn Milošević mehr hassen und für sein Wüten weniger verantwortlich sein mögen als die Regierungen der NATO-Staaten. Es ist von einer quälenden Abwegigkeit, wenn diesem Befund stets der Hinweis auf die weitaus größere Zahl getöteter Albaner entgegengesetzt wird: Keiner der getöteten serbischen Zivilisten – Kinder, Frauen, Alte – hat ein einziges der albanischen Opfer auf seinem Gewissen. Sehr wohl auf dem ihren haben die Verantwortlichen der NATO-Bomben jedes einzelne ihrer zivilen serbischen Opfer. Bodentruppen will die Bundesregierung nicht einsetzen, weil unseren Soldaten eine Pflicht zur Opferung ihres

Lebens für verfolgte Albaner nicht zugemutet werden darf. Wer erlaubt ihr diese Zumutung gegenüber Zivilisten, die den Taten wie den Opfern des Herrn Milošević nicht weniger fern stehen als deutsche Soldaten?

Gewiß, Krieg ist Krieg, heißt die gängige Phrase, und solche Opfer seien eben nicht zu vermeiden. Für sie, die »unbeabsichtigten Nebenfolgen«, jene massenhaft tödlichen »Kollateralschäden«, deren häßliche Benennung einen häßlicheren Sachverhalt deckt, hält sich das Völkerrecht eine archaische Legitimationsfigur, die scholastische »Doktrin der Doppelwirkung« aus der *Summa theologia* des Thomas von Aquin: Habe eine Handlung, so heißt es dort, außer ihrem gewollten »guten Ziel« eine vorhersehbare »böse« Nebenwirkung, so berühre diese die Legitimität des Handelns nicht, wenn die Nebenfolge nur nicht »beabsichtigt«, sondern bloß in Kauf genommen werde und im übrigen nicht außer Verhältnis zum positiven Primärzweck stehe.

Wiewohl schon die prinzipiellen Einwände gegen diese Lehre stärker sind als deren Begründung, soll sie hier unbestritten bleiben. Denn für die Rechtfertigung der zivilen Opfer des gegenwärtigen Luftkriegs ist sie ein schlechterdings untauglicher Behelf. Wohl mag sich ein Staat, der einen legitimen Verteidigungskrieg führt, mehr oder weniger umstandslos auf sie berufen, denn ohne Krieg stünde seine Existenz auf dem Spiel. Und selbst der Zynismus eines geostrategischen Ordnungs-, ja sogar der eines aggressiven Eroberungskriegs mag irgendwie schlüssig bleiben, wenn er zivile Opfer für bedauerlich, aber gegenüber dem großen Ziel für belanglos erklärt.

Wer aber bedrohten Menschen helfen will, legitimiert sich allein aus einer Norm, die es unter keinen Umständen erlaubt, dafür unschuldige Dritte zu töten. Ob er diese Tötungen »beabsichtigt« oder nur mit Bedauern, aber sehenden Auges »in Kauf nimmt«, ist gänzlich belanglos. Denn eine Maxime, Unschuldige zu retten, indem man Unschuldige tötet, zerstört sich offenkundig selbst. Sie ist keiner Rechtfertigung fähig. Auch wer wenige Unschuldige tötet, um viele andere zu retten, verhält sich rechtlich wie moralisch verwerflich. Was hielte man von einem Transplantationschirurgen, der fünf todkranke Patienten rettet, indem er die dafür erforderlichen Organe durch Töten und Ausschlachten eines einzigen ahnungslosen Passanten beschafft? Oder, und näher an der Logik dieses Krieges: Wie würden wir eine Polizeiaktion zur Hilfe für mißhandelte Geiseln beurteilen, die nicht direkt gegen den Geiselnehmer vorginge, sondern den Wohnblock, in dessen Kellerräumen er sich verschanzt hält, bombardierte, um ihn zum Aufgeben zu nötigen – dabei den Tod von Dutzenden unschuldiger Bewohner als »Kollateralschaden« und selbstverständlich mit Bedauern in Kauf nehmend?

V.

Das ist die bitterste Lehre dieses Krieges: Die NATO desavouiert mit ihren vorsätzlichen »Kollateral«-Tötungen (denn vorsätzlich sind sie auch ohne Tötungsabsicht) genau die rechtliche und ethische Norm, mit der sie ihren Kampf gegen einen Verbrecher legitimieren will. Welch eine reductio ad absurdum der eigenen Moral: Das »Weltbürgerrecht« der einen auf Heimat wird durchgesetzt, indem man das der anderen auf Leben vernichtet! Auch wenn die NATO das noch immer nicht wahrnimmt: Zu den »kollateralen« Opfern dieses Krieges gehören nicht zuletzt die fundamentalen Werte, die sie zu schützen behauptet.

Was man allenfalls hätte machen dürfen, wäre von Anfang an der gezielte, den verfolgten Albanern unmittelbar beistehende Einsatz freiwilliger Bodentruppen gewesen. Daß für eine solche Entscheidung das Prinzip der Verhältnismäßigkeit ein ganz anderes Gewicht erhalten und das Risiko eines verheerenden Großkrieges auch diese Option wohl verboten hätte, liegt nahe, aber außerhalb unseres gegenwärtigen Themas.

Es gehört im übrigen durchaus zur Logik einer Selbstermächtigung, die für ihre Hilfe unschuldige Dritte mit dem Leben bezahlen läßt, diese Dritten möglichst gleich selbst zu legitimen Gewaltzielen zu erklären; so läßt sich die Paradoxie der eigenen Handlungsmaxime leichter verdrängen. Das ist es, was diesen Krieg noch jenseits seiner normativen Bodenlosigkeit in seiner konkreten Gestalt zunehmend schmutzig werden läßt. Warum nennt man in der deutschen Öffentlichkeit das gezielte Bombardieren eines Fernsehsenders oder der landesweiten Stromversorgung – mit allen erkennbaren und in Kauf genommenen Todesopfern etwa in Krankenhäusern ohne ausreichende Notstromaggregate – nicht so, wie es im Völkerrecht heißt: Kriegsverbrechen?

Was die NATO derzeit durchführt, ist nur scheinbar eine »humanitäre Intervention«. In Wahrheit ist es ein Nötigungskrieg, der die Gewalt seines Nötigungsmittels in hohem Maße nicht gegen dessen Adressaten, sondern gegen unbeteiligte Dritte richtet. Ein künftiges Völkerrecht, das diesen Namen verdient, muß und wird solche Interventionen als prinzipiell verwerflich ebenso ächten, wie es das gegenwärtige mit Präventiv- und Aggressionskriegen tut.

Wer schützt uns vor der normativen Inkompetenz unserer Regierungen, wenn es das Recht nicht mehr kann? Wer vor der tödlichen Diskrepanz zwischen dem Übermaß an globaler Zerstörungsmacht und dem Untermaß derer, die darüber verfügen? Irgendwann werden die Folgeschäden dieses Krieges vollständig in den Blick kommen. Sie werden bei weitem größer sein, als man heute glaubt. Denn zu ihnen wird die Erosion fundamentaler Prinzipien von Recht und Moral in der internationalen Politik gehören. Ich fürchte, die Geschichte wird nicht nur die Taten des Herrn Milošević, sondern auch den Krieg seiner Gegner aufbewahren als Reminiszenz des Grausens.

Postskript

Der vorstehende Artikel skizziert für seine (negative) Gesamtthese im wesentlichen zwei tragende Argumente. Das erste behauptet, die Situation im Kosovo habe vor Beginn der Bombardierung hinreichenden Anlaß für eine »humanitäre Intervention« geboten – wenn man will: es stützt das »Ob« der NATO-Aktion. Das zweite verwirft dagegen den konkreten Modus dieser Intervention – das »Wie« ihrer Durchführung – und damit schließlich diese selbst im ganzen.

Beiden Argumenten sind nach dem Erscheinen des Artikels am 12. Mai 1999, also noch während der Bombardierung, in Leserbriefen (und zwar sowohl von Befürwortern als auch von Gegnern des NATO-Einsatzes) verschiedene Einwände entgegengehalten worden, die prima facie »Hand und Fuß« haben. Grund genug, die hier vertretene Position – bei ihrem ersten Erscheinen in die engen Grenzen eines Zeitungsartikels gedrängt und entsprechend apodiktisch formuliert – nun, in der Rückschau auch auf den Krieg selbst, an jenen Einwänden zu überprüfen und damit insgesamt deutlicher zu entwickeln.

I.

Die These, »an sich« habe es für den NATO-Einsatz einen legitimen Interventionsgrund gegeben, erscheint unter zwei Gesichtspunkten zweifelhaft. Der erste wird meist von Völkerrechtlern berufen: das Fehlen einer Ermächtigung der Aktion durch den Weltsicherheitsrat. Der zweite gehört im weiteren Sinn zur klassischen Frage nach der Reichweite der staatlichen Souveränität. Konkretisiert auf unser Problem: Kann die Absicht, bedrängten Menschen, die der Herrschaftsgewalt eines fremden Staates unterliegen, zu helfen, militärische Gewalt gegen eben diesen Staat, also die Einmischung in seine »inneren Angelegenheiten«, rechtfertigen?[2]

1. Zum ersten dieser Einwände: Selbst wenn man, so wäre er auszubuchstabieren, die Möglichkeit einer »humanitären Intervention« als rechtfertigender Ausnahme vom Gewaltverbot der UNO-Charta anerkennt, könne die Legitimation solcher »Hilfskriege« ebensowenig wie die aller anderen bewaffneten Interventionen auf ein vorheriges Kontrollverfahren durch eine überstaatliche, unparteiische Instanz verzichten. Diese Instanz könne allein der Sicherheitsrat sein. Daher müsse auch in der vielleicht heraufziehenden Ära normativ beglaubigter Interventionstitel die klassische völkerrechtliche Entscheidungsstruktur zwischen Krieg und Frieden unbedingt verbindlich bleiben: die Charta der Vereinten Nationen mit der darin geregelten exklusiven Zuständigkeit des Sicherheitsrats für bewaffnete Einsätze gegen fremde Staaten.

Ich halte das Argument im Zusammenhang des Problems der humanitären Intervention für prinzipiell verfehlt. Selbstverständlich sollte, ja muß der zwischenstaatliche Einsatz militärischer Gewalt grundsätzlich einem prozedural-rechtlichen Legitimationsverfahren unterworfen werden, und ebenso selbstverständlich ist dafür nach dem gegenwärtigen Völkerrecht allein der Sicherheitsrat im Rahmen seiner Charta-Befugnisse die zuständige Instanz. Aber bewaffnete humanitäre Interventionen, die diese Bezeichnung verdienen, sind *Hilfs*kriege zugunsten rechtswidrig bedrohter Dritter. Das bedeutet normativ: Sie sind eine Form der Wahrnehmung von Notrechten oder, genauer: des Rechts auf Nothilfe. Notrechte sind aber *Selbsthilfe*rechte, und das heißt, sie sind gerade dadurch definiert, daß ihre Verwirklichung nur außerhalb der legitimen Verfahren einer rechtlichen Frie-

2 Berühmt ist Kants verneinende Antwort auf diese Frage im 5. Präliminarartikel seines Traktats *Zum ewigen Frieden*, in: Kant, *Werke*, Akademieausgabe Bd. VIII, 1912, S. 346.

densordnung durchgesetzt werden kann. Sie sind Befugnisse zur Gefahrenabwehr zwischen grundsätzlich gleichrangigen Rechtssubjekten.

Notrechte, deren Realisierung von der Überprüfung und Zustimmung einer unbeteiligten, höherrangigen Entscheidungsinstanz abhinge, wären keine mehr – eine begriffliche und normative *contradictio in adiecto*. Anders formuliert: Die Funktion von Notrechten beginnt erst jenseits der Verfahrensgarantien einer überindividuellen Rechtsgewährleistung. Gewiß gilt in einer rechtlichen Friedensordnung stets der grundsätzliche Vorrang überindividueller, also gerichtlicher Konfliktregelung. Ausdifferenzierte Rechtsordnungen (etwa das deutsche Strafrecht in seinen §§ 32 und 34) bringen dies durch die einschränkende Notrechtsbedingung der »Erforderlichkeit« zum Ausdruck; an ihr und damit an einer Befugnis zur Notrechtsausübung fehlt es eben, wenn die eigentlich vorgesehene obrigkeitliche Hilfe zur Gefahrenabwehr rechtzeitig herbeigeholt werden kann. Notrechte sind, so kann man sagen, gegenüber der »normalen« rechtlichen Friedensordnung subsidiär.

Diese Zusammenhänge sind normenlogischer Art. Sie gelten im Völkerrecht nicht anders als in jeder innerstaatlichen Ordnung und können daher als universale Rechtsprinzipien aufgefaßt werden. Zugeschnitten auf unser Thema, kann die Frage also schon grundsätzlich nicht lauten, ob der Sicherheitsrat einer humanitären Intervention zugestimmt hat – denn diese Zustimmung ist in Notrechtsfällen prinzipiell obsolet –, sondern nur, ob solche Not-, nämlich Selbsthilferechte zwischen den Staaten existieren und wer für eine zwischenstaatliche Nothilfe als begünstigter Dritter, also als völkerrechtlich tauglicher »Schützling« der Hilfsaktion, in Betracht kommt. Natürlich unterliegen Notrechte auch hier, wie im innerstaatlichen Recht, dem einschränkenden Grundsatz ihrer Subsidiarität gegenüber den allgemeinen prozeduralen Garantien der Rechtsdurchsetzung. Daher muß, sofern es die Notlage erlaubt, vor einer bewaffneten humanitären Intervention zunächst der Weg einer Ermächtigung durch den Sicherheitsrat versucht werden. Erlaubt die Notlage dies jedoch nicht, droht also gerade der Zeitverlust, der mit dem »ordentlichen« Verfahren der Rechtsdurchsetzung verbunden wäre, die Katastrophe unabwendbar zu machen, so ist ein Sicherheitsratsbeschluß von Anfang an entbehrlich. Andernfalls würde offensichtlich das Notrecht selbst abgeschafft.

Ähnliche Erwägungen gelten aber auch für den Fall einer Ablehnung der Gewaltermächtigung durch den Sicherheitsrat, *sofern diese Ablehnung sachlich falsch ist*, also die rechtfertigende Notlage zu Unrecht verneint oder ihr aus politischen Gründen die Anerkennung verweigert. Denn anders als im innerstaatlichen Recht ein formell legitimes Gerichtsurteil, kann ein Beschluß des Sicherheitsrats keinesfalls als konstitutive, im Einzelfall Recht *schaffende* Quelle völkerrechtlicher Ermächtigungen bzw. Untersagungen aufgefaßt werden.[3] Für eine solche Kompetenz fehlt dem Sicherheitsrat jegliche Legitimation. Er ist kein Rechtssetzungsorgan der Staatengemeinschaft, und zwar weder generell noch im konkreten Einzelfall.[4]

Die Folgerung liegt auf der Hand: Wird ein an sich bestehendes Notrecht vom Sicherheitsrat fälschlich nicht anerkannt, kann das die Existenz dieses Rechts und damit die Legitimität seiner Durchsetzung nicht berühren. Sowenig der

3 Im innerstaatlichen Bereich schafft auch ein sachlich falsches, aber prozeßordnungsgemäßes korrektes Gerichtsurteil das für den konkreten Einzelfall geltende Recht. Beispiel: Ein in einem formell ordentlichen Verfahren von einem zuständigen Strafgericht *unschuldig* zu einer Haftstrafe Verurteilter wird *rechtmäßig* eingesperrt. (Das ist in der Strafrechtslehre freilich nicht unumstritten.)

4 Das kann, *rebus sic stantibus*, auch schlechterdings nicht anders sein. Da jeder Beschluß des Sicherheitsrats vom einfachen, begründungslosen, etwa rein egoistisch motivierten Veto jedes seiner fünf ständigen Mitglieder verhindert werden kann, wäre ein Recht, dessen Existenz von einem solchen Beschluß abhinge, offensichtlich wertlos und damit inexistent.

Sicherheitsrat nicht bestehende Rechte der Staaten gegeneinander begründen kann, sowenig kann er bestehende beseitigen. Dies zu bestreiten bedeutete in der Sache ebenfalls die Liquidation der völkerrechtlichen Notrechte selbst.[5]

Ein solches Bestreiten wäre aber in jeder Hinsicht hoffnungslos. Wer aus positivistischer Überzeugung die verbreitete natur- bzw. vernunftrechtliche Fundierung der Notrechte als universaler Rechtsprinzipien ablehnt,[6] kann für das geltende Völkerrecht auf Art. 51 der UNO-Charta verwiesen werden. Dieser nimmt freilich selbst ganz unbefangen eine naturrechtliche Grundlage in Anspruch, und er läßt am Notwehr- wie am Nothilferecht der Staaten untereinander und eben auch ohne Sicherheitsratsbeschluß keinen Zweifel.

Wir sehen: Die Behauptung, humanitäre Interventionen bedürften stets einer Ermächtigung durch den Weltsicherheitsrat, ist falsch. Doch tritt nun ein gravierendes weiteres Problem solcher Interventionen deutlich in den Blick. Das Nothilferecht des Art. 51 der Charta gilt unmittelbar nur zwischen Staaten. Nicht nur der die Gewalt Anwendende und der, gegen den sie sich richtet, sondern auch der Destinatär der Hilfe selbst muß danach grundsätzlich ein Staat sein. Humanitäre Interventionen sind aber Hilfsaktionen zugunsten einzelner (meist sehr vieler) Menschen, die (typischerweise) der Herrschaft des angegriffenen Staates unterliegen. Jedenfalls

5 Daraus folgt für den (unwahrscheinlicheren) umgekehrten Fall, den einer Ermächtigung zur Intervention durch den Sicherheitsrat trotz *Fehlens* der legitimierenden Notlage, daß die darauf gestützte militärische Gewaltanwendung selbstverständlich rechtswidrig bleibt.

6 Die ich jedenfalls für das Not*wehr*recht für vollkommen plausibel halte; für die Nothilfe (als Notwehr zugunsten Dritter) mag man skeptischer sein. Gänzlich anders liegen die normativen Fragen beim Not*stands*recht, das von vielen Rechtsordnungen (z. B. der deutschen in § 34 StGB) als Notrecht anerkannt wird, das aber – wegen des dadurch erlaubten Eingriffs in Rechte unbeteiligter (»unschuldiger«) Dritter – in vielerlei Hinsicht problematisch ist; vgl. z. B. Kants berühmte Ablehnung eines Notstandsrechts in seiner *Metaphysik der Sitten*, *Rechtslehre*, Akademieausgabe Bd. VI, 1907, S. 236.

unmittelbar erfaßt Art. 51 der UNO-Charta diese Konstellation nicht. So zweifelsfrei die völkerrechtliche Nothilfebefugnis zugunsten von Staaten ist, so ungesichert erscheint sie daher zugunsten jener einzelnen. Damit sind wir beim zweiten der oben skizzierten Einwände gegen meine These.

2. Diese selbst sei vorweg noch einmal und deutlicher formuliert: Rechte und Pflichten der UNO-Charta (und des Völkerrechts überhaupt) sind nicht mehr ausschließlich die Angelegenheit von Staaten bzw. Staatengemeinschaften oder zwischenstaatlichen Organisationen. Das heutige Völkerrecht erkennt in verschiedenen Zusammenhängen auch ethnische und andere Gruppen, ja sogar Individuen als Inhaber überstaatlich verbindlicher Rechtspositionen an, solcher nämlich, die fundamentale Menschenrechte und Freiheiten schützen. Zu diesen gehört neben dem Recht auf Leben und körperliche Unversehrtheit ganz gewiß das auf Heimat in dem Staat, dessen Bürger man ist. Staatlich organisierte Vertreibungen und erst recht willkürliche Tötungen »eigener« Bürger verletzen damit nicht nur objektives Völkerrecht, sondern internationale subjektive Rechte der Opfer.

Die Schlußfolgerung für unser Thema liegt auf der Hand: Solche staatlichen Aktionen sind rechtswidrige Angriffe gegen *völkerrechtlich* notwehr- und nothilfefähige Rechtspositionen. Da es bei diesen um buchstäblich existentielle Schutzgüter geht – nicht anders als im Fall eines Staates, der militärisch angegriffen wird –, muß die Reichweite des Notrechts aus Art. 51 der UNO-Charta (rechtsmethodisch: per Analogie) auf solche individuellen Opfer staatlicher Vernichtungspolitik ausgedehnt werden, will man nicht die Existenz von Völkerrechtssubjekten erster und zweiter Klasse postulieren oder, schärfer noch: das subjektive internationale Recht dieser Menschen, das man einerseits proklamiert, andererseits gerade im Ernstfall schutz- und damit wertlos machen. Es muß daher hier, so habe ich das ursprünglich formuliert, ein »Durchgriffsrecht der internationalen Gemeinschaft auf die Legitimationsgrundlagen des souveränen Staates« geben.

Dieser Zusammenhang erscheint mir zwingend. Gleichwohl verdeckt er ein weiteres und gravierendes Legitimationsproblem humanitärer Interventionen. Man könnte es das der erforderlichen (Mindest-)*Qualität* der verteidigten Menschenrechte und der erforderlichen (Mindest-)*Quantität* ihrer Verletzungen nennen. Beispielhaft und krass illustriert: Die staatlich betriebene willkürliche Tötung oder Vertreibung einer *einzigen* Familie kann ganz gewiß keine Befugnis für eine militärische Intervention seitens fremder Staaten auslösen; und ebensowenig kann das die staatliche Verweigerung, sagen wir, des Wahlrechts für große Teile der Bevölkerung (etwa für alle Frauen), ja für die Bevölkerung insgesamt, obwohl dem Recht auf Partizipation am politischen Leben des eigenen Staates durchaus der Rang eines allgemeinen Menschenrechts zukommt.[7]

Was ist der normative Grund für diese Qualitäts- und Quantitätsvoraussetzung der humanitären Intervention? Man mag dabei einfach an das im Völkerrecht grundlegende Prinzip der Verhältnismäßigkeit denken. Militärische An-

7 Vgl. Art. 25 des *Internationalen Pakts über bürgerliche und politische Rechte* vom 19. 12. 1966. Man mag die Überlegung an weiteren Beispielen einer willkürlichen Vorenthaltung »sekundärer« (nichtexistentieller) Menschenrechte, die der Pakt statuiert, durchspielen: z. B. des Rechts auf Freizügigkeit (Art. 12 I) oder auf Religions- und Meinungsfreiheit (Art. 18 I, 19 I), etc. Generell wird man sagen können, daß auch die massenhafte Verletzung »positiver« Menschenrechte, also solcher auf Teilhabe an gesellschaftlichen Gütern jedweder Art, eine militärische Intervention seitens dritter Staaten nicht rechtfertigen kann; regelmäßig wird also die Verletzung »negativer« (Abwehr-)Rechte, v. a. solcher gegen Angriffe auf Leib und Leben, zu den Legitimitätsbedingungen humanitärer Interventionen gehören. Freilich muß man dabei bedenken, daß eine Verweigerung bestimmter Teilhaberechte sich als maskierter Angriff gegen Abwehrrechte erweisen kann (z. B. die Verweigerung der Teilhabe an der medizinischen Versorgung als Angriff auf das Lebens- und Leibesrecht). Hier gibt es schwierige Einzelfragen, deren Erörterung aber den Rahmen unseres Themas sprengen würde.

griffe auf einen fremden Staat fordern regelmäßig große Opfer an Menschenleben und Sachwerten; daher müssen – so könnte man sagen – die Gründe für eine Intervention eben hinreichend gewichtig sein, um deren absehbare negative Folgen eindeutig überwiegen zu können und so den Eingriff verhältnismäßig zu machen.

Plausibel ist das nicht. Selbst eine absehbar opferlose humanitäre Intervention – etwa der mit massiven militärischen Mitteln vollzogene, praktisch unverwundbare und daher kampflos erfolgreiche Einmarsch eines sehr mächtigen Staates in das Territorium eines militärisch machtlosen – sollte nur nach denselben Kriterien gerechtfertigt werden können wie jede andere Intervention, also keinesfalls etwa zur Herstellung des allgemeinen Wahlrechts oder zur Verhinderung der Vertreibung einer einzigen Familie zulässig sein. Der Grund dafür, die Legitimitätsschwelle für humanitäre Interventionen als allgemeine und gleiche zu bestimmen und sehr hoch zu setzen, liegt vielmehr in den nach wie vor legitimen Funktionen und Ansprüchen der einzelstaatlichen Souveränität: im gleichen Recht jedes Staates auf Autonomie und in der daraus folgenden grundsätzlichen Pflicht aller anderen zur Nichteinmischung in seine inneren Belange.[8]

Das verweist gewiß auf einen labyrinthischen Problembereich, dessen Enzelfragen hier nicht zu erörtern sind. Es deutet aber zugleich das normative Kriterium an, anhand dessen die Trennlinie zwischen dem Schutzbereich der staatlichen Souveränität und einem fremdstaatlichen Recht auf Intervention gezogen werden muß. Anders als die Autonomie der individuellen Person ist die des einzelnen Staates, seine Souveränität gegenüber allen andern, kein genuiner, sich selbst genügender und begründender Endzweck, sondern abgeleitet aus der permanenten *Legitimation* des Staates von seiten

8 Vom nahezu immer gegebenen Risiko einer Ausweitung militärischer Konflikte sehe ich hier ab, denn die Abwägung *dieses* Risikos ist wieder allein eine Frage der Verhältnismäßigkeit.

seiner Bürger.[9] Nur ein Staat, der in diesem Sinne zumindest im großen und ganzen legitim ist, kann mit zureichenden Gründen seine Souveränität behaupten und anderen Staaten entgegenhalten. Solange nämlich die Aufgaben der rechtlichen Friedensordnung global im wesentlichen von Einzelstaaten erfüllt werden (und eine vernünftige Alternative dazu ist nicht in Sicht), muß deren legitime Existenz ihr Recht auf (im großen und ganzen) autonome Selbstbestimmung implizieren und damit für alle anderen ein Verbot der jedenfalls unmittelbar physischen, vor allem militärischen Intervention in den Hoheitsbereich der einzelstaatlichen Souveränität begründen.

Das ist eine grobe Formel. Aber erst in der von ihr eröffneten Perspektive können die Probleme, um die es in unserem Kontext geht, normativ zutreffend identifiziert, erörtert und vielleicht irgendwann gelöst werden. Für zahlreiche Einzelfragen, die sich hier aufdrängen, sind solche Lösungen heute nicht annähernd erkennbar.[10] Darauf soll es hier nicht ankommen. Wichtig ist aber in unserem gegenwärtigen Zusammenhang eine grundsätzliche Unterscheidung: die zwischen einem Staat, der in bestimmtem Ausmaß *unrecht handelt*, der etwa auch (salopp) als »Unrechtsstaat« qualifiziert werden kann, und einem, der insgesamt oder in entscheidenden Hinsichten *illegitim* ist oder geworden ist.[11] Dabei muß

9 Ich ignoriere hier die begrifflich und rechtsphilosophisch durchaus schwierige Frage, was genau eigentlich »der Staat« ist (im Unterschied etwa zum Staatsvolk, zum Staatsgebiet, zur »Nation«, zur Gesellschaft, zur Rechtsordnung, zum jeweiligen Personal der öffentlichen Ämter etc.). Für meine Zwecke genügt hier die etwas saloppe Verwendung des Begriffs, ungefähr in der folgenden Bedeutung: »Staat« ist die Summe aller öffentlichen Ämter und Institutionen zu jeder konkreten Zeit und jeweils »belebt« mit konkreten Menschen (die also in ihrer Amtsfunktion selbst Teil dieses Staates sind).

10 Vgl. dazu David Copp, *The Idea of a Legitimate State*, in: *Philosophy & Public Affairs* 28 (1999), S. 3ff.

11 Viele, ja vermutlich die meisten der heute existierenden Staaten dürften jedenfalls ihre *Entstehung* Ereignissen und Aktionen des (späteren)

für einen (wieder: im großen und ganzen) funktionierenden, also seine Friedensschutzaufgaben erfüllenden Staat eben deshalb stets zunächst die Vermutung seiner Legitimität gelten. Nur qualitativ sehr gravierende und quantitativ gewissermaßen flächendeckende Verletzungen gerade der fundamentalen Staatsaufgaben des Friedensschutzes gegenüber den Staatsbürgern können den Gedanken des Legitimitätsverlustes eines Staates und damit des Verschwindens seines Anspruchs auf Respektierung seiner Souveränität nahelegen. Wenn eine weitere saloppe Formel gestattet ist: Ein Staat, der seine Bürger oder jedenfalls einen ausreichend großen Teil derselben in ihren existentiellen Rechten nicht mehr schützt, ja, der im Gegenteil geradezu selbst zum »*hostis populi*« wird, verliert damit seine Legitimität. Er, aber auch allenfalls er, bietet einen hinreichenden Anlaß zur humanitären Intervention für Drittstaaten.[12]

3. Projiziert man diese Erwägungen auf die Situation im Kosovo vor Beginn der NATO-Bombardierungen, dann läßt sich nach allem, was wir heute darüber wissen, wohl folgendes sagen: Die Bundesrepublik Jugoslawien war im skizzierten Sinn zum »*hostis populi*« der gesamten albanischen Bevölkerung des Kosovo geworden. Gewiß ist die in der deutschen Politik und Öffentlichkeit nach Beginn der Bombardierungen verbreitete Schutzbehauptung, im Kosovo sei ein Völkermord an den Albanern im Gange gewesen, falsch

Staatsapparats verdanken, die wir aus heutiger Sicht als illegitim beurteilen. Wie und wann ein derart illegitim entstandener Staat nachfolgend gleichwohl die Legitimation seiner Fortexistenz, also einen Anspruch auf Beachtung seiner Souveränität, erwirbt, ist eine weitere schwierige Frage, der hier nicht nachgegangen werden kann. (Das derzeitige Völkerrecht erledigt sie, normativ durchaus unbefriedigend, im wesentlichen allein über das faktische, zuletzt machtgestützte Krierium der völkerrechtlichen *Anerkennung* eines neu entstandenen Staates durch andere.)

12 Damit sind offensichtlich mehr Fragen gestellt als beantwortet. Erneut: Die Suche nach solchen Antworten kann hier nicht unternommen werden.

und als Mißbrauch eines maßlosen Vorwurfs durchaus schamlos gewesen.[13] Aber auch die Vertreibung einer gesamten, nach Hunderttausenden zählenden Volksgruppe, die ihre Identität über gemeinsame ethnische und kulturelle Merkmale definiert, bedeutet einen willkürlichen, rechtswidrigen Angriff auf existentielle Menschenrechte. So gewiß zu diesen das Heimatrecht der Bürger gerechnet werden muß, so sicher erscheint es auch, daß die für eine Intervention erforderliche Quantität der Rechtsverletzungen im Kosovo ebenfalls erreicht, ja bei weitem überschritten war, wo immer diese Schwelle in anderen Fällen und im allgemeinen genau zu fixieren wäre. Kurz, für eine echte humanitäre Intervention im Kosovo gab es im März 1999 ein legitimes völkerrechtliches Fundament.

II.

Nach dieser Legitimation des »Ob« verwirft der zweite Teil meines obigen Artikels das »Wie« der NATO-Bombardierungen, und zwar aus zwei prinzipiellen Erwägungen. Erstens: Als unmittelbare Hilfe für die bedrängten Albaner, so behaupte ich, war der Angriff untauglich und damit nicht erforderlich. Denn er hat absehbar (und daher in gewissem Maß auch zurechenbar[14]) serbische Vergeltungsmaßnahmen

13 Hier darf gewiß ohne maliziösen Ton darauf hingewiesen werden, daß die Bundesregierung noch wenige Tage vor Beginn des NATO-Angriffs dem Oberverwaltungsgericht Münster (und weiteren Verwaltungsgerichten) zum Zweck der Beurteilung von Asylfragen mitgeteilt hat, für ein »Programm« der serbischen Regierung, »das albanische Volk zu vernichten, zu vertreiben oder sonst zu verfolgen«, lägen »keine hinreichend gesicherten Anhaltspunkte vor«; vgl. den Bericht der *Süddeutschen Zeitung* vom 24. 4. 1999, S. 5.

14 Die Frage einer Zurechnung rechtswidriger Taten eines anderen (auch) zu jemandem, der diesem anderen zuvor objektiv und voraussehbar, wenngleich nicht im Modus der Kooperation, »in die Hände gespielt« hat, markiert ein schwieriges Thema der strafrechtlichen Zurechnungs-

gegen die albanische Bevölkerung provoziert, welche die Notlage der so »beschützten« Menschen erheblich verschärft haben. Und zweitens: Als mittelbar schließlich doch »erfolgreiche« Aktion zur Wiederherstellung des Heimatrechts der vertriebenen Albaner bedeutete die weit ausgreifende Zerstörung jugoslawischer Ziele die Anwendung eines prinzipiell illegitimen und moralisch verwerflichen Mittels zur Verwirklichung eines zweifellos moralischen Zwecks, nämlich des Mittels einer vorsätzlichen Abwälzung der »Leidenskosten« für das eigene Handeln auf unschuldige Dritte.[15]

Zwei Einwände hiergegen liegen nahe und sind mehrfach erhoben worden: Die erste Behauptung sei faktisch falsch; denn das NATO-Unternehmen sei offenkundig erfolgreich, also tauglich gewesen. Die zweite projiziere ein Argument, das dem normativen Mikrobereich der strafrechtlichen Notwehr- (bzw. Nothilfe-)Lehre entstammt, unzulässigerweise auf die Makrosphäre der internationalen Politik und des Völkerrechts, wo es nicht nur deplaziert, sondern nachgerade absurd sei.

Der erste Einwand ist *a limine* verfehlt. Der zweite wirft ein interessantes Problem auf, bleibt aber jeden Vorschlag einer Lösung schuldig und deshalb dubios, zumindest aber beweispflichtig für eine Behauptung, die bei näherem Hinsehen mehr als erstaunlich wirkt.

1. Ad 1: Wer hätte je ernsthaft gezweifelt, daß die NATO *irgendwann* das Regime Milošević militärisch in die Knie zwingen und die Rückkehr der vertriebenen Albaner ermög-

lehre. Da es für mein Argument auf eine solche mögliche Zurechnung der Taten des Herrn Milošević auch zum Verantwortungsbereich der NATO-Staaten nicht ankommt, verfolge ich das Problem hier nicht weiter.

15 Ich verwende hier und im folgenden den Begriff »unschuldig« im eher umgangssprachlichen Sinn, nicht als Terminus technicus irgendeiner Provenienz. Er soll einfach bedeuten: jemand, der an der Entstehung der Not- und Gefahrenlage unbeteiligt und daher für ihre Beseitigung unzuständig ist.

lichen würde?[16] Von dieser Voraussetzung einer auf lange destruktive Wirkung berechneten und schließlich über die schiere Quantität der Zerstörungen erfolgreichen Nötigung als des von der NATO eingesetzten Mittels zum humanitären Zweck lebt ja mein zweites Argument: die Behauptung der Illegitimität eben dieses spezifischen Mittels. Gerade wegen seiner langdauernden Zerstörungswirkung in den innersten Sphären der jugoslawischen Zivilgesellschaft war es militärisch so zweifelsfrei erfolgversprechend, wie es moralisch und rechtlich verwerflich war.[17]

Im übrigen sei auf folgendes hingewiesen: Die allermeisten der nach dem Abzug des jugoslawischen Militärs im Kosovo gefundenen Massengräber mit albanischen Opfern sind *nach* dem Beginn der Bombardierung angelegt, also offenbar auch erst dann erforderlich geworden. Unbeschadet der Frage, ob die NATO eine gewisse Mitverantwortung an diesen Rachemorden trägt, ist jedenfalls für *deren* Opfer die Nothilfeaktion der NATO im radikalsten Sinne untauglich, nämlich tödlich gewesen. Auch dies war freilich vorher absehbar und darf deshalb, so unpopulär die Überlegung sein mag, bei der Frage nach der Tauglichkeit des gewählten Modus der Intervention nicht ignoriert werden.

2. Der zweite Einwand behauptet, daß ein fundamentales Prinzip der Ethik und des Rechts im Bereich der »großen« Politik nicht gelte: das Prinzip, daß für die Nothilfe zugunsten eines Bedrohten nicht gleich- oder gar höherrangige

16 *Ich* jedenfalls nicht, wie der obige Text unter IV. unmißverständlich zeigt.

17 Daher mag die Frage, ob das ganze Unternehmen wenigstens in irgendeinem politischen Sinne erfolgreich war, hier auf sich beruhen. Es gibt gute Gründe zu zweifeln, wenn man den nun umgekehrten Mord- und Vertreibungsterror gegen die serbische Bevölkerung des Kosovo betrachtet, dem die KFOR-Truppen offenbar hilflos und, wie leider vermutet werden muß, mit weniger Engagement begegnen als zuvor die Bomber dem serbischen. Und daß jetzt die NATO gezwungen ist, die Exekutivinstanz der ethnischen Säuberungen zu spielen, erschiene beinahe tragisch, wäre es nicht von Anfang an voraussehbar gewesen.

Güter und Interessen unschuldiger Dritter geopfert werden dürfen, und zwar selbst dann nicht, wenn nur wenige Dritte geopfert werden, um sehr viel mehr Bedrohte zu retten.

An der grundsätzlichen Konsensfähigkeit dieses Prinzips braucht man zunächst wohl nicht zu zweifeln. Man erwäge nur mein obiges Beispiel des Chirurgen, der fünf Patienten rettet, indem er einen Unbeteiligten schlachtet. Er handelt nach wohl allgemeiner Überzeugung illegitim und verwerflich. Das tut er aber auch dann, wenn er auf die beschriebene Weise nicht fünf, sondern fünfzig, fünfhundert, ja fünftausend oder x-beliebig viele andere rettet.[18] Daher ist jedenfalls die Vermutung, ein Prinzip des Strafrechts (und womöglich nur des deutschen) habe in der internationalen Politik schon wegen des riesigen Quantitätsunterschieds der jeweiligen Anwendungsbereiche keinen Platz, grundsätzlich verfehlt. Denn es geht nicht um ein strafrechtliches, sondern um ein universales Prinzip des Rechts überhaupt (das eben selbstverständlich auch in der strafrechtlichen Notwehrlehre gilt).

Sehen wir trotzdem genauer zu: Wird dieses Prinzip in der Sphäre »großer« internationaler Politik, dort, wo über Krieg und Frieden entschieden wird, nicht tatsächlich abwegig? Nämlich um so abwegiger, je mehr Personen auf der einen Seite – nennen wir sie die der Rettung – und je weniger auf der anderen – der der Aufopferung – im Spiel sind? Ein pointiertes Beispiel: Hätte ein Hitler-Attentäter, der mit dem Diktator zugleich die Ursache für die drohende Vernichtung vieler Millionen Menschen beseitigt hätte, nicht auch dann richtig gehandelt, wenn er seine Bombe erfolgreich während eines Kindergartenbesuchs Hitlers gezündet und dabei (wie er vorausgesehen hat) zehn oder fünfzehn Kinder mitgetötet hätte? Müssen die Fälle einer so riesigen Schaden-Nutzen-Differenz nicht doch allein mit Blick auf ihre Folgen ent-

18 Das mögen hartgesottene Utilitaristen bestreiten. Aber wiewohl mir selbst das keineswegs sicher erscheint, wäre ein solches Bestreiten unplausibel; s. dazu nachfolgend im Text.

schieden, also nach einem utilitaristischen bzw. konsequenzialistischen Moral- und Rechtsprinzip behandelt werden? Darf man nicht doch zehn Kinder töten, um Millionen Menschen, unter denen ja auch Hunderttausende von Kindern sein mögen und am Ende vielleicht sogar die gewesen wären, die man jetzt sofort getötet hat, vor Hitler zu retten?

Die Antwort lautet: nein. Daß sie (vermutlich) mit geläufigen Intuitionen kollidiert, liegt wohl an folgendem: Der distanzierte Beobachter, gleich weit entfernt von Tätern, Opfern und Geretteten, wird dazu neigen, »das Beste für das große Ganze« zu wollen und dies für moralisch wie rechtlich geboten oder jedenfalls erlaubt zu halten. Der Endzustand einer Welt, der viele Millionen Hitler-Opfer erspart geblieben sind, ist eben besser als der einer anderen, in der zwar zunächst zehn Kinder *nicht* getötet, dafür aber dann jene Millionen als Opfer eines Verbrechers in Kauf genommen worden sind. Diese Perspektive ist aber als rechtliche wie als moralische grundsätzlich verfehlt, oder jedenfalls unzureichend. Denn der Standpunkt der Moral muß der einer radikalen Verallgemeinerbarkeit der eigenen Handlungsmaxime sein.[19] Wer das *Recht* eines Helfers behauptet, Unschuldige zu töten, um viele andere Unschuldige zu retten, behauptet damit zugleich eine *Pflicht* der Getöteten, ihr Leben zugunsten anderer zu opfern.[20] Auch, nein: *vor allem* die Perspek-

19 Unschwer als der des Kantischen Kategorischen Imperativs zu erkennen.

20 Der Zusammenhang ist normenlogisch zwingend: Nur wenn A eine Pflicht hat, sich töten zu lassen, hat B ein Recht, ihn zu töten. Gewiß gibt es dann, wenn die tödlichen Folgen *nicht sicher* sind, eine schwierige und wenig geklärte Grauzone zwischen Recht und Pflicht, die man mit dem Stichwort »Handeln unter erlaubtem Risiko« bezeichnen kann. Ich ignoriere hier diese Probleme und setze die *Sicherheit* des Todes der Geopferten voraus. Im Hinblick auf die »Kollateraltötungen« des Kosovo-Krieges ist das auch die einzig realistische Prämisse. Denn daß bei wochenlangen, ausgedehnten Bombardierungen dicht besiedelter Städte und aus großen Höhen auf jeden Fall zahlreiche Unschuldige getötet werden, steht vorweg mit einer jeden vernünftigen Zweifel ausschließenden Sicherheit fest.

tive dieser Geopferten muß eine moralische Überlegung daher einnehmen. Wie aber eine solche Pflicht, sein Leben für andere zu opfern, denen man nichts getan hat, nichts tun will und die man weder bedroht noch auch nur kennt, zu begründen sein sollte, ist schlechterdings unerfindlich. Wer dies dennoch behauptet, überprüfe seine Auffassung mit einem kantianischen Test: Wäre er bereit, *sich selbst* und etwa noch seine Familie töten zu lassen, damit Herr Milošević keine Albaner mehr mißhandeln, töten, vertreiben kann? Die Möglichkeit heroischer Flunkereien aus sicherer Distanz beiseite: wer wäre das? Und selbst wenn jemand zum Märtyrer oder zum selbstzerstörerischen Samariter disponiert wäre: wer wollte ernsthaft behaupten, jeder andere hätte die *Pflicht*, dies auch zu sein? »His is the only life he has«, heißt es bei Robert Nozick,[21] und dieses singuläre Leben für andere zu opfern, kann niemand verpflichtet sein, und zwar weder moralisch noch – und schon gar nicht – rechtlich. Für mein Hitler-Beispiel heißt das: Die Tötung der zehn Kinder wäre zweifelsfrei ein nicht legitimierbares Unrecht gewesen, selbst wenn sie der einzige Weg zur Beseitigung des Diktators und damit zur Rettung der Welt vor einem mörderischen Verbrecher gewesen wäre.

Ich meine, daß auch unbeugsame Utilitaristen diese Folgerung unterschreiben sollten. Denn welche Konsequenzen hätte es wohl für das grundlegende Lebensgefühl aller Menschen, wenn sie stets damit rechnen müßten, zum Nutzen vieler anderer nicht bloß *irgendwelche* Notstandsopfer, sondern immer auch das ihres eigenen Lebens erbringen zu müssen? Welcher Utilitarist würde denn in einer Welt leben wollen, in der er jederzeit gegen seinen Willen als Organspender für fünf andere zwangsgeschlachtet werden dürfte? Oder eben: in der zur Eliminierung der verbrecherischen Politik von Diktatoren, für die er nichts kann, Bomben auf sein

21 Nozick, *State, Anarchy and Utopia*, 1974, S. 33.

Haus, seine Familie, auf ihn geworfen werden dürften? Eine Welt, in der die Unterscheidung deutlich bleibt zwischen dem, was man verhindern darf, und dem, was als noch so bitteres Schicksal (oder als noch so böse Tat eines anderen) hingenommen werden muß, weil es nicht *legitim* verhindert werden kann, dürfte – ganz utilitaristisch – bei weitem die bessere sein.[22]

Man mag dies alles gleichwohl als Dilemma zwischen Prima-facie-Intuitionen und der hier vorgeführten Analyse empfinden. Vielleicht könnte eine Unterscheidung Abhilfe schaffen, die vor allem Strafrechtlern geläufig ist: die zwischen *rechtmäßigem* und bloß *schuldlosem* (wenn auch rechtswidrigem) Handeln. Nehmen wir jemanden, der nicht unschuldige *Dritte*, sondern *sich selbst* oder seine Familie rettet, indem er andere Unschuldige dafür opfert. Er handelt zwar gleichwohl rechtswidrig, denn auch dann haben diese anderen keine Pflicht, sich töten zu lassen. Aber er handelt in einer Zwangslage, in der ihm der Gehorsam vor dem Tötungsverbot nicht mehr zugemutet und in der er deshalb *persönlich entschuldigt* werden kann. Das wäre ein Beispiel für unrechtes, aber moralisch nicht mehr verwerfliches Verhalten.

Mit dieser Differenzierung lassen sich unvermeidliche »Kollateraltötungen« unschuldiger Zivilisten durch einen Staat, der sich in einem Verteidigungskrieg gegen einen rechtswidrigen Angreifer befindet, angemessen beurteilen.[23]

22 Nur sog. Akt-Utilitaristen dürften hier noch widersprechen können. Für ihre Theorie gibt es aber, so meine ich (ohne es hier darlegen zu können), keine guten Gründe.

23 N. B.: nur solche *unvermeidlichen* und *unbeabsichtigten* Kollateraltötungen, nicht dagegen Tötungen von Zivilisten als *Mittel* der Kriegführung (etwa zur Erschütterung der »Kriegsmoral« im Angreiferstaat) oder gar als Kriegsziel; daher waren die gezielten Bombardierungen offener deutscher Städte, z. B. Dresdens, durch die Alliierten des Zweiten Weltkriegs oder der Atombombenabwurf über Hiroshima nicht nur objektives Unrecht, sondern auch subjektiv schuldhaft, also moralisch verwerflich.

Auch solche Tötungen sind – entgegen einer sogar im Völkerrecht verbreiteten Auffassung – nicht rechtfertigungsfähig, denn Zivilisten sind selbst dann nicht »Angreifer« und damit legitime Ziele von Kriegshandlungen, wenn sie Bürger des Aggressorstaates sind. Doch kann ihr Tod als unvermeidbare Folge legitimer militärischer Verteidigungsaktionen auf seiten des Angegriffenen entschuldigt werden.

Das Problem der »Kollateraltötungen« im Rahmen einer humanitären Intervention wird von dieser Erwägung aber nicht erfaßt. Allgemein: Was jemandem, der in *Notwehr* um seine Existenz kämpft, als zwar objektives Unrecht gleichwohl persönlich nachgesehen werden kann, liefert für die *Nothilfe* eines fernstehenden Dritten, dessen eigene Interessen nicht tangiert sind, keinen Entschuldigungsgrund. Auch das erscheint bei genauerer Überlegung selbstverständlich. Am Beispiel des Kosovo-Krieges: Warum sollten getötete serbische Kinder, Frauen, Alte für einen fremden Staat, der bedrohten Albanern helfen will, weniger schützenswert sein dürfen als diese, zu deren Schutz er handelt, indem er jene tötet? Warum sollte also für ihn das Unterlassen der Tötung serbischer Zivilisten deshalb »unzumutbar« sein, weil er anderen Zivilisten, die ihm gleich nah oder fern stehen wie jene, helfen will? Und was sonst könnte dann solche Tötungen entschuldigen? Überzeugende Antworten auf diese Fragen sind weit und breit nicht erkennbar.

Hier werden nun, stelle ich mir vor, der Realpolitiker und der ihn unterstützende »realistische« politische Philosoph und etwa noch der Völkerrechtler ungeduldig und sagen ungefähr folgendes: »Tötungen unschuldiger Zivilisten sind in einem modernen Krieg niemals vermeidbar. Wenn es aber kriegerische Aktionen gibt, die als Nothilfe gerechtfertigt sind, dann muß die in solchem Rahmen unvermeidliche Tötung von Zivilisten irgendwie *ohne Vorwurf* gegen den Kriegführenden hingenommen und wenn schon nicht gerechtfertigt, dann zumindest entschuldigt werden.«

Daß auch diese Überlegung Hand und Fuß hat, ist nicht zu bestreiten. Da sie mit meinen vorherigen Überlegungen offensichtlich nicht zu vereinbaren ist, präsentiert sie (*mir* jedenfalls) ein Dilemma, für das ich derzeit keine befriedigende Lösung sehe. Ich möchte aber, sozusagen vor der Kapitulation, folgende Erwägung zu bedenken geben. Es mag sein, daß Außen- und insbesondere Kriegspolitik sich im dargelegten Sinn *immer* schuldig machen muß. Das würde freilich (wie es der Satz selbst unzweideutig zum Ausdruck bringt) am Schuldverdikt nichts ändern. Der alte Philosophenwitz: »If theory doesn't fit the facts, too bad for the facts«, blamiert gewiß in der theoretischen Philosophie alle spekulativen Thesen, die mit der Wirklichkeit unverträglich sind. In der praktischen und in der Rechtsphilosophie ist er dagegen ganz einfach und völlig ironiefrei wahr: Wenn Handlungen (als *facts*) mit begründeten Normen kollidieren, dann sind *sie*, nicht die Normen blamiert – tatsächlich *too bad for the facts* –, und zwar selbst dann, wenn diese Kollisionen in irgendeinem einzelnen Handlungsbereich ausnahmslos auftreten sollten. Wir brauchen gewiß bessere Gründe für eine Änderung unserer fundamentalen Normen als den Hinweis darauf, daß sie in einer bestimmten Sphäre *stets* gebrochen werden. Vielleicht enthält alle internationale Politik tatsächlich, wie Max Weber gemeint hat, im skizzierten Sinn eines unlösbaren Konflikts mit ethischen Normen ein Element von Tragik. Man kann das allerdings auch profaner, nämlich als den alten Verdacht artikulieren, daß Außenpolitik ein *business of dirty hands* sei. Damit bliebe dem Normwissenschaftler aber immer noch die bescheidene Feststellung, daß die Hände eben schmutzig sind.

Vielleicht ist aber die Kollision von kriegerischer Realpolitik mit Moral- und Rechtsprinzipien genau umgekehrt aufzulösen: Nicht das »kollaterale« Töten Unschuldiger während einer humanitären Intervention wäre dann falsch, sondern die Norm, die es verbietet. Wer das behauptet, zieht sich freilich eine erhebliche Beweislast zu. Weit und breit ist – jenseits der schlichten Behauptung – kein akzeptables Argument dafür in Sicht, daß und vor allem warum fundamentale Normprinzipien, die abstrakt formuliert niemand bestreitet, im Bereich der internationalen Politik nicht gelten sollten.[24] Die populäre Antwort: »Das funktioniert dort eben nicht« ist kein Argument, sondern ein öder intellektueller Schwächezustand und im übrigen wohl ein exemplarischer Fall des sog. naturalistischen Fehlschlusses.[25] Damit soll nicht gesagt sein, daß es nicht tatsächlich gute *normative* Gründe geben könnte, die »große« Politik von bestimmten, selbst grundlegenden Normen irgendwie zu dispensieren, und schon gar nicht, daß hier kein gravierendes Problem der politischen Ethik und der Rechtsphilosophie liege. Solange aber diejenigen, die jene These protegieren, an Begründung nicht mehr als den untauglichen Hinweis auf eine seit eh und je geübte Praxis der Macht vorlegen, darf man als Skeptiker eines solchen Realismus gewiß auf dessen nach wie vor unerfüllte Beweispflicht in unserer Frage verweisen und im übrigen die weitere Entwicklung der Argumente abwarten. Das will ich auch hier tun.

3. Von hier ergibt sich sozusagen von selbst ein letzter Blick zurück auf den Kosovo-Krieg. Zum Problem gewor-

24 Und wer einfach für die Sphäre des internationalen Rechts die Gültigkeit eines sozusagen rüden Utilitarismus behaupten wollte, verschiebt nur sein Begründungsproblem. Er müßte erklären, ob er diese Position auch im »Mikrobereich« ethischer und rechtlicher Normen vertreten will: falls ja, müßte er sich (längst bekannte) durchschlagende Einwände gefallen, falls nein, hätte er zu erklären, warum dort nicht.

25 Ein Journalist der für rechtsphilosophische Fragen gewiß letztverbindlichen Instanz *Der Spiegel* hat meinen Satz, man dürfe nicht Unschuldige töten, um andere Unschuldige zu retten, schlicht für absurd erklärt (vgl. *Spiegel* Nr. 21, 1999, S. 125), auf Nachfrage freilich die unbedingte Geltung dieser Norm für mein Chirurgenbeispiel bestätigt und auf die weitere Nachfrage, aus welchen Gründen denn die Norm einmal gelte und einmal nicht, im Ton unbeirrter Überzeugung erwidert, weil Politik so nicht funktioniere.

den war uns in den vorstehenden Überlegungen die Tötung Unschuldiger als *unvermeidliche* Folge einer an sich legitimen humanitären Intervention. Das gerade ist aber nicht das Problem der NATO-Bombardierungen in Jugoslawien gewesen. Denn mit ihnen wurde ein Modus der Kriegführung gewählt, dessen hohe »kollaterale« Opferzahl sehr wohl weitgehend vermeidbar gewesen wäre.[26] Diese »neue«, »elegante«, »chirurgische«, auf der *eigenen* Seite »opferlose« (und was dergleichen deplazierte Kennmarken sonst sind) Kriegsart – die Bombardierung nicht nur der Militär-, sondern der gesamten Nervenstruktur eines Landes aus großen, für die Luftabwehr des Gegners unerreichbaren Höhen – ist das, was ich zum Unterschied von einer echten humanitären Intervention einen »Nötigungskrieg« genannt habe. Was ihn kennzeichnet, ist das prinzipielle und möglichst vollständige Abwälzen der personalen »Opferkosten«, nämlich der an Menschenleben und -leid, vom Intervenienten auf unschuldige Dritte.[27]

Das ist ein offensichtlich verwerfliches Verfahren. Die militärische »Feigheit«, die möglichst jedes Opfer an Menschenleben auf der eigenen Seite vermeiden will, ist im Grundsatz selbstverständlich vollkommen vernünftig und richtig, ja normativ geboten (und sie verdient daher die hier gewählte, einen verjährten Ehrenkodex parodierende Bezeichnung nicht). Wer aber jemandem anderen helfen will, indem er zur Behebung von dessen Not unbeteiligte Dritte mit ihrem Leben bezahlen läßt, obwohl er dies durch Inkaufnahme eigener Lebens- und Leibesrisiken vermeiden könnte, folgt einer schäbigen Maxime und desavouiert noch die Norm, unter der

26 Zu diesem »weitgehend«: Der auch bei anderer Art der Kriegführung definitiv unvermeidbare (weitaus kleinere) Teil davon wirft eben unser oben erörtertes Problem auf.

27 Soweit solche Kosten nicht unmittelbar dem Aggressor selbst, hier also der serbischen Militär- und Paramilitärmaschine, zuschiebbar waren; *das* ist (cum grano salis) natürlich legitimierbar.

er zur Hilfe angetreten ist. Ich sehe nicht, was meinen ursprünglichen Ausführungen in diesem Punkt hinzuzufügen wäre, und ich habe zwischenzeitlich nichts von Belang gesehen, das sie widerlegen könnte. Wer in einer humanitären Intervention helfen will, der helfe den Bedrohten direkt, und wenn es nicht vermeidbar ist: unter Inkaufnahme der Leidenskosten auf der eigenen Seite. Er schreie es aber keinesfalls als moralische Tat aus, wenn er durch massive Gewaltanwendung gegen unschuldige Dritte den Urheber der Notlage mittelbar in die Knie gezwungen hat.[28]

Der geläufige Einwand: humanitäre Kampfeinsätze in fremden Ländern unter *eigenen* Opfern an Leben und Gesundheit seien in demokratischen Staaten nicht mehr durchsetzbar, ist durchaus richtig, unterstreicht aber nur das moralisch und rechtlich Odiose der gewählten Alternative. Denn für diese Undurchsetzbarkeit gibt es sachliche Gründe, und es sind genau die hier dargelegten: Wer und was sollte denn einen deutschen (englischen, amerikanischen) Soldaten zur Opferung seines Lebens für bedrohte Albaner verpflichten können?[29] Aber der Umstand, daß kein serbischer Zivilist zum Bundesverfassungsgericht nach Karlsruhe gehen kann, um dort zu zeigen, daß auch ihn dazu nichts und niemand zu verpflichten vermag, macht die vollständige Funktionalisie-

28 Im übrigen werden die Opferzahlen auf Seiten der serbischen Zivilbevölkerung offenbar bei weitem unterschätzt. Die Erfahrungen nach dem zweiten Golfkrieg im Irak haben gezeigt, daß solche »Nötigungskriege« (auch) gegen die Zivilbevölkerung noch lange *nach* dem Ende der Bombardierungen hohe Zahlen an Opfern fordern; im Irak werden sie auf weit über 150 000 geschätzt, die meisten davon Kinder; der Grund dafür liegt v. a. in den massiven Zerstörungen der Infrastruktur eines Landes, etwa des Elektrizitätssystems und der Wasserversorgung (die ja auch in Jugoslawien Ziel der Bombardierungen waren); vgl. Harvard Study Team, *Public Health in Iraq after the Gulf War*, zit. bei Jochnick/Normand, *Harvard International Law Journal* 35 (1994), S. 50, Anm. 4 (mit zahlreichen weiteren Nachweisen).

29 Daher kommt in solchen Fällen nur der Einsatz *freiwilliger* Truppen in Frage.

rung seines Lebens zu fremden Zwecken nicht weniger verwerflich. Und der nach Beginn der Bombardierung im Bundestag vor allem von Abgeordneten der »Grünen« vorgebrachte Einwand: Aber was soll man denn sonst tun?, ist – *sit venia verbo* – ein intellektuelles Armutszeugnis. Wer zur Hilfe in einer Notlage nichts *Legitimes* tun kann, darf gar nichts tun. Was wäre daran erstaunlich? Was würde man denn dem »Schlächter«-Chirurgen meines Beispiels, der etwa die Frage stellte, was er sonst hätte tun sollen, anderes antworten als: nichts! Oder: was haben »wir« denn getan, um die Millionen Hungertoten der letzten Jahre in Korea zu verhindern, deren Leben ganz gewiß auf das Schuldkonto eines unfähigen Unrechtsregimes geht? Der beliebte Einwand, man könne eben nicht überall helfen, geht an der Sache vorbei. Wo man es nur auf illegitime und verwerfliche Weise kann, *darf* man es nicht. Im übrigen hätte man im Kosovo selbstverständlich eine ganze Menge mehr und anderes als die unternommenen Bombardierungen tun können (und hat es ja durchaus vor deren Beginn).

Ein künftiges, normativ aufgeklärtes Völkerrecht und die politische Philosophie der internationalen Beziehungen sollten dieser offenbar in Mode kommenden Form neuer macht- und kriegspolitischer Bedenkenlosigkeit den nötigen Widerstand entgegensetzen: jedenfalls den des besseren Arguments.

Dieter Senghaas
Recht auf Nothilfe

I

Das klassische Völkerrecht kannte das »*liberum ius ad bellum*«, d. h. den Krieg als ein für die Politik frei verfügbares Mittel. Der Krieg war, rechtlich gesehen, gegenüber dem Frieden nicht diskriminiert: Beide hatten einen vergleichbaren rechtslogischen Status. Die in dieser Zeit gängige Doktrin des »gerechten Krieges« hatte jedoch niemals die Funktion, den Krieg als Mittel der Politik zu rechtfertigen. Seit dem Mittelalter ging es in dieser Doktrin darum, extrem zugespitzte Kriterien zu formulieren, die, sollten sie erfüllt sein, den Griff zum Krieg gerade noch erlaubten. Sollte es unter solchen restriktiven Bedingungen zum Krieg kommen, so hatte dann die ergänzende *ius in bello*-Doktrin die Funktion, die Exzesse des Krieges einzudämmen und in gewisser Hinsicht »Spielregeln« festzulegen.

Das moderne Völkerrecht, das in der Charta der Vereinten Nationen einen markanten Niederschlag gefunden hat, kennt kein *liberum ius ad bellum* mehr. Dadurch wurde erstmals das Völkerrecht zu einem »Friedensvölkerrecht«: Der Krieg wurde zugunsten des Friedens prinzipiell geächtet. Es besteht also heute keine Gleichrangigkeit mehr zwischen Krieg und Frieden. Der Sachverhalt ist im prinzipiellen *Gewaltverbot*, wie es in der Charta der Vereinten Nationen zum Ausdruck kommt, festgehalten: »Alle Mitglieder unterlassen in ihren internationalen Beziehungen jede gegen die territoriale Unversehrtheit oder die politische Unabhängigkeit eines Staates gerichtete oder sonst mit den Zielen der Vereinten Nationen unvereinbare Androhung oder Anwendung von Gewalt« (Art. 2, 4). Da aber auch dieses Friedensvölkerrecht realistischerweise davon ausgeht, daß es dennoch zu Gewalthandlungen kommen kann, wurden entsprechende Vorkehrungen in der Charta der Vereinten Nationen vorgesehen: vor allem verschiedene Formen der friedlichen Streitbeilegung und kollektive Zwangsmaßnahmen, auch individuelle oder kollektive Selbstverteidigung auf Zeit. Seit 1945 wurden überdies die rechtlichen Vorkehrungen des *ius in bello* weiterentwickelt, was sich heute in einem ausdifferenzierten »humanitären Völkerrecht« niederschlägt.[1]

II

Auf diesem Hintergrund wird die Reaktion von vielen auf die militärischen Maßnahmen der NATO gegen Jugoslawien nach dem 24. März 1999 verständlich. Die politische Führung in Jugoslawien begriff die militärische Intervention als völkerrechtswidrigen Angriff, und diese zunächst plausible Interpretation fand auch eine breite Resonanz außerhalb Belgrads. In der Tat ist zumindest auf den ersten Blick an dieser Interpretation nicht zu rütteln: Ein Angriffskrieg jugoslawischerseits lag nicht vor, also gab es auch keine Charta-gemäße Grundlage für individuelle oder kollektive Selbstverteidigung. Indem die NATO in eigener Machtvollkommenheit beschloß, gegen Jugoslawien militärisch vorzugehen, also sich selbstmandatierte, obsiegte nach oft zu lesender und zu hörender Formel »das Recht des Stärkeren über die Macht des Rechts«.[2]

1 Neben vielen anderen s. hierzu Otto Kimminich, *Das Völkerrecht und die friedliche Streitschlichtung*, in Dieter Senghaas (Hg.), *Den Frieden denken*, Frankfurt a. M. 1995, S. 142-161.

2 Politisch formuliert, übersetzt sich diese Aussage in die Formel: »das Faustrecht der NATO«. S. hierzu beispielhaft Dieter S. Lutz, *Das Faustrecht der NATO*, in: Thomas Schmid (Hg.), *Krieg im Kosovo*, Reinbek bei Hamburg 1999, S. 218-242.

III

Aber von welchem Recht ist hier die Rede? Bei der Antwort auf diese Frage beginnt die Problematik der bis hierher makellosen Charta-fixierten Argumentation, und es beginnen die brisanten Fragestellungen: Die Problematik der referierten Argumentation besteht nämlich darin, daß sie von einem halbierten, oder sagen wir, von einem schrumpftheoretischen Verständnis des Völkerrechtes ausgeht. Es hat zum Inhalt: Völkerrecht ist, insofern es sich auf die Wahrung des Weltfriedens und die internationale Sicherheit bezieht, identisch mit dem in der Charta der Vereinten Nationen niedergelegten Recht, und dieses Recht begründet normativ, prozedural und auch (wenngleich nicht ausgebaut) institutionell das Gewaltverbot. So weit, so gut. Aber das Gewaltverbot ist nicht der einzige Inhalt zwingenden Rechts (*ius cogens*). Das derzeitige Völkerrecht kennt weitere zwingende Normen, gegen die die Völkerrechtssubjekte wegen der grundlegenden Bedeutung dieser Normen nicht verstoßen dürfen. Es handelt sich dabei um Normen, die für die Staatengemeinschaft als Ganze von Bedeutung sind; die also im Hinblick auf das Verhalten von Einzelstaaten nicht zur Disposition stehen. Aus diesen Normen entstehen Verpflichtungen, die jeder Staat gegen die Staatengemeinschaft insgesamt hat: Verpflichtungen mit Wirkungen gegenüber allen anderen (*erga omnes*), denen man sich nicht entziehen kann, auch dann nicht, wenn man beispielsweise nicht Mitglied der Vereinten Nationen ist oder einschlägige völkerrechtlich verbindliche Konventionen nicht ratifiziert hat. Zu diesem Grundbestand an zwingenden Normen bzw. Verpflichtungen *erga omnes* gehören nicht nur das Gewalt- oder Aggressionsverbot im Sinne der UNO-Charta, sondern auch das Verbot des Völkermords, des Sklavenhandels, der Rassendiskriminierung (insonderheit der Apartheid), das Verbot der Verbrechen gegen die Menschlichkeit (im Sinne von Ausrottung, Versklavung, Deportation, ethnischer Säuberung etc.) und auch das Verbot von Kriegsverbrechen im Sinne des humanitären Völkerrechts.[3]

Es gibt also nicht nur das Gewaltverbot als völkerrechtlich grundlegende Norm, sondern auch das Verbot der eben aufgeführten Delikte als *völkerrechtlich* zwingende Norm.[4] Daß diese Delikte auch moralisch verwerflich sind und daß es unterschiedliche philosophische oder religiöse, z. B. naturrechtliche Überlegungen geben kann, warum man entsprechende Verstöße gegen solche Normen als inhuman oder als Verbrechen begreifen sollte, ist möglicherweise politisch bedeutsam, aber rechtlich gesehen unerheblich. Entscheidend ist, daß Verstöße gegen diese Normen, nicht anders als der Verstoß gegen das Gewaltverbot, *Verstöße gegen das bestehende Völkerrecht* sind.[5]

Dieser elementare Sachverhalt fand in einer verständlicherweise moralisch aufgeladenen öffentlichen Diskussion in den vergangenen Wochen kaum Berücksichtigung. In den tagespolitisch aufgeregten Beiträgen über den Sieg des Stärke-

3 Zum ius cogens und zu den Verpflichtungen erga omnes s. Jost Delbrück, *Effektivität des UN-Gewaltverbots*, in: *Die Friedens-Warte*, Bd. 74, Nr. 1/2, 1999, S. 139-158. Als monographische Abhandlung s. Heike Gading, *Der Schutz grundlegender Menschenrechte durch militärische Maßnahmen des Sicherheitsrates – das Ende staatlicher Souveränität?*, Berlin 1996, insbes. S. 131ff. Verschiedene Völkerrechtler haben jüngst entsprechende Zeitungsbeiträge vorgelegt, so Daniel Thürer, in: *NZZ* 18.06.1999; U. Fastenrath, in: *FAZ* 22.04.1999 und 11.06.1999; K. Doehring, in: *FAZ* 15.06.1999; M. Köhler, in: *FAZ* 22.05.1999. Jetzt auch H. M. Empell in: *Friedensgutachten 1999*, Münster 1999, S. 70ff.

4 Interessanterweise argumentiert Bruno Simma mit Bezugnahme auf das *ius cogens* nur im Hinblick auf das Gewaltverbot der UN-Charta. Andere Inhalte des *ius cogens* werden bei ihm als solche gar nicht registriert. Das ist für einen Völkerrechtler merkwürdig, aber einigermaßen repräsentativ für die in den vergangenen Monaten gängige Diskussion. S. Bruno Simma, *NATO, the UN and the Use of Force: Legal Aspects*, in: *European Journal of International Law*, Bd. 10, Nr. 1, in diesem Band S. 9ff.

5 So in Kürze und aller Klarheit zusammenfassend argumentiert von Christian Tietje, in: *FAZ* 21.06.1999.

ren über die »Macht des Rechts« fand er als *völkerrechtlicher* Tatbestand nicht einmal eine Erwähnung. Statt den *völkerrechtlichen* Tatbestand klar und eindeutig zu benennen, wird konzediert, daß es Gewissens- und humanitäre Gründe geben könne, die menschenverachtendes Handeln als verwerflich erscheinen lassen. Aber Rechtsgründe fanden in solcher Argumentation keine Berücksichtigung.[6] So gelangt das halbierte Verständnis des derzeitigen Völkerrechts zur einfachen, von allen weiteren Überlegungen entlastenden These des durch die Kosovo-Intervention verursachten Völkerrechtsbruchs.

Demgegenüber ist festzuhalten: Die Werteorientierung des heutigen Völkerrechtes ist breiter angelegt, als es die Gewaltverbots-Fixierung suggeriert. Schon die Charta der Vereinten Nationen nimmt positiv Bezug auf Menschenrechte, von der Allgemeinen Erklärung der Menschenrechte (1948), der Konvention über die Verhütung und Bestrafung des Völkermordes (1946), den beiden Menschenrechtspakten (1966) und anderen internationalen Vereinbarungen zum Menschenrechtsschutz ganz zu schweigen.[7] Wichtig in diesem Zusammenhang sind auch entsprechende Entscheidungen der Organe der Vereinten Nationen wie Resolutionen der Generalversammlung, Beschlüsse des Sicherheitsrates und insbesondere Rechtsentscheidungen des Internationalen Gerichtshofs.[8] Durch die Einsetzung von Internationalen Strafgerichtshöfen haben die Verstöße gegen die *erga omnes*-Verpflichtungen von seiten einzelner Staaten und deren maßgeblichen Akteuren bzw. Bürgern einen deutlichen Schub an

6 Das ist für Juristen erstaunlich. S. in diesem Zusammenhang beispielhaft das gegenüber den erga omnes-Verpflichtungen völlig blinde IALANA-Memorandum, abgedruckt in der *FR* 31.03.1999. Von ähnlichem Duktus Steffen Wirth, in: *FR* 07.04.1999; Sybille Tönnies, in: *FAZ* 07.06.1999; Hermann Weber. in: *NZZ* 07.07.1999 und *FAZ* 09.07.1999.

7 S. hierzu zusammenfassend die Darlegungen des Völkerrechtlers E. Klein, in: *FAZ* 21.06.1999.

8 S. Knut Ipsen, *Völkerrecht*, München 1990. S. 169ff.

differenzierter Kodifizierung und Operationalisierung erfahren.[9] Und schließlich war es ja der Sicherheitsrat selbst, der in einer Reihe von wichtigen Entscheidungen nach 1990 das in der Charta festgelegte Prinzip der Nichteinmischung in innere Angelegenheiten und damit das altehrwürdige Prinzip nationaler Souveränität durchlöcherte, indem er mehrfach angesichts gravierender und massiver Verstöße einzelner Staaten gegen grundlegende Normen der Staatengemeinschaft entsprechende Sanktionen beschloß. Seit diesen Beschlüssen wird die Bedrohung des Friedens bzw. ein Bruch des Friedens (Art. 39 der Charta) nicht nur dort gesehen, wo eine militärische Angriffshandlung im klassischen Sinne zu erwarten ist oder schon vorliegt, sondern auch dort, wo massenhafte Menschenrechtsverletzungen im Gange sind.[10] Der Sicherheitsrat selbst hat damit schließlich und endlich Konsequenzen aus einem erweiterten Gewalt- und Friedensverständnis gezogen, das sich nach 1945 zuerst im Völkerrecht, später auch in der Friedensforschung und im weltweiten ökumenisch-konziliaren Prozeß herausbildete.[11]

9 S. Otto Luchterhandt, *Bekämpfung von Völkermord. Konzepte des Völkerrechts*, in: *Genozid und Moderne*, Bd. 1, Opladen 1998, S. 347-407.

10 S. hierzu die wesentlichen Monographien Andreas F. Bauer, *Effektivität und Legitimität. Die Entwicklung der Friedenssicherung durch Zwang nach Kapitel VII der Charta der Vereinten Nationen unter besonderer Berücksichtigung der neueren Praxis des Sicherheitsrats*, Berlin 1996; Heike Gading, *Der Schutz grundlegender Menschenrechte durch militärische Maßnahmen des Sicherheitsrates – das Ende staatlicher Souveränität?*, Berlin 1996; Martin Lailach, *Die Wahrung des Weltfriedens und der internationalen Sicherheit als Aufgabe des Sicherheitsrates der Vereinten Nationen*, Berlin 1998. Interessant und besonders relevant in dieser Hinsicht sind auch verschiedene Beiträge in: Hauke Brunkhorst (Hg.), *Einmischung erwünscht? Menschenrechte und bewaffnete Intervention*, Frankfurt a. M. 1998.

11 S. Dieter Senghaas (Hg.), *Den Frieden denken*, Frankfurt a. M. 1995.

IV

Wer aber ist zu Sanktionen verpflichtet und handlungsbefugt, wenn Staaten sich als »Rowdiestaaten« (A. Fried) verhalten und gegen die wenigen, aber elementaren Verpflichtungen, die Staaten gegenüber der Staatenwelt insgesamt haben, verstoßen? Artikel 24 der Charta der Vereinten Nationen spricht davon, daß dem Sicherheitsrat die »Hauptverantwortung für die Wahrung des Weltfriedens und der internationalen Sicherheit« zukomme, und dieser Artikel spricht auch über die aus dieser Verantwortung sich ergebenden »Pflichten«. Es dürften also keine Zweifel darüber bestehen, daß Verstöße gegen die elementaren Normen der internationalen Gemeinschaft (Aggression, Völkermord, Apartheid etc.) eben diesen Sicherheitsrat in Handlungszugzwänge setzen müßten, um völkerrechtswidrigem Verhalten durch Maßnahmen unterschiedlicher Art entgegenzuwirken, auch um im Grenzfall einem gravierenden Völkerrechtsbruch mit kollektiven Zwangsmaßnahmen zu begegnen.

Denn liegt ein gravierender Verstoß gegen die völkerrechtlich gebotenen Verpflichtungen, die einzelne Staaten gegenüber der Staatenwelt insgesamt haben, vor, ist Intervention nicht nur erlaubt, sondern geboten: Es besteht also für den Sicherheitsrat eine Art von Rechtspflicht zu intervenieren, zumindest gebietet politische Klugheit zu handeln: Wenn nämlich das prinzipielle Gewaltverbot der Charta der Vereinten Nationen eine zwingende Rechtsnorm ist, werden die Aktivitäten des Sicherheitsrates zur Ahndung von elementaren Regelverstößen (wie beispielsweise hinsichtlich genozitärer Politik) unabweisbar, will man verhindern, daß selbstmandatierte Intervention zugunsten der Opfer einer solchen Politik an die Stelle kollektiver Maßnahmen des dafür völkerrechtlich vorgesehenen Organs, des Sicherheitsrates, tritt.[12]

12 Die innere Logik zwischen der Monopolisierung legitimer Gewalt bei

Der Sicherheitsrat hat dann in solchen Fällen, ganz analog zu den Vorkehrungen der Charta, in der Spannbreite von friedlicher Streitbeilegung bis zu kollektiven Zwangsmaßnahmen aktiv zu werden. Und bewegte er sich hierbei auf der Höhe des völkerrechtlich Gebotenen, so implizierte dies, daß er als rechtsbewußter Sachwalter *sine ira et studio* handelt.

V

Aber spätestens hier werden Wünschbarkeiten, die man im Hinblick auf eine lebensfähige Weltrechtsordnung postulieren muß, durch hartnäckig widerstrebende Tatsachen konterkariert: Denn der real existierende Sicherheitsrat versteht sich, zumindest bisher, vor allem als ein politisches und nicht als ein Rechtsdurchsetzungsorgan. Und oft genug wurde darauf hingewiesen, daß er im Gefüge der Vereinten Nationen eben als ein solches *politisches* Organ vorgesehen sei. Für eine solche Interpretation spricht natürlich die Vorkehrung einer Vetomöglichkeit, auch die *Kann*-Bestimmungen in den Art. 40, 41 und 42 der Charta, in denen festgelegt ist, daß der Sicherheitsrat vorläufige Maßnahmen, friedliche Sanktionsmaßnahmen und schließlich militärische Sanktionsmaßnahmen beschließen *kann* – und das heißt doch, er kann es auch lassen. Entsprechend war sein Verhalten bisher eines à la carte: Er beschäftigte sich im Sinne der Kapitel VI und VII der Charta mit einem Art.-39-Vorgang (»threat to peace«) oder auch nicht; er traf Entscheidungen oder auch nicht. Er

der UNO und deren Verantwortung für den internationalen Rechtsgüterschutz betont auch Ulrich K. Preuß, *Zwischen Legalität und Gerechtigkeit. Der Kosovo-Krieg, das Völkerrecht und die Moral*, in: *Blätter für deutsche und internationale Politik*, Nr. 7, 1999, in diesem Band S. 115ff.

fühlte sich, ganz offensichtlich, nicht als ein Rechtsdurchsetzungsorgan, also nicht im Zugzwang.[13]

Das mag damit zusammenhängen, daß ihm die entsprechenden Mittel fehlen, die in jedem einzelnen Fall erbettelt werden müssen. Vielleicht besteht im Hinblick auf Rolle und Funktion des Sicherheitsrates einfach kein entsprechendes Rechtsbewußtsein. So war es und kann es sein, daß Völkermord quasi unter dem Schutz der Charta stattfindet, weil das »hauptverantwortliche« VN-Organ beobachtungs- oder handlungsunwillig ist bzw. trotz Beobachtungs- und Handlungswillen sich durch ein angedrohtes oder faktisches Veto selbst blockiert. Zwingendes Recht gebietet aber zu verhindern, daß beispielsweise ethnische Säuberung in der Folge von Massenvertreibungen und Massakern unter dem fragwürdigen völkerrechtlichen Schutz staatlicher Souveränität betrieben wird. Es kann folglich auch nicht internationaler Gerechtigkeit entsprechen, daß Vergehen der genannten oder ähnlicher Art quasi unter den Schutz der Charta geraten, nur weil sich das entscheidende Organ als entscheidungs- und handlungsunfähig erweist.[14]

Der Rechtsskandal betrifft im letzteren Falle nicht das Verhalten derjenigen, die den Opfern zu Hilfe eilen. Skandalös ist vielmehr das Verhalten desjenigen Organs, von dem, auch wenn man es als politisches begreift, zu erwarten wäre, daß es gegen den Bruch des Völkerrechts in den aufgeführten elementaren Dimensionen angemessen vorgeht. Auf jeden Fall haben die Opfer ein Recht auf Notwehr. Und auch Nothilfe ist ein unbestrittenes Rechtsprinzip, das im übrigen nicht von den Zufälligkeiten von Gremienbeschlüssen ab-

13 S. hierzu Winrich Kühne, *Humanitäre NATO-Einsätze ohne Mandat? Ein Diskussionsbeitrag zur Fortentwicklung der UNO-Charta*, Ebenhausen 1999 (SWP 3096).

14 So auch Knut Ipsen, in: *Die Friedens-Warte*, Bd. 74, Nr. 1/2, 1999, in diesem Band S. 160ff.

hängig gemacht werden kann.[15] Im übrigen legt die Logik der VN-Charta nahe, daß das heute unumstrittene erweiterte Verständnis von Art. 39 der Charta (»threat to peace«) eine erweiterte Interpretation von Art. 51 erforderlich macht: Individuelle und kollektive Selbst*verteidigung* wird dort als »naturgegebenes Recht« bezeichnet, auf das man sich so lange berufen kann, bis der Sicherheitsrat seinen Obliegenheiten nachkommt. Im Hinblick auf Not*hilfe* kann die Rechtslage keine andere sein.[16]

VI

Wenn man Ausnahmesituationen dieser Art vermeiden will, dann benötigt man auf internationaler Ebene ein wirklich effektives *Gewaltmonopol*, das mit Institutionen, Prozeduren und Mitteln ausgestattet ist, wodurch unparteiisch, aber auch wirksam für die Einhaltung von Recht gesorgt wird.[17] Das wäre das schiere Gegenteil zu einem Verhalten à la carte. Denn nimmt man den Begriff des Gewaltmonopols konzeptuell ernst, dann liegt es nur dort vor, wo in einer Rechtsgemeinschaft darauf vertraut werden kann, daß Rechtsbrüche verläßlich geahndet werden. Das setzt ein entsprechendes Recht voraus, auch übereinstimmendes Rechtsbewußtsein: Ebenso müssen Vorkehrungen für eine einigermaßen objektive Tatsachenermittlung, insbesondere auch für die rechtsstaatliche Kontrolle der einmal getroffenen Entscheidungen

15 S. hierzu Reinhard Merkel, in: *Die Zeit* 12.05.1999, in diesem Band S. 66ff.

16 Hierzu explizit Margit Hintersteininger, *Der Kosovo-Konflikt und die Renaissance der bellum iustum-Doktrin*, in:, *Wiener Blätter zur Friedensforschung*, Juni 1999, S. 24-41, insbes. S. 27 u. 31. Sowie Jost Delbrück in dem in Anmerkung 3 zitierten Artikel in: *Die Friedens-Warte*.

17 Grundlegend hierzu der Beitrag von Otfried Höffe, in: *NZZ* 08/09.05.1999 (in diesem Band S. 167ff.) sowie den in Anmerkung 12 zitierten Beitrag von Ulrich K. Preuß.

vorhanden sein. Die Begründungspflicht im Hinblick auf Entscheidungen, auch im Falle abweichender Meinungen, hätte ohnehin eine Selbstverständlichkeit zu sein.

Auf internationaler Ebene besteht derzeit ein Gewalt*verbot* als zwingendes Recht, aber kein Gewalt*monopol*, obgleich dieses äußerst wünschenswert wäre, weil nur unter solchen Vorzeichen eine effektive Weltrechtsordnung denkbar ist. Solange der Sicherheitsrat in seiner jetzigen Verfaßtheit und Zusammensetzung seine Aufgabe nicht so wahrnimmt, wie wenn es tendenziell ein Gewaltmonopol auf internationaler Ebene schon gäbe, also wenigstens *sine ira et studio*, wird es auf der Welt Problemlagen geben, die bei faktischer »Abwesenheit« des Sicherheitsrates eine Intervention nicht nur erlauben, sondern geradewegs gebieten, um den Opfern völkerrechtlich gravierender Delikte (»international crime«) beizustehen. Noch einmal: Eine solche Hilfestellung mag auch moralisch oder humanitär geboten sein. Jedoch, geboten ist zuallererst Intervention aus *völkerrechtlichen* Gründen, um den Normen zwingenden Rechts und um den Verpflichtungen einzelner Staaten gegenüber der Staatengemeinschaft insgesamt Genüge zu tun.

Daß Intervention gegebenenfalls nicht nur erlaubt, sondern regelrecht geboten ist, weist darauf hin, daß damit nicht auf eine künftige Weltrechtsordnung »vorgegriffen« wird, sondern *bestehendes* Völkerrecht so ernst genommen wird, wie es ernstgenommen werden sollte: nämlich als *Rechtstatbestand*.[18] Er liegt auch dann vor, wenn zu konzedieren ist, daß die Rechtsdurchsetzung auf internationaler Ebene unterinstitutionalisiert ist; daß es also der entsprechenden Mittel mangelt, um immer und in jedem Fall dem Recht Genüge zu tun.[19] Man entsubstantialisiert die rechtliche Substanz des

18 Die Vorgriffs-Argumentation findet sich z. B. bei Thomas Blanke, in: *FR* 29. 03. 1999, und in Jürgen Habermas, in: *Die Zeit* 29. 04. 1999, in diesem Band S. 51ff.

19 Der These von der Unterinstitutionalisierung liegt oft eine »Lücken-

gegebenen zwingenden Rechts jedoch, indem man es in guter Absicht moralisiert. Damit unterminiert man den Rechtscharakter dessen, was im angelsächsischen Sprachgebrauch als »minimal world public order« bezeichnet wird.

VII

Ist Intervention geboten, so bleibt jedoch sowohl für den Fall einer diesbezüglichen Entscheidung des Sicherheitsrates als auch für den Fall seiner Handlungsunfähigkeit die Frage offen, ob die Intervention auch tatsächlich und gegebenenfalls mit welchen Mitteln erfolgen soll. Im Grunde genommen spielen dabei die gleichen Kriterien eine Rolle, die einst als extrem restriktive Bedingungen die *iustum bellum*-Doktrin motivierten, obgleich diese Doktrin heute keine Gültigkeit mehr besitzt: Vorliegen muß, wie dargelegt, ein gravierendes Delikt; sie ist als *iusta causa* die Grundlage für den Handlungszwang. Im Falle von avisierten Zwangsmaßnahmen müssen alle vorgängigen Mittel erschöpft sein. Dies ist das Prinzip der *ultima ratio* – ein Prinzip, das unter pragmatischen Gesichtspunkten durchaus fragwürdig sein kann, denn Zwangsmaßnahmen zu einem späten Zeitpunkt müssen möglicherweise viel gravierender sein als solche zu einem frühen Zeitpunkt. Schließlich ist das Prinzip der *Verhältnismäßigkeit* zu bedenken, denn es sollte durch die Intervention nicht mehr Schaden angerichtet werden, als verhütet wird.

These« zugrunde. Festgestellt wird eine Lücke zwischen dem, was rechtlich geboten ist, und was im Rahmen der Charta-Prozeduren vorgesehen ist. S. hierzu beispielhaft Rüdiger Wolfrum, in: *FR* 21. 10. 1998; Christian Tomuschat, in: *Die Friedens-Warte*, Bd. 74, Nr. 1/2, 1999, S. 33 ff.; ausführliche Darlegungen finden sich in Cathrine Guicherd, *International Law and the War in Kosovo*, in: *Survival*, Bd. 41, 1999, S. 19-34. Für die Schließung dieser vermeintlichen oder tatsächlichen Lücke plädiert auch Reinhard Klimmt, in: *FAZ* 08. 05. 1999. Anregende Vorschläge über die Schließung dieser sogenannten Lücke finden sich in dem Beitrag des Völkerrechtlers Reinhard Steiger, in: *FAZ* 20. 05. 1999.

Auch ist über die *Tauglichkeit der Mittel* zu befinden, auch über die Frage, ob sie erfolgversprechend eingesetzt werden können. Alle diese Kriterien sind im konkreten Fall mit erheblichen Grauzonen und Unsicherheiten behaftet – und damit mit dem Risiko der Prognose. Deshalb spielen praktische Vernunft, Klugheit und Augenmaß, der Sinn für das richtige Handeln zur rechten Zeit eine wichtige Rolle.[20]

Natürlich bestehen angesichts von tagespolitischer Hektik und unentrinnbaren Handlungszwängen erhebliche Schwierigkeiten, in konkreten Konfliktlagen solche Kriterien wirklich zu beachten. Aber sie müssen sowohl im Falle der Charta-Prozeduren als auch dann, wenn Nothilfe geboten ist, berücksichtigt werden. Und im letzteren Falle sind sie besonders ernst zu nehmen, weil hier angesichts des Versagens des eigentlich zuständigen politischen Organs auf Weltebene, des Sicherheitsrats, eine Ausnahmesituation vorliegt. Eine intensive öffentliche Diskussion über eine Kasuistik legitimer Intervention wäre deshalb sowohl für das Selbstverständnis und Verhalten des Sicherheitsrates und die UNO insgesamt als auch für das Verhalten in Ausnahmesituationen nützlich.[21] In einer solchen Kasuistik wäre auch darüber zu reflektieren, wann unter wohlerwogenen Opportunitätsgesichtspunkten nicht interveniert werden sollte, obgleich aus völkerrechtlichen Gründen eine Intervention eigentlich geboten erscheint. Güterabwägung sollte in solchen Überlegungen, schon gar in konkreten Lagebeurteilungen immer ein ergebliches Gewicht haben. Die genannte überfällige Diskussion könnte ein übriges dazu beitragen, daß sich zumindest im Hinblick auf die Minimalstandards der internationalen Gesellschaft ein einheitliches Rechtsbewußtsein von

20 Hierzu explizit Otfried Höffe (s. Anm. 17); neben vielen anderen Beiträgen s. auch Norbert Brieskorn, *Menschenrechte. Eine historisch-philosophische Grundlegung*, Stuttgart 1997, S. 181 ff.

21 Ausführlich hierzu Dieter Senghaas, *In welchen Fällen eine militärische Intervention legitim ist*, in: *FR* 14.04.1993.

öffentlichem Gewicht herausbildet, so auch ein Bewußtsein über den *Rechts*charakter grundlegender Normen und die sich aus ihnen ableitenden Verpflichtungen.

VIII

Intervenieren oder nicht intervenieren – das bleibt im konkreten Fall eine nur von der Analyse der konkreten Problemlage her, überdies eine nur tendenziell zu beantwortende Frage. Eine solche Aussage gilt auch – ex ante oder ex post betrachtet – im Hinblick auf die Kosovo-Konfliktlage. Was in Zukunft sicherlich nicht mehr möglich sein wird, ist die Gleichsetzung von Völkerrecht und dem in der Charta der Vereinten Nationen fixierten Recht, also die Reduktion des Völkerrechts bzw. des Friedensvölkerrechtes auf das Gewaltverbot. Auch in der Öffentlichkeit wird man sich allmählich daran gewöhnen müssen, daß es jenseits des jeweiligen nationalen Rechts völkerrechtliche Normen gibt, die höher gelagert sind als beispielsweise diejenigen, die aus bi- oder multilateralen völkerrechtlichen Verträgen resultieren: Normen, die Verpflichtungen gegenüber der Staatenwelt insgesamt implizieren. Wäre der Begriff des »Weltbürgerrechts« nicht geistesgeschichtlich vorbelastet (er löst in aller Regel unmittelbar eine textexegetische Kant-, aber nicht eine Sachdiskussion aus), so könnten die Normen der genannten Art als Inbegriff von Weltbürgerrecht bezeichnet werden. Nicht vorbelastet und dieselbe Sache meinend, bietet sich der Begriff des »Weltinnenrechtes« (J. Delbrück) an, der zudem noch die sachangemessene Assoziation vermittelt, daß im Hinblick auf entsprechende Problemlagen, insbesondere für den Fall von gravierenden einschlägigen Rechtsverstößen, »Weltinnenpolitik« (und also nicht nationale Interessenpolitik) gefragt ist.[22]

22 Jost Delbrück, *Wirksameres Völkerrecht oder neues »Weltinnenrecht«?*

IX

Der Sachverhalt betrifft die Ebene der »großen Politik«, aber auch den juristischen Mikrobereich, wie jüngst eine zum erstenmal in Deutschland erfolgte rechtskräftige Verurteilung eines Angeklagten wegen Völkermordes belegt (3. Strafsenat des Bundesgerichtshofes. Aktenzeichen: 3 Str 215/98).[23] Verhandelt wurde der Fall eines bosnischen Serben, der im Rahmen der Politik der »ethnischen Säuberung« Muslime brutal mißhandelte und gefangennahm sowie 22 Personen eines Dorfes, darunter auch Behinderte und ältere Menschen, erschoß. Auch weitere Greueltaten wurden ihm zur Last gelegt. Im Revisionsverfahren vor dem Bundesgerichtshof wurde im Urteil festgestellt, daß Völkermord nicht die Ausrottung einer ganzen Bevölkerungsgruppe voraussetze; das hatten die Verteidiger des Angeklagten behauptet. Die Richter hielten es vielmehr für maßgeblich, daß es dem Angeklagten um die Vernichtung der nordbosnischen Muslime gegangen sei. Auch das erfülle den Tatbestand des Völkermordes. Danach ist ausreichend, wenn jemand in der Absicht, eine nationale, rassische, religiöse oder durch ihr Volkstum bestimmte Gruppe ganz oder teilweise zu zerstören, Mitglieder der Gruppe tötet, ihnen schwere Schäden zufügt oder die Gruppe unter Lebensbedingungen stellt, die geeignet sind, deren Zerstörung herbeizuführen. Die Zuständigkeit der deutschen Gerichte im Falle des Angeklagten, der *nicht* die deutsche Staatsbürgerschaft besitzt, begründete der Bundesgerichtshof zum einen damit, daß der deutsche Gesetzgeber die Verfolgung des Völkermordes zu Recht dem sogenannten Weltrechtsprinzip unterstellt habe. Danach gilt das deutsche Strafrecht für bestimmte Taten, die von Ausländern im

Perspektiven der Rechtsentwicklung in einem sich wandelnden internationalen System, in: Dieter Senghaas (Hg.), *Frieden machen*, Frankfurt a. M. 1997, S. 482-512.

23 Zum folgenden s. den ausführlichen Bericht in: *FAZ* 04.05.1999.

Ausland begangen werden, unabhängig davon, ob sie am Tatort auch unter Strafe gestellt werden. Der Bundesgerichtshof führte aus, der deutsche Gesetzgeber habe sich mit seiner Entscheidung, Völkermord dem Weltrechtsprinzip zu unterstellen, auf die Internationale Konvention über die Verhütung und Bestrafung des Völkermordes von 1946 stützen können.

Wären in allen Dimensionen zwingenden Rechts und der erga omnes-Verpflichtungen Weltinnenrecht und nationales Recht vergleichbar symbiotisch verklammert, könnte zumindest im Hinblick auf die elementaren Normen der Staatengemeinschaft das Recht machtvoll werden.[24] Aber wenn, wie in weiten Teilen der öffentlichen Diskussion der vergangenen Monate, der *völkerrechtliche* Charakter dieser Normen einfach »übersehen« wird (er wird meist nicht einmal geleugnet, weil er einfach unbekannt bleibt), dann besteht kaum eine Chance, daß das Recht machtvoll wird. Viel schlimmer: Eine fragwürdige, meist tagespolitisch motivierte kurzschlüssige Analyse trägt paradoxerweise dazu bei, daß die auf Weltebene in operativer Hinsicht beobachtbare Ohnmacht real existierender elementarer völkerrechtlicher Normen einfach perpetuiert wird.

24 S. hierzu auch Astrid Hölscher, *Völkerrechtssubjekt Mensch*, in: *FR* 07.04.1999.

Ulrich K. Preuß

Der Kosovo-Krieg, das Völkerrecht und die Moral

Wenn wir moralisch über den Kosovo-Krieg reden – also über die Vertreibung und Mißhandlung der Kosovaren durch die ihnen feindlich, ja mörderisch gesonnene Regierung ihres Staates, über die Berechtigung der NATO, diesen Staat, die jugoslawische Bundesrepublik, militärisch anzugreifen, mit fortschreitender Dauer des Krieges seine Infrastruktur zu zerstören und dabei die Unterschiede zwischen militärischen und zivilen Objekten zunehmend zu verwischen –, so können und müssen wir von einem moralischen Universum ausgehen, in dem alle Argumente denselben Geltungskriterien unterliegen. Hier läßt sich das moralische Recht, vielleicht sogar die moralische Pflicht relativ leicht begründen, dagegen einzuschreiten, daß die Angehörigen eines Volkes für vogelfrei erklärt, vertrieben, ermordet oder als lebendes Schutzschild für militärische Zwecke benutzt werden. Freilich, schon die nächste sich aufdrängende Frage läßt sich weit weniger eindeutig beantworten, nämlich: Ist es mit dem Universalismus dieser Moral vereinbar, daß die militärischen Aktionen zur Rettung der Opfer dem Diktat der weitestgehenden Schonung der Retter unterworfen werden, selbst wenn dies dazu führt, daß dafür unbeteiligte Dritte schwere Opfer zu bringen haben? Wenn man sagt, daß man das Opfer des Lebens nur für die Verteidigung der *eigenen* Sache verlangen könne,[1] so mag darin eine tiefe Wahrheit liegen – doch sind die Menschenrechte, wenn man zu deren

1 Vgl. K.-O. Hondrich, *Was ist das für ein Krieg?* in: *Die Zeit*, Nr. 22 v. 27. Mai 1999, S. 4.

Verteidigung militärisch interveniert, damit nicht zu einer *eigenen* Sache der Interventen geworden? Und wenn man dies verneint, weil der Universalismus der Menschenrechte eben nicht jene Partikularität des *Eigenen* aufweist, für das Menschen existentielle Opfer zu bringen bereit sind, darf man dann aber unbeteiligte Dritte nötigen, notfalls ihr Leben der moralisch unanfechtbaren Sache der Menschenrechte aufzuopfern?[2]

Doch wir leben nicht in einem moralischen Universum, allenfalls auf dem Wege in eine Welt, in der die kantische »Vernunftidee einer friedlichen, wenngleich noch nicht freundschaftlichen, durchgängigen Gemeinschaft aller Völker auf Erden, die untereinander in wirksame Verhältnisse kommen können«, sich als ein *rechtliches* Prinzip durchzusetzen beginnt.[3] Diese schon recht weit entwickelte Rechtsgemeinschaft der Völker – die entgegen ihrem Namen ein Geflecht rechtlicher Beziehungen von Staaten darstellt – hat sich am Ende des 20. Jahrhunderts bereits meilenweit vom »Naturzustand« des Westfälischen Systems selbstbezogener souveräner Staaten entfernt, dessen Begriff von internationaler Ordnung bis zum Ersten Weltkrieg über die Idee eines (europäischen) Machtgleichgewichts kaum hinausgelangt war. Vermutlich ebensoweit ist sie aber noch von der Wirklichkeit einer Weltrepublik entfernt, in der die jedem Menschen naturrechtlich eigenen Rechte nicht nur moralisch anerkannt, sondern durch die Weltgemeinschaft auch rechtlich garantiert sind. Auf diesem schwankenden Boden eines in Entwicklung begriffenen Völkerrechts, das Regressionen in die etatistischen Doktrinen der Hohheit der Staatssouveränität ebensowenig wie Vorgriffe auf eine zukünftige Weltbürgergesellschaft ausschließt, muß sich die Beurteilung der oben aufgeworfenen Fragen bewegen.

2 So die kritische Frage von Reinhard Merkel, *Das Elend der Beschützten*, in diesem Band S. 69.

3 Immanuel Kant, *Metaphysik der Sitten, Rechtslehre*, § 62.

I.

Im klassischen Völkerrecht souveräner Staaten waren Krieg und Frieden zwei rechtlich vollkommen gleichwertige Zustände; sie waren vor allem gleicherweise *Rechts*zustände. Das zeigt sich deutlich in dem 1625 erschienenen Klassiker des neuen Völkerrechts, Hugo Grotius' *De iure belli ac pacis libri tres*, der die im Westfälischen Frieden von 1648 kodifizierte epochale Wende zum neuen Völkerrecht wissenschaftlich vorwegnahm.[4] Dieses brachte das Ende der mittelalterlichen Doktrin des gerechten Krieges (*bellum iustum*), der nach unserem heutigen Verständnis gar kein Krieg war. Er war vielmehr eine Sanktion für vorangegangenes Unrecht – also eine Art Strafe und Genugtuung –, die nach den von Thomas von Aquin klassisch formulierten Kriterien nur gerechtfertigt war, wenn sie von einem legitimen Herrscher in rechtlicher Gesinnung geführt wurde und eine gerechte Sache vertrat.[5] In der sich auflösenden mittelalterlichen Ordnung gab es keine übergeordnete, neutrale Instanz nach der Art eines unparteiischen Richters, der entscheiden konnte, ob eine *causa justa* vorlag, und so mußte man schließlich anerkennen, daß jeder *princeps* selbst in eigener Verantwortung über die Gerechtigkeit seiner Sache entscheiden mußte, was mit innerer Folgerichtigkeit zur paradoxen Situation eines beiderseitig gerechten Krieges führte. Dieses Konzept war der Keim der dann nach 1648 sich durchsetzenden Lehre des *ius ad bellum*, das jedem souveränen Staat das »naturgegebene« Recht gab, nicht nur zur Selbstverteidigung und als Sanktion für erlittenes Unrecht Krieg zu führen, sondern

4 Otto Kimminich, *Art. ›Krieg‹*, in: *Staatslexikon*, 7. Aufl. 1987, Bd. 3, Sp. 709.

5 »*auctoritas principis, justa causa, recta intentio*«, vgl. J. L. Kunz, *Art. ›Kriegsbegriff‹*, in: Strupp-Schlochauer (Hg.), *Wörterbuch des Völkerrechts*, Bd. 2, Berlin 1961, S. 329ff.; Kimminich, a. a. O., Sp. 708f.; Sean D. Murphy, *Humanitarian Intervention. The United Nations in an Evolving Order*, Philadelphia 1996, S. 40ff.

auch zur Schaffung neuen Rechts. Der Krieg verlor damit den Charakter eines Instrumentes der Wiederherstellung des verletzten Rechts und wurde zu einem legitimen Mitttel der staatlichen Politik. Die Auflösung eines universalen, alle europäischen Herrscher übergreifenden Rechts und seiner verbindlichen Maßstäbe versetzte die Partikulargewalten in den Naturzustand, in dem jeder selbst unter dem strategischen Gebot der Selbsterhaltung zu entscheiden hatte, was »gerecht« ist.[6]

Obwohl die Idee, daß der Krieg nur zur Durchsetzung von Rechtsansprüchen zulässig sei, auch im 19. Jahrhundert nicht vollständig verschwindet,[7] bleibt doch das Prinzip bestimmend, daß er ein rechtlich unbedenklichen politisches Mittel staatlicher Interessendurchsetzung ist – in den berühmten Worten Clausewitz' die »Fortsetzung des politischen Verkehrs mit Einmischung anderer Mittel«.[8] Eine allmähliche Umwertung findet erst im 20. Jahrhundert statt. Der entscheidende Schritt erfolgte durch den Kellog-Briand-Pakt vom 27. August 1928, in dem die Unterzeichnerstaaten – unter ihnen die Vereinigten Staaten, Großbritannien, Frankreich, Japan und Deutschland, nicht aber z. B. die Sowjetunion – feierlich erklärten, daß »sie den Krieg als Mittel der Lösung internationaler Streitfälle verurteilen und auf ihn als Werkzeug nationaler Politik in ihren gegenseitigen Beziehungen verzichten«.[9] Dies war eine späte Reaktion auf die Schrekken des Ersten Weltkrieges. Offenbar bedurfte es des noch furchtbareren Alptraumes des Zweiten Weltkrieges, um dieses Prinzip zu universalisieren und die Androhung oder Anwendung von Gewalt in den internationalen Beziehungen für

6 Zur theoretischen Verarbeitung dieser historischen Entwicklung in der Völkerrechtslehre vgl. Carl Schmitt, *Der Nomos der Erde im Völkerrecht des Jus Publicum Europaeum,* Köln 1950, S. 123 ff.

7 Vgl. Alfred Verdross/Bruno Simma, *Universelles Völkerrecht,* 3. Aufl. Berlin 1984, §§ 80f., 1337.

8 Carl v. Clausewitz, *Vom Kriege* (1832), Buch I, Kap. 1, Nr. 24.

9 Art. I.

alle Mitglieder der UN und damit praktisch generell zu verbieten.[10] Staaten dürfen nunmehr nur noch Gewalt zum Zwecke der individuellen oder kollektiven Selbstverteidigung anwenden, bis der Sicherheitsrat die erforderlichen Maßnahmen zur Wahrung des Weltfriedens und der internationalen Sicherheit getroffen hat.[11] Sieht man von diesem Fall des »naturgegebenen« Rechts der Staaten zur Selbstverteidigung ab, so haben nunmehr die UN das Monopol der legitimen Anwendung militärischer Zwangsgewalt in den internationalen Beziehungen; die Kompetenz zur Beschlußfassung darüber liegt beim Sicherheitsrat. Er unterliegt dabei rechtlichen Bindungen und übt nicht etwa eine dem staatlichen Souveränitätsrecht vergleichbare höchste internationale Zwangsgewalt für beliebige politische Zwecke aus. Die dem Sicherheitsrat zugeordneten Befugnisse können nicht zum Zwecke der Herstellung der internationalen Ordnung schlechthin angewendet werden – etwa zur Durchsetzung gerechter Handelstarife oder zum Schutze des der Menschheit überkommenen Erbes an natürlichen Ressourcen –, sondern allein zur Wahrung oder Wiederherstellung des Weltfriedens und der internationalen Sicherheit.[12]

Damit ist eine historische Entwicklung zu einem vorläufigen Abschluß gelangt, die mit der Unterscheidung zwischen *bellum iustum* und *bellum iniustum* begann, sich im *ius ad bellum* der souveränen Staaten des 17. bis 19. Jahrhunderts fortsetzte und schließlich heute den Angriffskrieg für illegal erklärt. Die heutige Unterscheidung zwischen legalem und illegalem Krieg ist nicht etwa eine Wiederkehr der mittelalterlichen Doktrin vom gerechtem Krieg. Nach dieser Doktrin konnte ein Fürst einen gerechten Angriffskrieg führen, da es auf die Gerechtigkeit des Zieles ankam, welche das Mittel des Krieges ohne weiteres rechtfertigte; unsere heutige

10 Art. 2 Nr. 4 UN-Charta v. 26. 6. 1945.
11 Art. 51.
12 Art. 39, 42 UN-Charta.

Unterscheidung abstrahiert von den Zielen, inhaltlichen Gründen und damit von der materiellen Berechtigung zum Kriegführen und illegalisiert das Mittel des Krieges schlechthin, selbst wenn es zur Durchsetzung einer gerechten Sache angewendet würde; einzige Ausnahme ist das erwähnte »naturgegebene Recht zur individuellen oder kollektiven Selbstverteidigung« in Art. 51 der UN-Charta. Ansatzweise vollzieht sich der aus dem Prozeß der Herausbildung des modernen Staates bekannte Vorgang einer allmählichen Beseitigung des Selbsthilferechts zugunsten der Ordnungs- und Schiedsfunktion der souveränen staatlichen Zwangsgewalt, die ihrerseits gegenüber konkurrierenden Gerechtigkeits-, Wert- und Heilsideen neutral bleibt und sich auf die Regulierung der Sozialverträglichkeit des äußeren Verhaltens der Individuen beschränkt. Natürlich läßt sich dieser Vergleich nicht allzu weit treiben, denn die UN ist weit davon entfernt, die Funktion einer souveränen globalen Zwangsgewalt auszuüben. Doch er kann uns darüber belehren, daß die Monopolisierung des Mittels der Gewaltsamkeit nicht nur innerhalb staatlich organisierter Gesellschaften, sondern auch in den internationalen Beziehungen zwei Seiten hat: Sie untersagt Selbst-Hilfe und Selbst-Gerechtigkeit, aber sie bedeutet gleichzeitig auch eine Formalisierung des Rechts und damit einen bewußten Agnostizismus gegenüber inhaltsvollen Gerechtigkeitsideen.

II.

Gäbe es zur völkerrechtlichen Rechtfertigung der Anwendung militärischer Gewalt nur das individuelle und kollektive Selbstverteidigungsrecht des Art. 51 oder die Befugnis des UN-Sicherheitsrates gemäß Art. 39, 42 der UN-Charta, so wären die Angriffe der NATO auf die Bundesrepublik Jugoslawien eindeutig völkerrechtswidrig. Offenkundig ist keines der Mitglieder der NATO einem bewaffneten Angriff ausgesetzt gewesen, der das kollektive Selbstverteidigungsrecht ausgelöst hätte, noch liegt die Feststellung des Sicherheitsrates vor, daß die Situation in Jugoslawien, insbesondere im Kosovo, eine Bedrohung oder einen Bruch des Friedens darstelle und daß militärische Maßnahmen erforderlich seien, den Weltfrieden und die internationale Sicherheit wiederherzustellen.[13] Man könnte sogar zweifeln, ob der Sicherheitsrat zu einem derartigen Beschluß überhaupt befugt gewesen wäre, denn er ist, wie erwähnt, nicht zur Wahrung oder Herstellung einer gerechten und guten internationalen *Ordnung* berufen, sondern ausschließlich zur Aufrechterhaltung oder Wiederherstellung des Weltfriedens und der internationalen *Sicherheit*, d. h. zur Wahrung des Friedens *zwischen* den Staaten, nicht *innerhalb* von Staaten.[14] Darauf ist noch zurückzukommen. Schließlich enthält auch die Resolution 1203 des UN-Sicherheitsrates vom 24. Oktober 1998, die sich äußerst besorgt über die ernste humanitäre Lage im Kosovo äußert und bekräftigt, »daß dem Sicherheitsrat nach der Charta der Vereinten Nationen die Hauptverantwortung für die Wahrung des Weltfriedens und der internationalen Sicherheit obliegt«,[15] keine Ermächtigung zur Anwendung militärischer Gewalt; sie fällt daher als mögliche Rechtsgrundlage der NATO-Aktionen ebenfalls aus.

Wollte man es bei dieser engen Interpretation des Art. 39 dere UN-Charta bewenden lassen, so müßte man allerdings

13 Gem. Art. 27 Abs. 3 UN-Charta bedürfen derartige Beschlüsse der Zustimmung sämtlicher ständiger Mitglieder, und diese wurde wohl für so unwahrscheinlich gehalten, daß der Versuch von den dem Sicherheitsrat angehörenden NATO-Staaten gar nicht erst unternommen wurde.

14 Vgl. Nigel S. Rodley, *Collective Intervention to protect human rights and civilian populations: the legal framework*, in ders. (ed.), *To Loose the Bands of Wickedness. International Intervention in Defence of Human Rights*, London 1992, S. 14-42, 34ff.; Dietrich Murswiek, *Souveränität und humanitäre Intervention. Zu einigen neueren Tendenzen im Völkerrecht*, in: *Der Staat*, Bd. 35 (1996), S. 31ff., 40ff.

15 Abgedr. in *Blätter f. dt. u. int. Politik*, H. 12/1998, S. 1518ff.

auch bereit sein zu akzeptieren, daß die Welt tatenlos zusehen müßte, wenn eine Regierung Gruppen ihrer eigenen Bevölkerung physisch vernichtet, vertreibt, ihr Eigentum zerstört und auf andere Weise terrorisiert, weil all dies keinen Bruch des Friedens und der internationalen Sicherheit, sondern eine innere Angelegenheit des betreffenden Staates darstelle. Tatsächlich hat das völkerrechtliche Verbot der Intervention in die inneren Angelegenheiten eines anderen Staates eine ehrwürdige Tradition; obwohl der völkerrechtlichen Doktrin des 19. Jahrhunderts die Idee der humanitären Intervention nicht fremd war,[16] hatte doch jedenfalls in der Praxis der Staaten das Prinzip des Interventionsverbots eindeutig Vorrang. Sehr verbreitet war die von John Stuart Mill vertretene Auffassung, daß das Selbstbestimmungsrecht eines Volkes erfordere, daß es sich selbst seine Freiheit erkämpfe und nicht von außen auferlegt oder geschenkt bekomme.[17] Das auch heute in der UN-Charta anerkannte Prinzip der souveränen Gleichheit aller Staaten wurde ein unverzichtbares Element der internationalen Ordnung und ihrer Stabilität.[18] Diese Prämisse bestimmt auch das gegenwärtige Völkerrecht. Nach wie vor sind die Staaten und ihre gleiche Souveränität die Stützpfeiler der internationalen Ordnung. Das hat seinen guten Sinn. Souveränität – die Eigenschaft eines Staates, keiner Macht untergeordnet zu sein – schafft die Voraussetzung dafür, daß die Staaten ihre Beziehungen im Medium des für alle verbindlichen Rechts und da-

16 Sean D. Murphy, *Humanitarian Intervention. The United Nations in an Evolving Order,* Philadelphia 1996, S. 42ff.; Mattias Falk, *The Legality of Humanitarian Intervention,* Stockholm 1996, S. 23ff.

17 John Stuart Mill, *A Few Words on Non-Intervention*, in: ders., *Dissertations and Discussions,* New York 1873, Vol. III, S. 238ff.

18 Freilich war es ein Paradox, daß diese Lehre gleichzeitig das Interventionsverbot und das *ius ad bellum* lehrte, vgl. hierzu Ian Brownlie, *Thoughts on Kind-hearted Gunmen*, in: Richard B. Lillich (ed.), *Humanitarian Intervention and the United Nations,* Charlottesville 1973, S. 139-148, 141.

mit auf der Grundlage der wechselseitigen Anerkennung als Gleiche ordnen[19] und dabei genötigt werden, Institutionen herauszubilden, die Berechenbarkeit und ein Mindestmaß an universaler Zivilität garantieren. Solange eine Weltrepublik nicht besteht – über deren Möglichkeit und Wünschbarkeit ließe sich durchaus noch trefflich streiten –, ist die Integrität unabhängiger Staaten und damit das völkerrechtliche Interventionsverbot eine notwendige Bedingung für eine internationale Rechtsordnung.[20] Ihre Verletzung in bezug auf Staaten, die in ihrem Innern schweres Unrecht begehen, ist immer auch eine Erschütterung der gesamten internationalen Rechtsordnung.

Dies sind respektable Gründe gegen jegliche Durchbrechung des völkerrechtlichen Interventionsverbotes. Doch die Wirklichkeit des 20. Jahrhunderts hat uns gelehrt, daß die Souveränität und Integrität von Staaten zuweilen Verbrechern als Schutzschild dienen, hinter dem sie die schamlosesten Untaten begehen, denen die Weltöffentlichkeit in hilflosem Entsetzen zusehen muß. Wo die staatliche Gewalt noch nicht einmal im Ansatz ihre primäre Funktion des Schutzes der elementaren Rechte der Bevölkerung erfüllt, sondern selbst zur Quelle für Entwürdigung, Gewalt, Unterdrückung, Mord und Vertreibung wird, dort entfällt die ungeschriebene Voraussetzung der internationalen Achtung der Unabhängigkeit und Integrität des Staates; diese Voraussetzung liegt in der Erfüllung des zivilisatorischen Auftrages des Staates: Schutz der in ihm lebenden Menschen und die Wahrung eines minimalen Rechtszustandes.[21]

Folgerichtig sind völkerrechtliche Doktrin und Praxis nicht bei dem überkommenen strikten Interventionsverbot stehengeblieben. Zum einen zeigt die zunehmende Interna-

19 Vgl. Verdross/Simma, a. a. O., § 35.

20 Vgl. auch Fernando R. Tesón, *Humanitarian Intervention: An Inquiry into Law and Morality*, 2nd ed. New York 1997, S. 23ff.

21 In diesem Sinne auch Tesón, a. a. O., S. 15ff., 117ff.

tionalisierung der Menschenrechte an, daß deren Geltung nicht länger eine innere Angelegenheit der Staaten ist, die andere Staaten und die internationale Staatengemeinschaft nichts anzugehen haben. Bereits die am 10. Dezember 1948 von der Generalversammlung der Vereinten Nationen verkündete Allgemeine Erklärung der Menschenrechte, wiewohl kein rechtlich verbindliches Dokument, bringt zum Ausdruck, daß bestimmte individuelle und kollektive Rechte zum Menschheitserbe gehören. Dieser Gedanke wird mit nunmehr rechtlicher Verbindlichkeit in Art. 55 lit. c bestätigt, wonach die Vereinten Nationen sich zur allgemeinen Achtung und Verwirklichung der Menschenrechte verpflichten. Eine bedeutende Anzahl international vereinbarter Menschenrechtspakte – angefangen von der Konvention über Verhütung und Bestrafung von Völkermord (1948), über die Pakte über bürgerliche und politische sowie über soziale und kulturelle Rechte (1966) bis hin zum Übereinkommen gegen Folter und andere grausame, unmenschliche oder erniedrigende Behandlung oder Strafe (1984) – geben Individuen das Recht, sich gegenüber der Regierung ihres eigenen Staates auf Rechtsprinzipien der internationalen Gemeinschaft berufen und unter bestimmten Voraussetzungen sogar deren Schutz anrufen können. Infolgedessen ist heute anerkannt, daß Staaten, die einen anderen Staat ermahnen, die Menschenrechte einzuhalten, nicht gegen das völkerrechtliche Interventionsverbot verstoßen.[22] Bereits 1970 hatte der (für die Wahrung der internationalen Menschenrechte zuständige) Wirtschafts- und Sozialrat in der Resolution 1503 v. 27. Mai 1970 ein spezielles Untersuchungsverfahren eingerichtet, falls in einem Staat »a consistent pattern of gross and reliably attested violations of human rights and fundamental freedoms« zu beobachten sei.[23] In jüngerer Zeit hat der Generalsekretär in seinem

22 Alfred Verdross/Bruno Simma, a. a. O., § 494 m. w. N.
23 ESCOR 48th Sess., Suppl. No 1 A, S. 8.

Bericht an die Generalversammlung mit beachtlicher Deutlichkeit festgestellt,

»that the principle of non-interference with the essential domestic jurisdiction of states cannot be regarded as a protective barrier behind which human rights could be massively or systematically violated with impunity. The fact, that in diverse situations, the United Nations has not been able to prevent atrocities cannot be cited as an argument, legal or moral, against the necessary corrective action, especially where peace is threatened... The case for not impinging on the sovereignity, territorial integrity and political independence of states is by itself indubitably strong. But it would only be weakened if it were to carry the implication that sovereignity, even in this day and age, includes the right of mass slaughter or of launching systematic campaigns of decimation of forced exodus of civilian populations in the name of controlling civil strife or insurrection.«[24]

Diese Argumentation soll nicht einen neuen Rechtsgrund für die Legalisierung von militärischer Gewalt schaffen, der zu Art. 51 und 39, 42 UN-Charta hinzutritt; vielmehr gibt er den Tatbestandsmerkmalen des »Friedens« und der »internationalen Sicherheit« eine erweiterte Bedeutung: Die systematische Verletzung der Menschenrechte einer Bevölkerung durch ihre eigene Regierung ist eine Angelegenheit, die die gesamte Staatengemeinschaft betrifft und deren friedliches Zusammenleben, nicht nur den inneren Frieden dieses Staates, stört. Damit wird auch deutlich, daß die aus diesem Argument ableitbare Rechtfertigung einer militärischen Intervention zum Schutze von Menschenrechten sich nur auf Aktionen im Rahmen des UN-Systems, also auf kollektive im Gegensatz zu unilateralen humanitären Interventionen, beziehen.[25]

24 Report of the Secretary-General on the Work of the Organization, UN Doc. GAOR, 46th Session, Supplement No 1 (A/46/1), New York 1991, Abschn. VI, S. 5.

25 Zu dieser Unterscheidung Peter Malanczuk, *Humanitarian Intervention and the Legitimacy of the Use of Force*, Amsterdam 1993, S. 12ff., 26ff.

Die Einebnung der Grenzen zwischen den innen Angelegenheiten eines Staates und der internationalen Sphäre der Staatengemeinschaft bietet sich natürlich in jenen Fällen an, in denen jegliche staatliche Ordnung zusammengebrochen ist und damit eine durch das Völkerrecht zu schützende staatliche Binnensphäre nicht mehr existiert. Sie ist unausweichlich auch dort, wo die innere Situation eines Staates eine Bedrohung des internationalen Friedens oder der internationalen Sicherheit auslösen kann, wie im Falle massenhafter Flucht in angrenzende Staaten.[26] Die erste Variante lag im Jahre 1992 in Somalia vor, und folgerichtig stützte sich – erstmals in der Geschichte des Völkerrechts – die Somalia-Resolution des UN-Sicherheitsrats vom 3. 12. 1992 auf ausschließlich innerstaatliche Umstände,[27] die ohne nähere Begründung als eine Gefährdung des Friedens oder der internationalen Sicherheit qualifiziert wurden.[28] Eine solche Erweiterung dieser beiden Kernbegriffe des Art. 39 UN-Charta bietet sich aber auch in den Fällen an, in denen ein Staat Handlungen gegen seine Bevölkerung begeht, die »das moralische Gewissen der Menschheit erschüttern«.[29] Zu Recht stellt der Generalsekretär in seinem Bericht fest, daß der Sinn des völkerrechtlichen Prinzips des Respekts der Souveränität und Unabhängigkeit der Staaten pervertiert würde, wenn es die Menschheit dazu verurteilen sollte, tatenlos der systematischen und grausamen Vernichtung oder Vertreibung von Teilen der Bevölkerung eines Staates durch ihre eigene Regierung zuzusehen.

Freilich: Wollte man in derartigen Fällen den Vereinten Nationen das Recht zur militärischen Intervention einräu-

26 Vgl. Jost Delbrück, *A Fresh Look at Humanitarian Intervention Under the Authority of the United Nations*, in: *Indiana Law Journal*, Vol. 67 (1992), S. 887ff., 898ff.

27 UN Doc. S/RES/794, 3 December 1992.

28 Zur Singularität der Somalia-Situation und der auf sie bezogenen Resolution des Sicherheitsrates vgl. Malanczuk, a. a. O., S. 24f.

29 Michael Walzer, *Just and Unjust Wars*, New York 1977, S. 107.

men, so müßten sie die ursprünglich nicht vorgesehene Rolle als innerstaatliche Ordnungsmacht übernehmen, für die sie nicht gerüstet sind.[30] Dies wäre ein großer Schritt in die Richtung des von vielen erstrebten Zustandes einer globalen Republik.[31] Doch man muß kein Anhänger einer kosmopolitischen Republik sein, um die Möglichkeit einer humanitären Intervention im Rahmen der UNO anzuerkennen. Das nach dem Zweiten Weltkrieg errichtete UN-System hat gleichermaßen die militärische Gewalt als Mittel der internationalen Politik verbannt wie auch eine gewisse Garantiefunktion für die Wahrung der Menschenrechte in den Staaten übernommen; beide Prinzipien bilden zentrale Säulen der internationalen Sicherheit. In dem Maße, in dem die UN zum institutionellen Hort der Wahrung gewisser internationaler Kollektivgüter, insbesondere auch der Menschenrechte, wird und folgerichtig die Aufweichung des traditionellen staatlichen Souveränitätspanzers betreibt, muß sich ihr Legalitätssystem in den Dienst der Wahrung und Verteidigung dieser Güter stellen. Gleich, ob sich die internationale Ordnung zum vertraglich koordinierten Völkerbund oder zur rechtlich verfaßten Weltrepublik entwickelt, in jedem Falle gebietet die innere Logik der Monopolisierung legitimer Gewalt bei den UN ihre Verantwortung für den internationalen Rechtsgüterschutz. Lehnt sie diese Verantwortung ab, so würde man einzelne Staaten oder Staatengruppen geradezu einladen, auf eigene Faust dort einzuschreiten, wo das moralische Gewissen der Menschheit eine Intervention verlangt. Das Prinzip der Monopolisierung des Urteils über die Legalität des Mittels der militärischen Gewalt bei den UN gebie-

30 Kritisch Murswiek, a. a. O., S. 42.

31 In diesem Sinne Jürgen Habermas, *Bestialität und Humanität. Ein Krieg an der Grenze zwischen Recht und Moral*, in diesem Band S. 51 ff.; vgl. auch Oliver Ramsbotham/Tom Woodhouse, *Humanitarian Intervention in Contemporary Conflict. A Reconceptualization*, Cambridge 1996, S. 61 ff.

tet es daher, die kollektive humanitäre Intervention im Rahmen der Art. 39, 42 UN-Charta zuzulassen.

Die Völkerrechtslehre ist in dieser Fraage gespalten.[32] Das ist nicht erstaunlich, denn man kann die beiden das UN-System tragenden Prinzipien – das Gewaltverbot des Art. 2 Nr. 4 UN-Charta und die Verpflichtung auf die Wahrung der Menschenrechte (Art. 55, 56) – nicht nur, wie hier, als komplementäre Elemente, sondern auch als Gegensätze interpretieren, deren eines die humanitäre Intervention verbietet, das andere sie aber gebietet. Man kommt dann nicht umhin, eine Vorrangregel zu entwickeln, und eine systematische ebenso wie eine historische Interpretation der einschlägigen völkerrechtlichen Normen legen dann einen Vorrang des Gewaltverbots nahe.

III.

Doch soll das hier auf sich beruhen, denn im Kosovo handelt es sich nicht um eine UN-Aktion, sondern um die einseitige militärische Intervention eines Staatenbündnisses. Deren völkerrechtliche Zulässigkeit wird in der Völkerrechtswissenschaft ganz überwiegend verneint.[33] Danach gebührt dem

32 Vgl. die Literaturübersicht bei Ramsbotham/Woodhouse, a. a. O., S. 61; vgl. auch N. Rodley, a. a. O., S. 14ff.; Anthony C. Arend/Robert J. Beck, *International Law and the Use of Force*, London 1993, S. 112ff., 131.

33 Vgl. Ulrich Beyerlin, *Art. ›Humanitarian Intervention‹*, in: Rudolf Bernhardt u. a. (Hg.), *Encyclopedia of Public International Law*, Bd. 3, Amsterdam/New York/Oxford 1982, S. 211ff.; Verdross/Simma, a. a. O., §§ 473, 1208; Albrecht Randelzhofer in: Bruno Simma (ed.), *The Charter of the United Nations. Commentary*, München 1994, Art. 2 Nr. 4 Rdnrn. 51ff.; Malanczuk, a. a. O., S. 27, jeweils mit weiteren Nachweisen; Murphy, a. a. O., S. 358ff., 382ff.; Stanley Hoffmann, *Sovereignity and the Ethics of Intervention*, in: ders., *The Ethics of Humanitarian Intervention*, Notre Dame/Indiana 1996, S. 12-37, 20ff.; aus der Rechtsprechung des Internationalen Gerichtshofs vgl. den Korfu-Kanal-Fall v. 9. April 1949, ICJ Reports 1949 S. 4ff., sowie den Nicaragua-Fall ICJ Reports 1986, S. 14ff., die zu Recht von den Gegnern der Zulässigkeit einer uni-

UN-Gewaltverbot eindeutig Vorrang gegenüber dem Ziel des Schutzes der Menschenrechte. Es ist allerdings die Frage, ob nicht in Fällen dringender Notwendigkeit einzelne Staaten zur humanitären Intervention befugt sind, wenn die UN ihrerseits zum Handeln nicht fähig oder bereit sind. Man könnte argumentieren, daß auch die Organe der UN, insbesondere also der Sicherheitsrat, an die Satzung und an die dort kodifizierten Ziele gebunden seien und daß es nicht in ihrem Ermessen liege, ob die sich um die Wahrung der international garantierten Menschenrechte bemühen oder nicht. Doch spricht gegen diese Auffassung, daß es keine rechtliche Pflicht der einzelnen Mitglieder des Sicherheitsrates gibt, einem Resolutionsentwurf zuzustimmen und damit einen gem. Art. 39 erforderlichen Beschluß für Aktionen nach Art. 42 herbeizuführen.

Ein anderes Argument könnte lauten, daß trotz offensichtlicher Notwendigkeit eines auch militärischen Einschreitens im Kosovo der UN-Sicherheitsrat außerstande war, die erforderlichen Beschlüsse zu fassen, so daß die NATO gleichsam treuhänderisch für die handlungsunfähige UN habe eingreifen müssen. Dagegen spricht jedoch, daß damit der im Einstimmigkeitsprinzip des Art. 27 Abs. 3 liegende Zwang zur Einigung der ständigen Mitglieder des Sicherheitsrates gelockert und das mit Mühe errichtete Gewaltverbot auf weltpolitische Schönwetterperioden beschränkt und letztlich unterminiert würde. Denn nur die strikte Einhaltung der in der UN-Satzung vorgesehenen Ausnahmen und der dafür vorgesehenen Verfahren macht letztlich die kategorische Geltung dieses Prinzips möglich. Das ist auch die völkerrechtlich herrschende Lehre. Bereits im Jahre 1949 hat der Internationale Gerichtshof im Korfu-Kanal-Fall festgestellt, daß Mängel der internationalen Orga-

lateralen humanitären Intervention in Anspruch genommen werden, vgl. auch Falk, a. a. O., S. 41 ff., 49 ff.

nisation nicht die Anwendung von Gewalt in den Beziehungen der Staaten rechtfertigen könnten;[34] ob dies heute angesichts der gestiegenen Bedeutung des internationalen Menschenrechtsschutzes noch ebenso kategorisch behauptet werden könnte, mag zweifelhaft sein. Doch wäre es im Falle des Kosovo zumindest geboten gewesen, an die Stelle einer Art impliziter Selbstermächtigung der NATO auf die in den letzten Jahren ein wenig in Vergessenheit geratene Resolution der Generalversammlung der UN »Uniting for Peace« vom 3. November 1950 zurückzugreifen, nach der im Falle eines Versagens des Sicherheitsrates bei der Erfüllung seiner Verantwortung für die Wahrung des Friedens die Generalversammlung berechtigt sei, die erforderlichen Empfehlungen zu beschließen, einschließlich der Ermächtigung zur Anwendung von militärischer Gewalt.[35] Zumindest hätte man hier, in einem Forum breitester Weltöffentlichkeit, diejenigen Mitglieder des Sicherheitsrates, die sich einem Beschluß zum wirksamen Schutz der Kosovaren in Jugoslawien entzogen hätten, zur Rechtfertigung ihres Verhaltens nötigen und am Ende vielleicht doch noch einen Sicherheitsratsbeschluß erwirken können. Bekanntlich geschah nichts dergleichen, ja, man hat im Gegenteil sogar den Eindruck, daß die UN ganz bewußt aus den Bemühungen zur Lösung der Kosovo-Krise herausgehalten werden sollten.

Betrachtet man die Integrität der UN und ihrer Verfahren als ein hohes internationales Kollektivgut, so hätten von seiten der NATO alle Möglichkeiten einer Konfliktlösung im Rahmen der UN versucht werden müssen, bevor die mit dem *Wortlaut* der UN-Charta zweifellos nicht vereinbaren

34 ICJ Reports 1949, S. 4ff.

35 Abgedr. bei Friedrich Berber (Hg.), *Völkerrecht. Dokumentensammlung*, Bd. 1., München 1967, S. 63ff.; vgl. dazu T. Stein/R. C. Morissey, *Art. ›Uniting for Peace Resolution‹*, in: R. Bernhardt u. a. (Hg.), *Encyclopedia of Public International Law*, Bd. 5, Amsterdam/New York/Oxford 1983, S. 379ff.

militärischen Aktionen unternommen wurden. Nur wenn auch diese gescheitert wären, hätte man unter Berufung auf den *Geist der UN-Charta* und auf das ihr nicht fremde Prinzip eines übergesetzlichen Notstandes die Militäraktion rechtfertigen können.

Doch ist hier eine weitere Bedingung zu nennen. Selbst wenn man entgegen den Argumenten, die überwiegend gegen die völkerrechtliche Zulässigkeit der unilateralen humanitären Intervention streiten, im Falle des Kosovo eine Ausnahme konzediert – etwa weil ein Beschluß auch der Generalversammlung nicht in angemessener Zeit herbeiführbar erschien –, so wird man im Einklang mit der völkerrechtlichen Literatur doch verlangen müssen, daß die unilaterale humanitäre Intervention den Maßstäben der Notwendigkeit und der Verhältnismäßigkeit zu genügen hat.[36] Das Prinzip der Notwendigkeit verlangt, daß die gewaltsame Intervention das einzig verbliebene Mittel zur Abwehr einer unmittelbaren und schweren Menschenrechtsverletzung darstellt, weil alle anderen Mittel des Menschenrechtsschutzes erschöpft sind.[37] Ihm liegt die Überlegung zugrunde, daß Eingriffe in eine fremde Rechtssphäre die strenge Prüfung der Erforderlichkeit bestehen müssen, um als rechtmäßig anerkannt werden zu können. Das Prinzip der Verhältnismäßigkeit gebietet, daß die Schwere der Menschenrechtsverletzungen in einem angemessenen Verhältnis zu den Schäden an Leib, Leben, Eigentum, Ressourcen und Infrastruktur eines Landes, und nicht zuletzt auch zu der Erschütterung der rechtlichen Ordnung der Staatengemeinschaft stehen muß, die ein Eingriff in die Souveränität eines Staates immer auch auslöst (zumindest nach den Ordnungsprämissen des UN-Systems auslösen sollte).[38] In der Literatur werden noch weitere Kriterien erörtert, so z. B.

36 Vgl. Rodley, a. a. O., S. 36ff.
37 Vgl. Malanczuk, a. a. O., S. 27f.; M. Falk S. 47ff.; Murphy, a. a. O., S. 383f.
38 Rodley, a. a. O., S. 37.

das Erfordernis, daß die Intervention mit einer möglichst geringen Einwirkung auf die innere Ordnung des durch die Intervention angegriffenen Staates verbunden sein müsse, oder das Postulat, daß der intervenierende Staat mit der Intervention keine eigenen Interessen verfolgen dürfe.[39]

Nicht alle diese Kriterien sind unstreitig – so z. B. das Erfordernis der Desinteressiertheit der intervenierenden Staaten –, doch besteht über die Geltung der Prinzipien der Notwendigkeit und der Verhältnismäßigkeit Einigkeit. Ihre Anwendung auf den konkreten Fall der Kosovo-Intervention erfordert eine sorgfältige Untersuchung der Umstände, die in vollem Umfange wohl nur in einem gerichtlichen Verfahren möglich sein dürfte. Doch gibt es mancherlei Zweifel. So stellt sich die Frage, ob das Erfordernis der Notwendigkeit nicht verlangt, daß der Schutz der bedrohten Kosovo-Bevölkerung auf direktem Wege, d. h. durch unmittelbare Einwirkung auf die Rechtsverletzer, hätte erfolgen müssen. Bekanntlich wurden neben militärischen Zielen im gesamten Staatsgebiet Jugoslawiens auch Straßen, Brücken, Industrieanlagen, Raffinerien, Fernsehantennen, Parteigebäude und andere Einrichtungen angegriffen und zerstört; etwa 1500 Zivilpersonen wurden getötet, eine erheblich größere Zahl verletzt. An sich ist die militärische Schwächung des Rechtsverletzers ein zulässiges Mittel der Intervention, doch erscheint es nicht nur vom moralischen,[40] sondern auch vom rechtlichen Standpunkt her fraglich, ob der humanitäre Schutz durch Eingriffe in die Rechtssphäre am militärischen Konflikt Unbeteiligter – der jugoslawischen Zivilbevölkerung – statt durch direkte Einwirkung auf den Rechtsverletzer geleistet werden darf. Es spricht einiges dafür, daß diese indirekte Methode der militärischen Intervention ihren Grund darin hat, durch Zwangseinwirkung auf die politische

39 Vgl. die Nachweise im einzelnen bei Falk, a. a. O., S. 48 FN 194; Murphy, a. a. O., S. 383 FN 54, 55.
40 Hierzu Merkel, a. a. O.

Führung Jugoslawiens diese dazu zu nötigen, doch noch die Bedingungen von Rambouillet zu akzeptieren und *dadurch* die kosovarische Bevölkerung zu schützen. Sollte dies so sein, so liefe diese Art der Intervention auf die durch die UN-Charta gerade geächtete Methode hinaus, militärischen Zwang als Mittel der Durchsetzung eines politischen Zieles einzusetzen. Gerade weil sich die unilaterale humanitäre Intervention, wenn überhaupt, nur rechtfertigen läßt, weil sie das einzige verbliebene Mittel der Verhinderung einer systematischen, umfassenden und tiefgreifenden Menschenrechtsverletzung darstellt, muß die dabei angewendete militärische Gewalt der direkten Abwehr dieses Unrechts dienen und darf nicht Umwege nehmen, die der Erzwingung einer politischen Lösung dienen, und dies um so weniger, als damit Dritte in die Gewalthandlungen einbezogen werden.

Noch in anderer Hinsicht bestehen Zweifel, ob das Prinzip der Notwendigkeit gewahrt wurde. Einige Wochen nach den am 24. März begonnenen Bombardements auf Ziele in der Bundesrepublik Jugoslawien tauchte erstmals der Gedanke an ein umfassendes Ölembargo und seine wirkungsvolle Erzwingung auf, eine Maßnahme, die möglicherweise mit geringeren Zerstörungen den erstrebten Effekt eines Menschenrechtsschutzes für die Kosovaren herbeigeführt hätte. Offenbar hatte man mit dem schärferen Mittel der militärischen Zerstörung begonnen, ohne die Tauglichkeit eines milderen Mittels erprobt zu haben. Auch ist nicht deutlich, ob die Bombardements nicht zumindest auch, vielleicht sogar in erster Linie, auf die Entmachtung des serbischen Präsidenten Milošević zielten, wiederum ein nicht unmittelbar auf die Rettung der bedrohten Kosovaren gerichtetes Ziel.[41]

41 Nach Meldungen der *International Herald Tribune* v. 21. April 1999 wurden bestimmte Produktionsanlagen (z. B. eine Tabakfabrik) deshalb bombardiert, weil sie engen Freunden Miloševićs gehörten und man deren Loyalität zu ihm zerstören wollte, indem man ihnen demonstrierte, daß er sie nicht länger schützen könne.

Unter diesem Aspekt bedürften auch die Zielsetzungen der Verhandlungen in Rambouillet selbst einer genaueren Betrachtung.

Dagegen ist das Erfordernis der Verhältnismäßigkeit unproblematisch. Sollte die Intervention notwendig gewesen sein, so könnte man angesichts des Umfangs, der Intensität und der Grausamkeit der an den Kosovaren verübten Menschenrechtsverletzungen keine Zweifel haben, daß die durchaus nicht unbedeutenden Opfer an menschlichen Leben und materiellen Schäden, die der Bundesrepublik Jugoslawien durch die NATO-Bombardements zugefügt worden sind, keineswegs außer Verhältnis zu dem Grund für diese Aktionen standen.

IV.

Bisher war von den Versuchen die Rede, durch völkerrechtliche Regeln das klassische Recht der souveränen Staaten zum Kriege, das *ius ad bellum*, zu domestizieren und durch die grundsätzliche Zuständigkeit der UNO für die Anwendung militärischer Gewalt zu ersetzen. Daneben gibt es das womöglich noch bedeutsamere Kriegsrecht, das das *ius in bello* zum Gegenstand hat und darauf gerichtet ist, durch eine Unterwerfung der Kriegführung unter das Recht eine Milderung der damit verbundenen menschlichen Leiden zu bewirken. Die Regeln des *ius in bello* sind humanitäres Völkerrecht und gelten für alle Beteiligten eines bewaffneten Konfliktes »ohne Rücksicht darauf, welche Partei bei objektiver Betrachtungsweise der Aggressor ist«.[42] Eine zentrale Rechtsquelle des humanitären Völkerrechts ist das Zusatzprotokoll zum Genfer Abkommen über den Schutz der Opfer internationaler bewaffneter Konflikte vom 8.6.1977, das

42 Kimminich, *Art. ›Krieg‹*, a. a. O., Sp. 712.

u. a. das Verbot des Angriffs ziviler Objekte sowie des sog. unterschiedslosen Angriffs enthält (Art. 52 u. 51 Abs. 4 u. 5). Unterschiedslose Angriffe sind u. a. Angriffe, bei denen damit zu rechnen ist, daß sie auch Verluste an Menschenleben unter der Zivilbevölkerung, die Verwundung von Zivilpersonen, die Beschädigung ziviler Objekte oder mehrere derartige Folgen zusammen verursachen, die in keinem Verhältnis zum erwarteten konkreten und unmittelbaren militärischen Vorteil stehen (Art. 51 Abs. 5 Buchst. b). Glaubt man Presseberichten z. B. über die Bombardierung des Parteigebäudes der Sozialistischen Partei Jugoslawiens, des Belgrader Fernsehsenders oder der versehentlichen Zerstörung bzw. Beschädigung der chinesischen und der Schweizer Botschaft, so gewinnt man den Eindruck, daß bei der Auswahl der bombardierten Objekte die gebotene Unterscheidung zwischen zivilen und militärischen Zielen nicht immer vorgenommen und daß auch das Verbot des unterschiedslosen Angriffs häufiger mißachtet wurde. Auch hier drängt sich der Eindruck auf, daß das bei der NATO vorherrschende gute Gewissen über die moralische Unanfechtbarkeit des Zieles der Intervention die Akteure daran gehindert hat, sich gleichermaßen der moralischen und rechtlichen Unanfechtbarkeit der dabei angewandten Mittel zu vergewissern.

V.

Alles in allem also: Die Kosovo-Intervention der NATO ist kein Markstein in der Entwicklung des Völkerrechts zu dem Ziel, die Gewalt in den internationalen Beziehungen zu verfassen und damit zu domestizieren. Angesichts der schlechten Erfahrungen, die die Welt mit der Wirksamkeit des UN-Systems im Bosnien-Konflikt gemacht hatte, mag es ja verständlich gewesen sein, daß die NATO die von diesem System bereitgestellten Instrumente der rechtlichen Hegung internationaler Konflikte ausschlug. (Daß dies politisch unklug war, hat sich spätestens daran gezeigt, daß man die Krise letztlich nur mit der UNO lösen konnte.) Doch eine so schwerwiegende Entscheidung läßt sich nur hinnehmen, wenn dabei wenigstens die bereits bestehenden Ansätze einer alternativen völkerrechtlichen Rechtfertigung gepflegt und fortentwickelt werden. Das Institut der unilateralen humanitären Intervention könnte eine derartige Rechtsgrundlage sein. Angesichts des berechtigten Mißtrauens, das die Völkerrechtswissenschaft gegenüber dieser Rechtfertigung von militärischer Gewalt stets gehabt hat, wäre es aber besonders dringend gewesen, ihre strikten Voraussetzungen einzuhalten, insbesondere äußerst skrupulös die Regeln des humanitären Völkerrechts zu beachten. Die hier aufscheinende Wiederkehr der Idee des gerechten Krieges verlangt mehr als nur die subjektive Gewißheit, für eine moralisch gerechte Sache zu kämpfen. Die Gefahr der Selbst- und der Fremdtäuschung ist bekanntlich in Bündnissen, die die Moral mit der Gewalt eingeht, besonders groß. Die Rechtfertigung der humanitären Intervention durch die *justa causa* der universellen Menschenrechte erfordert, daß ein universal bestehender Rechtszustand gestört ist und durch die militärische Aktion wiederhergestellt werden soll. Der heute bestehende, universal geltende Rechtszustand ist aber allein die durch die Charta der UN kodifizierte Legalität. Die NATO-Aktionen in Jugoslawien stellen den Versuch dar, unter Berufung auf die *Legitimität* einer universalen Moral die *Legalität* der bestehenden völkerrechtlichen Ordnung zu relativieren; sie wird dadurch zumindest vorübergehend außer Kraft gesetzt. Daß die humanitäre Intervention die Katastrophe nicht abwenden konnte, sie möglicherweise sogar noch verschärft hat, ist natürlich kein Argument gegen ihre Zulässigkeit, schon gar nicht gegen die Achtungswürdigkeit des dahinterstehenden moralischen Impulses. Aber das Scheitern ist doch vielleicht ein Indiz dafür, daß in der modernen Welt die meist eindeutige und hochherzige Moral sich mit der Nüchternheit und Vieldeutigkeit der Legalität verbinden und deren kritischen Maßstäben unterwerfen sollte, um ihre Prinzipien in den viel weniger eindeutigen Verhältnissen der Wirklichkeit zur Geltung zu bringen. Auch in den internationalen Beziehungen gilt, daß die gesetzlose Moral in der Regel mehr Unheil stiftet als das – vermeintlich – morallose Gesetz. Daher besteht die Moral der internationalen Beziehungen in ihrer Legalität. Der gerechte Krieg ist der legale Krieg.

Georg Meggle
Ist dieser Krieg gut? Ein ethischer Kommentar*

Für Georg Henrik von Wright &
Sarah Rebecca Meggle

Was dem derzeitigen Krieg der NATO gegen Jugoslawien hierzulande bis heute weitestgehende Zustimmung sicherte, ist dessen, wie es hieß, humanitäre Zielsetzung. Ziel unserer humanitären Intervention sei die Verhinderung eines Völkermords – oder, wie es auch heißt: eines zweiten Auschwitz. Wer gegen Auschwitz ist, muß diesen Krieg billigen. Das ist das stärkste moralische Geschütz, das auf unserer Seite im Rahmen der moralischen Kriegführung aufgefahren wurde. Das stärkste Geschütz, was Wirksamkeit angeht. Es zeigte quer durch alle Parteiungen, ehemalige Pazifisten inklusive, Wirkung. Aber ist dieses Argument zutreffend? Ist dieser Krieg gut? Ist dieser Krieg wirklich *moralisch* gut?

Ich glaube, daß sich diese Frage, was die Problemlage selbst angeht, relativ einfach beantworten läßt; einfacher jedenfalls als viele andere moralische Fragen. Trotzdem fällt den meisten von uns ein wirklich begründetes Urteil über die ethische Rechtmäßigkeit des Kriegs der NATO gegen Jugoslawien sehr schwer – sofern man sich um ein solches Urteil

* Dieser Kommentar geht auf Vorträge zurück, die ich Anfang Mai 1999 in Leipzig, Münster und Frankfurt/M. gehalten habe. Den Vortragsstil habe ich, wie schon der erste Satz zeigt, beibehalten; »heute« – das war Anfang Mai 1999. Für Hilfe danke ich außer Georg Henrik von Wright und meiner Tochter auch: Jovan Babic, Kurt Bayertz, Susanne Bookammer, Lutz Eckensberger, Günther Grewendorf, Franz von Kutschera, Wolfgang Lenzen, Weyma Lübbe, Matthias Lutz-Bachmann, Thomas Metzinger, Richard Raatzsch, Veronika Reiss, Sabine Rieckhoff, Peter Rohs, Mark Siebel, Harald Wohlrapp und meiner rechten Hand in diesen Tagen: Christian Plunze.

überhaupt bemüht. Ich möchte niemandem das eigene Nachdenken abnehmen; aber vielleicht kann mein Kommentar bei einigen ein Nachdenken doch etwas erleichtern. Ich lade Sie daher ein, mit mir zusammen Schritt für Schritt zu überlegen, von welchen grundsätzlicheren moralischen Entscheidungen und von welchen faktischen Annahmen unsere moralische Bewertung der NATO-Intervention abhängig ist. Selbst wenn Sie in Ihrem Urteil dann immer noch schwanken sollten: Wenn Sie ab heute zumindest wissen, woran das liegt, so hätte ich mein Ziel erreicht.

1. Notwehr & Nothilfe

1.1 Nehmen wir den üblichen Einstieg, den, der über Notwehr und Nothilfe führt. Wenn mir jemand ans Leben will, dann darf ich mich, wenn ich seinen Angriff auf mein Leben nicht anders abwehren kann, auch dadurch zur Wehr setzen, daß, ehe er mich tötet, ich ihn töte. Ich darf, aber ich muß nicht. Vielleicht ist mir mein Leben nicht so viel wert, daß ich, um es zu retten, selbst zum Töten bereit bin. Notwehr ist ein Recht, keine Pflicht.

Bei Nothilfe hingegen geht es nicht um mein Leben, sondern um das von mindestens einem andern. Ein Killer will einem wehrlosen Kind ans Leben. Darf ich, um das Leben des Kindes zu retten, meinerseits dem Killer, falls es denn sein muß, ans Leben? Aber sicher! Und hier ist das vielleicht sogar meine Pflicht. Ich darf auf mein Leben verzichten; aber vielleicht nicht darauf, das des Kindes zu retten. Auf Notwehr und Nothilfe haben wir ein Recht, zur Nothilfe können wir darüber hinaus vielleicht sogar verpflichtet sein. (Ob und in welchem Maße diese Verpflichtung greift, hängt außer vom Maße der Bedrohung auch davon ab, welchen Einsatz man von mir in Ansehung meines eigenen Lebensrechts als billig verlangen kann. Und wie weit mein Einsatz gehen wird, hängt sicher davon ab, wie viel mir das Leben des Bedrohten selbst wert ist.)

1.2 Dieser Einstieg durch Rekurs auf die Fälle von Notwehr und Nothilfe wird fast immer gewählt, wenn es um die moralische Rechtfertigung von Tötungslizenzen oder gar Tötungsverpflichtungen geht. Auch in anderen Fällen. Auch dann, wenn es um Krieg geht. Man rechtfertigt so nicht nur die Rekrutierungen; genau so läuft auch die Rechtfertigung des Kriegführens selbst. Denn, so die allgemeine Annahme: auch Staaten sind Individuen. Und jedes Individuum, egal ob einzelner Mensch oder staatlich organisiertes Menschenkollektiv, darf seine Existenz verteidigen – auch wenn dies vielleicht das Ende des angreifenden Individuums bedeutet. Verteidigungskriege sind nichts anderes als Fälle von Staats-Notwehr; und Beistandskriege – egal ob innerhalb oder außerhalb von Verteidigungsbündnissen – sind nichts anderes als zwischenstaatliche Nothilfefälle. Und eben damit sind sie, so das Hauptargument, auch moralisch gerechtfertigt. Diese Kriege bezeichnet man daher, was das Recht zum Kriegseintritt (das *jus ad bellum*) angeht, auch als in dieser Hinsicht »gerechte Kriege«. So weit, so gut. Vielleicht.

1.3 Aber jetzt gibt es ein Problem. Staaten bestehen selber aus Individuen bzw. eben aus Gruppen von Individuen. Hauptzweck des Staates sei zwar, so heißt es, der Schutz seiner Bürger. Aber nicht jeder Staat dient diesem Zweck auch tatsächlich. Was ist, wenn sich der Staatsapparat selber gegen seine eigenen Bürger, meist natürlich gegen einzelne Gruppen derselben, wendet? Besitzen dann auch diese, wenn es ihnen an die wichtigsten Dinge (Existenz und Lebensbedingungen) geht, ein entsprechendes Recht auf Notwehr? Selbstverständlich. Das ist das berühmte Widerstandsrecht. Es ist ein moralisches Recht, welches die derart bedrohte Gruppe gegenüber dem eigenen Staat auch dann hat, wenn dieser in seinen Gesetzen kein solches Recht vorsieht, ja selbst dann, wenn der betreffende Staat ein solches Recht in seinen Gesetzen strikt negiert. Also haben Dritte auch in diesem Fall, falls die bedrohte Gruppe zur Selbsthilfe nicht in der Lage ist, das Recht zur Nothilfe.

1.4 Gruppen – z. B. Parteien, Volks-, Religions- oder sonstige Gruppen – werden aber nicht nur von Staaten, sondern auch von anderen Gruppen bedroht. Gegen solche Bedrohungen ist zunächst der jeweilige Staat mit seinem Hauptzweck, mit seiner Beschützerrolle, gefragt. Mit der ist es aber oft nicht so weit her; zudem kommen mitunter Repression, Vertreibung oder Vernichtung der einen Gruppe durch mindestens eine andere Gruppe den Herrschenden gerade recht bzw. werden von diesen nicht nur gedeckt, vielmehr forciert, mitunter auch initiiert. Auch hier gilt: Insoweit der Staat versagt, dürfen hier Dritte bei nicht hinreichender Notwehrmöglichkeit von seiten der Bedrohten selber Hilfe substituieren.

1.5 Frage an Sie: Ging bei Ihnen die Notwehr- und Nothilfe-Legitimierung in den beiden letzten Fällen genauso glatt durch wie vorher? Dann haben Sie bereits eine kritische Grenze überschritten: nämlich die des betreffenden Staates. Wer dem Prinzip zustimmt, daß wir einer bedrohten Gruppe oder Population auch in den beiden letzten Fällen zu Hilfe kommen dürfen, für den ist offensichtlich die Hilfeleistung als solche wichtiger – wichtiger als die Frage, woher die Hilfe kommt, und so auch wichtiger als die Frage, ob diese Hilfe von diesseits oder jenseits der jeweiligen Staatsgrenze kommt.

Und so sollte es auch sein. Hätte etwa, wenn Hitler keine Eroberungskriege geführt und die KZ's ausschließlich auf deutschem Boden gestanden hätten, der Rest der Welt angesichts einer derart lokal begrenzten Vernichtungspolitik tatenlos zusehen sollen? Nun, vielleicht hätte die Welt das getan. Aber nie und nimmer hätte sie das tun dürfen. Das ist der Punkt, an dem Pazifismus zum Verbrechen wird. Insofern ist die Auffassung zutreffend, daß das »Nie wieder Auschwitz!« stärker wiegen kann als das »Nie wieder Krieg«.

Eine der derzeit am häufigsten verwendeten moralischen Prämissen ist also richtig: Wenn man ein zweites Auschwitz verhindern kann, dann muß man es auch verhindern – egal, wo es liegt. Das läßt sich leicht generalisieren: Menschenrechtsverletzungen sind keine Ländersache. Gegenüber der Verletzung von Menschenrechten ist das Verletzen von Grenzen eher das geringere Übel, bei Verletzungen von der Dimension von Auschwitz überhaupt keines. Staatssouveränität ist nicht das höchste Gut.

Und wenn man erwidern würde, daß Menschen als solche das Recht haben, sich staatlich zu organisieren – wenn man also entgegnen würde, die Staatsfrage sei selbst eine Menschenrechtsfrage –, dann muß man daran erinnern, daß es schwerer und leichter wiegende Menschenrechte gibt. Das Recht, diesseits oder jenseits des bayerischen Schlagbaumes zu leben, wiegt leichter als das Recht, überhaupt zu leben.

2. Humanitäre Interventionen – Der Begriff

2.1 Nun zur Sache. Genau so lassen sich auch Interventionen durch Drittstaaten rechtfertigen, und zwar nicht nur Hilfsgütersendungen und Waffenlieferungen, sondern auch militärische im engeren Sinne also solche, bei denen die verschiedenen Waffengattungen ihre diversen Mittel auch zum Einsatz bringen. Rechtfertigen lassen sich so zumindest die sogenannten Humanitären Interventionen (HI), falls man darunter genau die versteht, die zu der obigen Rechtfertigungsstrategie am ehesten passen. Die folgende Definition paßt am besten:

Eine Intervention von seiten eines Staates bzw. einer Staatengruppe X in einem anderen Staat Y zu Gunsten von Z (bestimmten Individuen oder Gruppen) ist eine *Humanitäre Intervention* genau dann, wenn X die Intervention mit der Absicht unternimmt, schwerwiegende und von Y verursachte, unterstützte bzw. jedenfalls nicht verhinderte gegenwärtige Menschenrechtsverletzungen gegenüber Z (bestimmten Individuen bzw. Gruppen) auf dem Gebiet von Y zu verhindern, zu beenden oder zumindest zu verringern.

Ob man zu den Bedingungen auch noch hinzunehmen sollte, daß die Angehörigen der bedrohten Gruppe Z Bürger von Y (zumindest bisher Bürger von Y) sind, ist eine offene Frage. Will man auch eine Rettungsintervention, bei denen der Staat X durch einen Militäreinsatz seine *eigenen* Bürger aus einem Krisengebiet in Y herauszuholen versucht, eine Humanitäre Intervention nennen? Wir lassen das offen. Mir geht es ohnehin nur um den aktuellen Fall, in dem die, zu deren Rettung die Intervention gestartet wird, Bürger eines *anderen* Staates sind. Das Länderzeichen Y paßt also.

2.2 Humanitäre Interventionen sind nach dieser Definition auf einen Zweck gerichtete Aktionen; sie haben ein Ziel: das Handlungssubjekt X beabsichtigt mit seiner Intervention in Y, die von den dortigen schwerwiegenden Menschenrechtsverletzungen bedrohte Gruppe Z (vor diesen Verletzungen) zu schützen. Es ist diese *humanitäre Absicht,* welche die Intervention zu einer Humanitären macht. Genauer gesagt: machen soll. Denn daß die Intervention das avisierte Ziel auch tatsächlich erreicht, das soll nach der gegebenen Definition der Intervenierende X, das sogenannte Interventions-Subjekt, zwar glauben und hoffen; aber ob sich diese Hoffnung auch tatsächlich erfüllt, das hängt von mehr oder ganz anderem ab als nur von der Stärke seines Glaubens. Auch wenn das Interventions-Subjekt selbst natürlich auf den Erfolg seiner Intervention setzen wird, weiß alle Welt: Nicht jedes zielgerichtete Handeln führt zum Erfolg. Das ist bei Interventionen nicht anders.

Wir tun daher gut daran, zwischen Interventionen im Sinne von *Versuchen* einerseits und *erfolgreichen Interventionen* andererseits zu unterscheiden. Erfolgreich ist eine Intervention genau dann, wenn sie ihr Ziel in der intendierten Weise, d. h. eben vermittels der Intervention, auch tatsächlich erreicht. Wenn nicht anders vermerkt, sind unter »Interventionen« im folgenden stets nur Interventions-Versuche zu verstehen. Versucht wird dabei natürlich nicht die Aktion, die Intervention selbst; versucht wird, mittels Intervention das avisierte Ziel zu bewirken. Humanitäre Interventionen sind spezielle Rettungsversuche; Versuche, die im Falle des Gelingens für die Bedrohten die Rettung bedeuten.

2.3 Des weiteren ist eine subjektive und eine objektive Lesart der obigen Definition Humanitärer Interventionen zu unterscheiden. Nach der *subjektiven Lesart* liegt eine Humanitäre Intervention nur dann vor, wenn (α) das Interventions-Subjekt X *glaubt*, *daß* Z *bedroht* ist und daß dieser Bedrohung per Intervention zu begegnen ist.

Humanitäre Interventionen in diesem Sinne bräuchten nicht Reaktionen auf tatsächliche Bedrohungen sein; es würde schon reichen, wenn sie Reaktionen auf bloß vermeintliche Angriffe wären. Somit könnten auch solche Interventionen unter Umständen als Humanitäre gelten, bei denen vor der Intervention in Wirklichkeit keinem auch nur ein Haar gekrümmt worden ist. Eine Intervention ist dieser Lesart zufolge eine Humanitäre genau dann, wenn das Interventions-Subjekt sie selbst als eine solche versteht.

2.4 Zum anderen werden viele die obige Definition aber – und das entspricht der *objektiven Lesart* – bereits so verstanden haben, daß eine Humanitäre Intervention nur dann vorliegt, wenn (β) Z *tatsächlich bedroht* ist und X glaubt, dem per Intervention begegnen zu können – X in diesem Falle also nicht nur *glaubt*, daß Z bedroht ist, das vielmehr auch *weiß*. Die objektive Komponente der tatsächlichen Bedrohung kommt bei dieser Lesart also zu der Humanitären Absicht hinzu. X vollzieht die Intervention dann nicht allein mit der Absicht, einer (vielleicht ja nur von ihm unterstellten) Notlage der Bedrohten entgegenzutreten; die Notlage ist tatsächlich gegeben – und X verfolgt mit seiner Intervention das Ziel, den Bedrohten Nothilfe zu leisten.

Der Humanitär Intervenierende selbst glaubt natürlich,

daß die von ihm unterstellte Bedrohung eine tatsächliche ist. Aus der Sicht des Interventions-Subjekt ist eine Humanitäre Intervention stets eine objektive. Ob diese Sicht richtig ist oder nicht, ist freilich eine ganz andere Sache.

2.5 Humanitäre Interventionen müssen, damit sie solche sind, mit den entsprechenden Humanitären (Nothilfe-)Absichten verbunden sein; nach der subjektiven Lesart sind die Humanitären Interventionen schon allein aufgrund ihrer Absichten solche. Das ist bei Notwehr- und Nothilfehandlungen anders. Zumindest im Strafrecht. Dort sind diese Handlungen nämlich ausschließlich durch Rekurs auf objektive Merkmale einer durch einen gegenwärtigen rechtswidrigen Angriff begründeten Notwehrlage definiert. Notwehr ist, so § 32 (2) STGB, die Verteidigung, die erforderlich ist, um einen solchen Angriff von sich oder einem anderen abzuwenden. Und wer eine solche Tat begeht, handelt nach Absatz (1) desselben Paragraphen nicht rechtswidrig. Von Absichten ist hier erst gar nicht die Rede. Die kommen allenfalls bei vermeintlichen Notwehrhandlungen ins Spiel, Handlungen also, bei denen jemand fälschlicherweise eine Notwehrlage unterstellt.

2.6 Man kann diesen Unterschied zwischen Notwehr- bzw. Nothilfehandlungen einerseits und Humanitären Interventionen als deren (vielleicht ja nur vermeintlichen) Spezialfall andererseits nicht stark genug hervorheben. Was eine Handlung zu einer Notwehrhandlung macht, wird ausschließlich durch objektive Situationsmerkmale definiert; die Sicht des Handlungs-Subjekts, die Absicht, die es hat, spielt dafür, ob das, was es tut, Notwehr ist oder nicht, keine Rolle. Kurz: Notwehr ist etwas Objektives. Humanitäre Interventionen dagegen sind (zumindest auch) etwas Subjektives. Eine Intervention ist eine Humanitäre, insofern sie (bei gegebener Notlage der Gruppe Z) mit der passenden Humanitären Absicht verbunden ist.

Nach dieser Klärung des Begriffs einer Humanitären Intervention nun zur Frage ihrer moralischen Rechtfertigung.

3. Humanitäre Interventionen – ihre Rechtfertigung

3.1 Humanitäre Interventionen müssen, um per Nothilfe-Analogie moralisch gerechtfertigt werden zu können, ihrem Selbstverständnis als Nothilfe-Fälle auch tatsächlich entsprechen: Es muß also tatsächlich bei der Gruppe, zu deren Schutz die Intervention unternommen werden soll, eine Notstands-Lage vorliegen, d. h. also, der Dimension der Hilfsaktion entsprechend: die bedrohte Gruppe muß schwerwiegenden Menschenrechtsverletzungen ausgesetzt bzw. von solchen unmittelbar bedroht sein. Diese Bedingung ist bei Humanitären Interventionen nicht trivialerweise erfüllt; nur bei solchen im objektiven Sinne.

Des weiteren muß die Intervention aber auch das letzte verfügbare Mittel sein, mit dem sich die Gefahren für Z abwenden oder zumindest mindern lassen. Eine Intervention kommt also allenfalls dann moralisch in Frage, wenn sich diese Gefahren nicht auch ohne eine Intervention abwenden lassen. Fassen wir diese beiden Gesichtspunkte wie folgt zusammen:

Eine HI ist nur dann moralisch erlaubt, wenn
(i*) schwerwiegende Menschenrechtsverletzungen anders nicht verhinderbar sind.

Nicht jeder Verstoß gegen die Menschenrechte gibt also schon einen zulässigen Interventionsanlaß ab. Andernfalls dürfte man z. B. auch gegen die USA einen Humanitären Interventions-Krieg führen. Denn die dort praktizierte Todesstrafe stellt, jedenfalls nach Amnesty International, eine klare Menschenrechtsverletzung dar. Das wirft die recht schwierige Frage auf: Wie schwer müssen denn Menschenrechtsverletzungen sein, damit sie eine Intervention rechtfertigen?

Ich schlage vor: Tun wir *pro argumento* vorläufig mal das, was man sonst nicht tun sollte: Entscheiden wir den Streit darüber, wo Menschenrechtsverletzungen die Grenze überschreiten, ab der Interventionen angezeigt sind, einfach per Festsetzung, indem wir z. B. sagen: Es müssen massive Verbrechen gegen die Menschlichkeit vorliegen, und zwar in etwa von der Größenordnung, von der wir glauben gemacht wurden, daß sie die NATO in der Kosovo-Krise zum Eingreifen bewogen haben: also all die Massaker, planmäßigen Vergewaltigungen, massenhaften Vertreibungen usw., die von den USA und anderen Staaten als Interventionsgrund angeführt worden sind. Nennen wir die Dimension dieser Verbrechensberichte im folgenden kurz *die Kosovo-Dimension (KD)*. Dann liest sich unsere erste Forderung so:

Eine HI ist nur dann moralisch erlaubt, wenn
(i) massive Verbrechen gegen die Menschlichkeit (≥ KD) anders nicht verhinderbar sind.

Diese grobe Festlegung erläßt mir zum einen die Qual einer genaueren Quantifizierung; und sie erspart mir die gewiß noch sehr viel größere Qual der Verifikation. (Sobald wir zu Urteilen über den konkreten Fall kommen, werden sich diese Qualen freilich nicht mehr vermeiden lassen.) Zwar ist die Kosovo-Dimension zum Glück von dem, wofür Auschwitz steht, wohl um einiges entfernt; aber, und genau darauf läuft meine Festlegung hinaus: die Kosovo-Dimension soll schlimm genug sein, um sie als Grund für eine Humanitäre Intervention in Betracht ziehen zu dürfen. Mit anderen Worten: Die Kosovo-Dimension soll ein echter Grund für eine Humanitäre Intervention sein.

3.2 Daß ein Mittel notwendig ist, um ein Ziel zu erreichen, bedeutet noch nicht, daß der Einsatz des Mittels auch sinnvoll ist. Nicht jedes notwendige Mittel ist auch ein *dienliches Mittel*. Eins der trivialsten Beispiele: Wenn Sie in einem Teich Fische fangen wollen, müssen sie die Angel auswerfen, Reusen auslegen oder dergleichen. Aber kein einziges dieser alternativ notwendigen Mittel nutzt Ihnen etwas, wenn in dem Teich gar keine Fische sind. Oder nehmen Sie das naheliegendere Beispiel: Damit Sie sich in Ihrer eiskalten Bude wohl fühlen, müssen Sie im Kamin Feuer machen; aber das zu tun dürfte Ihrer Bequemlichkeit wenig dienlich sein, wenn Ihre Bude voller Sprengstoff ist, der beim ersten Funken in die Luft fliegt. Daß ein Mittel notwendig wäre, reicht nicht; es muß der Zielerreichung auch tatsächlich förderlich sein. Diese Forderung sollte auch für Humanitäre Interventionen bzw. für deren moralische Zulässigkeit gelten:

Eine HI ist nur dann moralisch erlaubt, wenn
(ii) die Art der Intervention (a) dem Interventions-Ziel dienlich ist.

Mit dieser Forderung treten wir in die Betrachtung derjenigen Bedingungen ein, die man in den Theorien des gerechten Krieges unter der Rubrik der Gerechtigkeit *im* Krieg (des *ius in bello*) behandelt. Bei der ersten Bedingung ging es darum, was notwendig ist, damit auch nur die Eröffnung einer Intervention moralisch o. k. ist; ab jetzt geht es um die moralischen Beschränkungen für die Intervention als Mittel zum Zweck.

3.3 Auch diese Beschränkungen fallen nicht einfach vom Himmel. Sie ergeben sich wiederum weitestgehend bereits aus den entsprechenden moralischen Beschränkungen für Notwehr- und Nothilfehandlungen im allgemeinen. Auch in einer Notwehrlage darf der Angegriffene bzw. der diesem zu Hilfe Kommende nicht einfach deshalb, weil es sich um eine solche Lage handelt, alles tun. Man spricht hier davon, daß die Handlung auch *erforderlich* sein muß; und meint damit außer der (von uns schon erfaßten) Dienlichkeit, daß das eingesetzte *Gegenmittel das relativ mildeste* sein muß. Um zu unserem Beispiel mit dem von einem Killer bedrohten wehrlosen Kind zurückzukommen: Natürlich darf ich den Killer, wenn's denn sein muß, unschädlich machen; aber z. B. nicht, indem ich ihm die Kehle durchschneide, *wenn* ich trainiert genug bin, um ihn auch durch ein paar Karateschläge hinreichend lange (etwa bis die Polizei kommt) ins Koma versetzen zu können – und ich durch diesen Verzicht auf das Messer mein eigenes Leben nicht sehr viel stärker gefährde, als wenn ich mich auf mein Messer verlasse.

Da im Fall militärischer Interventionen von »dem mildesten Gegenmittel« zu sprechen zynisch klingen könnte, will ich die neue Bedingung (b) so formulieren:

Eine HI ist nur dann moralisch erlaubt, wenn
(ii) die Art der Intervention (b) das Interventions-Ziel mit der geringstmöglichen Schädigung des Interventions-Verursachers erreichen läßt.

Diese Übersetzung orientiert sich strikt an der vorangegangen Überlegung, bei der ja auch nur davon die Rede ist, daß der, gegen den sich die Nothilfe richtet, nicht mehr geschädigt werden darf als nötig. Entsprechend zielt auch die neue Bedingung (b) nur auf diejenige Schädigung ab, die demjenigen zugefügt wird, der den Interventionsgrund geliefert hat – kurz: dem Gegner, gegen den (genauer: gegen dessen massive Verbrechen gegen die Menschlichkeit) sich die Intervention wendet, dem sogenannten Interventions-Verursacher.

3.4 Die den Interventions-Verursacher betreffenden Schädigungen sind nicht die einzigen Schädigungen, die bei bei der moralischen Bewertung von Interventionen zählen. Und wohl auch nicht die wichtigsten. Von denen, die dem Nothilfe Leistenden selber drohen, war eben schon nebenbei die Rede. Lassen wir sie vorläufig weiter beiseite. Wer bei normaler Notwehr bzw. Nothilfe nicht geschädigt werden darf, das sagt das auf solche Fälle begrenzte Strafrecht recht klar: Die Notwehr bzw. -hilfe darf sich nur gegen den *Angreifer* richten, nicht gegen die *Rechtsgüter Dritter.* Der gezielte Todesschuß gegen den Geiselnehmer mag, wenn das denn wirklich die letzte Rettungsmöglichkeit ist, strafrechtlich o. k. sein; er ist es nicht mehr, sobald durch diesen Schuß auch nur eine unschuldige Person gefährdet ist.

Dieses Verbot ist im Rahmen des Strafrechts völlig in Ordnung. Bei einer moralischen Überlegung, und bei einer solchen sind wir ja, wird man dieses Verbot aber nicht unter allen Umständen durchhalten können. Und jetzt müßte man in eben solche Abwägungen eintreten, wie sie in jedem Proseminar pro oder contra Utilitarismus durchgespielt werden. Angenommen, so eine der gängigsten Übungen, ein Geiselnehmer hat zwanzig Geiseln in seiner Gewalt; und angenommen, wir wären uns alle absolut dessen sicher, daß er sich, nachdem seine Forderungen nicht erfüllt worden sind, in den nächsten Sekunden mit allen Geiseln zusammen in die Luft sprengen wird. Sollte da der GSG-9-Scharfschütze, der den Gangster bereits im Visier hat, wirklich nicht auch dann abdrücken dürfen, wenn er *nicht* mit völliger Sicherheit ausschließen kann, daß durch seinen Schuß ein soeben plötzlich aufgetauchter und seine Visierlinie kreuzender unbeteiligter Passant in die Gefahr kommt, getroffen zu werden? Und wenn Sie jetzt zögern, täten Sie das auch noch bei 50 Geiseln? Auch bei 200? Auch bei 1000? Solche Reflexionsspiele sind schrecklich. Aber der Witz von Ethik ist nicht der, daß sie Spaß macht.

Die Kosovo-Dimension übersteigt alle Bankräuber-Szenarien um einige Dimensionen. Wer angesichts dieser Dimension eine Humanitäre Intervention, wie ich sie definiert hatte, als prima facie in Betracht kommend akzeptiert, der hat die Entscheidung bereits getroffen. Er überschreitet aus moralischen Gründen den Bereich des (in den verwandten Kontexten) strafrechtlich Zulässigen. Wir kommen hier also in ein Gebiet, in dem, was strafrechtlich verboten ist, moralisch erlaubt ist. Militärische Interventionen ohne Gefährdung sogenannter Unschuldiger gibt es nicht. Militärische Interventionen auch mit noch so Humanitären Absichten sind da keine Ausnahme. Man kann nicht Humanitäre Interventionen billigen – und die Gefährdung Dritter ausschließen.

Was freilich nicht heißt, daß diese Gefährdung fürderhin

keinerlei Rolle mehr spielen soll. Im Gegenteil: Sobald bei einer Aktion eine Gefährdung Dritter nicht ausgeschlossen werden kann, ist alles zu tun, damit diese Gefährdung so gering wie nur möglich bleibt. Das bedeutet insbesondere:

Eine HI ist nur dann moralisch erlaubt, wenn
(ii) die Art der Intervention (c) die Gefährdung Dritter möglichst gering hält.

3.5 Wer auch immer die Dritten sein mögen, von denen soeben die Rede war; zu ihnen gehören auf jeden Fall nicht die Interventions-Verursacher, gegen welche (im Sinne einer Verhinderung bzw. Beendigung von deren Verbrechen) sich die Intervention schließlich richtet; und auch nicht das Interventions-Subjekt selbst. Von den Interventions-Verursachern handelte die Forderung (b); das Interventions-Subjekt ließen die bisherigen Forderungen noch außen vor. Diese Lücke füllt die Bedingung (d):

Eine HI ist nur dann moralisch erlaubt, wenn
(ii) die Art der Intervention (d) die Schädigung bzw. Gefährdung der Intervenierenden selber möglichst gering hält.

Diese Forderung verbietet z. B., um nur den Extremfall zu nennen, daß ein intervenierender Staat zum Zwecke des Interventionserfolgs seine eigenen Leute einfach verheizt. Diese Gefahr besteht im akuten Fall freilich nicht, jedenfalls derzeit. Aber natürlich umfaßt auch hier der Schädigungs- bzw. Gefährdungsbegriff außer dem Verlust von Menschenleben noch einiges mehr.

3.6 Die unter (ii) aufgelisteten Forderungen (a) bis (d) erfassen den Kern dessen, was oft auch als die Forderung der *Verhältnismäßigkeit* bzw. der *Angemessenheit* bezeichnet wird. Auf die knifflige Frage, ob mit unseren bisherigen Forderungen schon alle Verhältnismäßigkeitsgesichtspunkte erfaßt sind – und wenn nicht, wie diese Restgesichtspunkte genau zu fassen wären –, auf diese Punkte kann ich hier nicht eingehen. Das ist kein großer Verlust. Für eine Beurteilung der NATO-Intervention reichen die bisherigen notwendigen Bedingungen bereits hin.

3.7 Zur Sicherheit will ich aber, ehe jemand, alle bisherigen notwendigen Bedingungen zusammenfassend, diese auch nur versuchsweise als hinreichend erachtet, doch noch für alle Fälle eine Absicherungsklausel einbauen – auch wenn sich diese vielleicht, wie man meinen sollte, von selbst versteht:

Eine HI ist nur dann moralisch erlaubt, insofern
(iii) sie nicht ihrerseits massive Verbrechen gegen die Menschlichkeit involviert.

Das heißt: Moralisch gerechtfertigt ist eine Humanitäre Intervention nur dann, wenn sie nicht selber genau das mit sich bringt, wogegen sie sich wendet – und woher Humanitäre Interventionen ihre ganze raison d'être beziehen. Humanitäre Interventionen, die im Vergleich zu den Verbrechen, die durch sie verhindert werden sollen, selber massive Verbrechen gegen die Menschlichkeit darstellen, können nicht moralisch erlaubt sein. Humanitäre Interventionen dürfen nicht ihrerseits den Grund für moralisch gerechtfertigte Humanitäre Gegen-Interventionen abgeben.

4. Humanitäre Interventionen und das Völkerrecht

4.1 *Eine* Forderung für die moralische Zulässigkeit von Humanitären Interventionen kommt unter unseren notwendigen Bedingungen bisher nicht vor. Nämlich gerade die, über deren Notwendigkeit in der ganzen bisherigen Debatte über den derzeitigen Krieg am meisten gestritten wird:

Eine HI ist nur dann moralisch erlaubt, wenn
(? – iv –?) die Intervention (a) vom Völkerrecht und (b) insbesondere durch einen Beschluß des UN-Sicherheitsrates gedeckt ist.

4.2 Warum fehlt diese Forderung? Ganz einfach: weil die Welt noch nicht soweit ist, daß diese Forderung tatsächlich *jetzt* schon sinnvoll wäre. Das Völkerrecht ist noch nicht soweit; und das Beschlußprozedere des Sicherheitsrates ist in diesem Punkt ebenfalls noch nicht so, wie es sein sollte.

4.3 Das ist, wie wir nicht erst seit Kriegsbeginn hätten wissen können, eine extrem prekäre Lage. Es geht dabei auch um das Verhältnis zwischen Recht und Moral. Moralische Fragen hängen zwar mit rechtlichen Fragen sehr eng zusammen, müssen aber gerade, damit es aufgrund dieser Bindung zu keinen Verwechslungen kommt, möglichst scharf voneinander getrennt werden. Ist etwas rechtlich geboten, so in der Regel auch moralisch. In der Regel – aber nicht immer. (Sonst bräuchte man über die moralische Rechtfertigung von gesetzlichen Regelungen gar nicht zu diskutieren.) Es sind Einzelfälle denkbar, in denen es nicht nur moralisch erlaubt, sondern sogar moralisch geboten sein kann, gegen geltendes Recht zu verstoßen, in welchem Fall das rechtlich Gebotene dann also sogar das moralisch Verbotene wäre. Für solche Ausnahmen braucht es angesichts des nicht hoch genug einzuschätzenden moralischen Wertes allgemein verbindlicher Rechtsnormen freilich stets sehr starke Gründe – und diese dürften in der Wirklichkeit wohl nur in den allerseltensten Fällen tatsächlich gegeben sein.

Diese potentielle Differenz zwischen Recht und Moral gibt es bei allen Sparten des Rechts. Auch beim geltenden Völkerrecht. Es *sind* Fälle denkbar, in denen ein Verstoß gegen das (derzeit geltende) Völkerrecht nicht nur moralisch erlaubt, sondern sogar moralisch geboten sein könnte. Meine oben erwähnte fiktive Auschwitz-Variante wäre ein solcher Fall: Auschwitz und alle andern KZs nur auf deutschem Boden, keine deutschen Eroberungskriege; und wenn Sie jetzt noch annehmen, dieses Nazi-Deutschland säße mit Vetorecht im Sicherheitsrat – dann möchte ich den sehen, der angesichts dieser Situation dasselbe fordern würde, was derzeit viele blind zu unterschreiben bereit zu sein scheinen: Erfüllung des Völkerrechts – *whatever the consequences.* Die Konsequenz: Die Welt wäre, hielte sie sich ans jetzige Völkerrecht, zum Zuschauen gezwungen. Die Moral fordert genau das Gegenteil. Die Auschwitz-Dimension schreit nach einer Humanitären Intervention. Auch gegen geltendes Völkerrecht. Und ganz klar auch ohne Plazet des Sicherheitsrats. In der obigen Situation käme dieses Plazet durch Nazi-Deutschlands Veto ohnehin nie zustande. *Ende der Fiktion.*

Um die fragliche Völkerrechts-Forderung wirklich zu einer notwendigen Bedingung zu machen, ist das Völkerrecht also so zu ändern, daß es angesichts der fiktiven Auschwitz-Situation auch gegen das Veto eines Mitglieds des Sicherheitsrates die moralisch gebotene Humanitäre Intervention gegen Nazi-Deutschland nicht länger blockiert.

4.4 Damit ich mich auch ja klar ausdrücke, möchte ich hier ein paar Punkte nachtragen. Punkt 1: Die Kosovo-Dimension ist, wie schon bemerkt, mit der Auschwitz-Dimension nicht identisch. Punkt 2: Jugoslawien ist nicht Nazi-Deutschland. Unterpunkt 2.1: Auch Serbien nicht. Punkt 3: Jugoslawien sitzt nicht im Sicherheitsrat. Angesichts der Kosovo-Dimension nur an Auschwitz zu erinnern, reicht nicht hin, um für die echte Kosovo-Krise die gleiche Schlußfolgerung zu ziehen wie für die obige fiktive Auschwitz-Krise.

4.5 Ein anderer Aspekt ging in der Debatte um die völkerrechliche Absicherung unseres derzeitigen Krieges bisher ganz unter. Diese Debatte unterstellt einfach, daß, wenn außer der NATO auch noch die UNO hinter diesem Krieg stünde, alles in Butter wäre. Das ist derzeit juristisch richtig, moralisch potentiell falsch. Eine Intervention ist *nicht* schon allein dadurch moralisch in Butter, daß die UNO hinter ihr steht. Auch eine Humanitäre nicht. Dafür gibt es, wie wir gesehen haben, auch noch ein paar weitere notwendige Bedingungen. Und diese könnten selbst bei einem Plazet des Sicherheitsrates verletzt sein.

4.6 Nur so wenig-viel zu *dem* Hauptthema zumindest unserer bundesrepublikanischen Kriegsdiskussion. Die bisherige Diskussion ist ein glänzender Sieg unserer ruhmvollen Hermeneutik-Tradition. Deren Domäne sind die diversen Beziehungen zwischen Wortlaut vs. tieferem Sinn. Wie läßt sich hinter dem in der Tat gegen unseren Krieg ins Feld führbaren *Buchstaben* des Völkerrechts dessen *Geist* so ermitteln, daß sich der *Wesensgehalt* dieses Rechtes mit unserem Humanitären Sinnen und Trachten wieder zusammenfügt? Das ist die Frage, über die sich unsere Humanitären Dichter, Interventionsminister und andere Völkerrechtsexperten seit Kriegseintritt Tag für Tag streiten. Inzwischen hat die Nato über 20 000 Einsätze geflogen. Verschieben wir die apologetische Völkerrechtsexegese auf morgen. Die Frage für heute: Ist dieser Krieg moralisch gut?

5. Ist dieser Krieg gut? – Die relevanten Fragen

5.1 Ist dieser Krieg gut? Ist die derzeitige NATO-Intervention in Jugoslawien moralisch gerechtfertigt? Jetzt, da die zentralen Begriffe erklärt und die relevantesten moralischen Forderungen bekannt sind, fehlen zur Beantwortung dieser Frage »nur« noch die Fakten. Diese zerfallen, wie immer, in drei Klassen: in die klaren, in die weniger klaren und in die uns noch gar nicht bekannten. Man sollte sich bemühen, sich bevorzugt auf die ersten, die klaren, zu stützen. Aber leider ist gerade diese Klasse die kleinste. Das ist für die relevanten Fakten zu Kriegszeiten wohl immer so. Daher wird man zu solchen Zeiten mitunter auch auf die weniger klaren Fakten zurückgreifen müssen; das macht dann aber auch das resultierende moralische Urteil entsprechend weniger sicher.

5.2 Ist unsere Jugoslawien-Intervention moralisch erlaubt? Diese Frage läßt sich jetzt präziser so formulieren: Sind diejenigen Forderungen erfüllt, die für die moralische

Legitimierbarkeit einer solchen Intervention notwendigerweise erfüllt sein müssen? Um welche Forderungen es geht, wissen wir. Unterwerfen wir also die derzeitige NATO-Intervention – ich sage im folgenden dafür oft auch kurz: *die Intervention* – dem Test dieser Forderungen.

5.3 *Die Intervention* – das ist ein Deckname für vieles. Er kann stehen für den Entschluß, überhaupt militärisch zu intervenieren; die Eröffnung der Intervention; die Art und Weise der Intervention (z. B. Bombenkrieg statt Bodentruppen); dasselbe noch etwas genauer (z. B. Bomben nur aus großer Höhe, mit den entsprechenden größeren »Kollateral-Schäden« als in Kauf genommene Folge); die Art und Weise der Intervention am heutigen Tag. Das sind ganz unterschiedliche Dinge. Und so kann auch das moralische Urteil über diese verschiedenen Dinge verschieden sein. Es sollte jedenfalls stets klar sein, welches dieser und weiterer Dinge jeweils gemeint ist, wenn von *der Intervention* die Rede ist.

5.4 Die Fragen, denen wir uns jetzt stellen müssen, sind die folgenden:

– War bzw. ist die Intervention zur Beseitigung des Interventionsgrundes wirklich notwendig?

– Ist die Art der Intervention dem Interventionsziel überhaupt förderlich?

– Erfolgt die Intervention so, daß die Schädigung bzw. Gefährdung der Intervenierenden selber möglichst gering ist?

– Erfolgt die Intervention so, daß, gemessen an dem für das Erreichen des Interventionsziels Notwendigen, sie mit der geringsten erforderlichen Schädigung des Interventions-Verursachers einhergeht?

– Erfolgt die Intervention so, daß die Gefährdung Dritter möglichst gering ist?

– Sind mit der Intervention unsererseits massive Verbrechen gegen die Menschlichkeit verknüpft?

5.5 Die Beurteilung der Intervention ergibt sich erst bei einer Beantwortung dieses Fragenkataloges als Ganzem. Was in den drei zu beachtenden Schädigungsbereichen (Interventions-Subjekt, Interventions-Verursacher, Dritte) jeweils »möglichst geringe Schädigung« heißen soll, ist nur unter Berücksichtigung der Minimierung des Gesamtschadens näher bestimmbar; dabei wird man dann auch nicht darum herumkommen, die verschiedenen Schadensminimierungs-Forderungen ihrerseits moralisch zu gewichten. Hat aus moralischer Sicht die Minimierung des Dritt-Schadens nicht etwa Vorrang vor der Minimierung der Interventions-Verursacher-Schädigung? Und auch Vorrang vor der Minimierung des Interventions-Subjekt-Eigenschadens? Eine Intervention ist jedenfalls nicht schon in dem Maße auch moralisch eine bessere, als bei ihr die Intervenierenden selbst (auf Kosten Dritter) geringere Schäden erleiden.

5.6 Es geht um die moralische Bewertung einer konkreten Intervention. Also um die Bewertung einer *Aktion*, nicht um die eines *Akteurs*. Was für diese Interventions-Bewertung zählt, sind also primär deren *Folgen*, nicht die mit ihr verknüpften (tatsächlichen oder vermeintlichen) *Absichten*. Muß man wirklich daran erinnern, daß das zwei ganz verschiedene Dinge sind? Und daß die Geschichte genügend Beispiele kennt, wie gerade die besten Absichten die schlimmsten Folgen nach sich ziehen können? Wobei es auch das Umgekehrte geben mag: Sogar die schlimmsten Absichten bewirken mitunter Gutes. Auf Absichten achten wir primär, wenn wir den Akteur (den Menschen, die agierende Institution) beurteilen; auf die Folgen, wenn wir die Tat selbst bewerten.

Diese Unterscheidung hat eine deutliche Anwendung: Daß eine Intervention eine Humanitäre ist, lies: mit einer Humanitären Absicht verknüpft ist, macht für sich alleine die Intervention selbst noch lange nicht zu etwas Gutem. Der Grund dafür steht oben: Die Bedingungen für die moralische Rechtfertigbarkeit einer Humanitären Intervention sind nicht schon qua Vorliegen einer Humanitären Absicht erfüllt.

Diese Trennung zwischen Intentions- vs. Folgenbewertung nimmt den Spekulationen über die wahren Absichten der Intervenierenden viel von ihrem angeblichen moralischen Witz. Was wirklich zählt, wenn sich jemand in einer Notstandslage befindet, ist, daß ihm tatsächlich geholfen wird, nicht, welche Motive hinter der Tat stehen, die die Hilfe bewirkt – oder auch nicht. Diese Absichten bzw. Motive spielen allenfalls dann eine Rolle, wenn es um Gründe für ein gleiches Verhalten in zukünftigen Fällen geht.

5.7 Bei moralischen Bewertungen tapst man oft in die sogenannte *fiktive da capo-Falle*. Sie haben die falsche Frau geheiratet, stecken tief im Schlamassel – und fragen sich, was jetzt für alle, die Kids inklusive, am besten wäre. Was Ihnen am allerwenigsten hülfe: ein »Ich hab's dir damals doch gleich gesagt.« So als könnten Sie jetzt einfach aus der derzeitigen Situation raus- und in die Zeit vor Ihrer Bindung zurückspringen und sich nach diesem Sprung noch mal (anders) entscheiden. Während die relevante Frage doch die ist, was *jetzt* zu tun ist.

Genausowenig relevant sind für die moralische Beurteilung der derzeitigen Intervention sämtliche wohlmeinenden Hinweise darauf, was die verschiedenen Seiten früher tun oder unterlassen *hätten* sollen, damit sich das Problem »Intervention – ja oder nein?« erst gar nicht gestellt *hätte*. Dieses Besserwissen im nachhinein sollte dazu genutzt werden, es in *zukünftigen* ähnlichen Situationen tatsächlich besser zu machen; es gibt aber für die moralische Beurteilung der *jetzigen* Lage, vor der man es eben *nicht* besser gemacht *hatte*, nichts her. Der Rekurs auf die Genese der derzeitigen Lage dient dem Verständnis derselben; er löst nicht die moralischen Probleme, die sich erst ergeben, wenn man in dieser Lage schon drinsteckt.

Hier endet der Teil meines Kommentars, für den ich, solange Sie mich nicht eines anderen belehren, sozusagen meine Hand ins philosophische Feuer lege. Im mündlichen Vortrag würde folgen, was Max Weber eine *persönliche Stellungnahme* genannt hätte. Mit dem obigen Instrumentarium sollte aber jeder Hörer/jede Hörerin jetzt selber in der Lage sein, sich diese selbst zu bilden.

Mein eigener Test der angeführten notwendigen Bedingungen für eine moralische Rechtfertigbarkeit von Humanitären Interventionen führt mich derzeit (20. Mai 99) zu folgendem Resultat:

Frage:	*Antwort:*
War bzw. ist die Intervention zur Beseitigung des Interventionsgrundes wirklich notwendig?	*Ein Intervenieren ja; aber nicht so.*
• Ist die Art der Intervention dem Interventionsziel überhaupt förderlich?	*Klares Nein.*
• Erfolgt die Intervention so, daß die Schädigung bzw. Gefährdung der Intervenierenden selber möglichst gering ist?	*In der Kategorie Menschenlenben: Ja.*
• Erfolgt die Intervention so, daß, gemessen an dem für das Erreichen des Interventionsziels Notwendigen, sie mit der geringsten erforderlichen Schädigung des Interventions-Verursachers einhergeht?	*Offensichtlich ja.*
• Erfolgt die Intervention so, daß die Gefährdung Dritter möglichst gering ist?	*Nein.*
• Schließt die Intervention unsererseits massive Verbrechen gegen die Menschlichkeit aus?	*Zunehmend nein.*
• Ist die derzeitige Art der Kriegführung gegen Jugoslawien moralisch gerechtfertigt?	*Nein. (Von Tag zu Tag weniger.)*

Knut Ipsen
Der Kosovo-Einsatz – Illegal? Gerechtfertigt? Entschuldbar?

Die Luftangriffe einiger NATO-Mitgliedstaaten auf die Bundesrepublik Jugoslawien wegen der »ethnischen Säuberung« des Kosovo haben der seit Inkrafttreten der UN-Charta nie gänzlich abgeschlossenen Diskussion über verbotene oder erlaubte Gewaltanwendung eine neue Kontroverse hinzugefügt. Die völkerrechtliche Position Jugoslawiens[1] und der Russischen Föderation[2] ist eindeutig: Die Luftangriffe der NATO-Mitgliedstaaten gegen die Bundesrepublik Jugoslawien verstoßen gegen das in Art. 2 Nr. 4 der UN-Charta niedergelegte Verbot der Erstanwendung von Waffengewalt, da weder ein Mandat des Sicherheitsrates zu entsprechenden Zwangsmaßnahmen noch die Ausübung eines kollektiven Verteidigungsrechts und schließlich auch keine ausnahmsweise Rechtfertigung aus humanitären oder moralischen Gründen vorliege. Die SR-Resolutionen 1199 und 1203 gäben trotz des Hinweises auf die eine Friedens- und Sicherheitsbedrohung darstellende ungelöste Situation keine Ermächtigung zu Zwangsmaßnahmen, wie der russische UN-Botschafter bei der Annahme der Resolution 1199 zudem ausdrücklich erklärt habe. Eine kollektive Verteidigungssituation i. S. des Art. 51 der UN-Charta liege nicht vor. Ebensowenig sei ein ausnahmsweise eingreifender Rechtfertigungsgrund der humanitären Intervention zur Verhinderung eines Völkermords anerkannt, zumal die Genozid-Konvention von 1948 die zulässigen Reaktionen im Falle eines Völkermords im einzelnen festlege. Damit sei das NATO-Verhalten völkerrechtswidrig. Träfe diese Rechts-

1 ICJ, *Compte Rendu* 99/14 v. 10. 5. 1999.
2 *OSCE Doc. SEC. DEL*/130/99 v. 22. 4. 1999.

auffassung zu, dann hätte die an den Lufteinsätzen beteiligte Bundesrepublik Deutschland zudem Art. 2 des Vertrags über die abschließende Regelung in bezug auf Deutschland (Zwei-plus-Vier-Vertrag) vom 12. 9. 1990 verletzt, wonach »das vereinte Deutschland keine seiner Waffen jemals einsetzen wird, es sei denn in Übereinstimmung mit seiner Verfassung und der Charta der Vereinten Nationen«. So würde die Bundesrepublik Deutschland in diesem Falle an einem Angriffskrieg i. S. des Art. 26 Abs. 1 des Grundgesetzes beteiligt sein, wobei schon dessen Vorbereitung gem. § 80 StGB als Verbrechen unter Strafe gestellt ist. Auf eben diese Rechtslage und ihre Massivfolgen hatten einige deutsche Staats- und Völkerrechtler in einer Erklärung vom 15. 10. 1998, also noch *vor* dem NATO-Einsatz, sehr deutlich hingewiesen.[3] Nachdem die NATO-Luftangriffe auf Serbien begonnen hatten, wurden die in der Tagespresse abgegebenen Stellungnahmen deutscher (und deutschsprachiger) Juristen zwar umfangreicher, dafür aber in ihrer Rechtsbeurteilung deutlich unbestimmter als die Stellungnahme vom Oktober 1998. Während sich manche Völkerrechtler auf eine vorsichtige Beschreibung der Rechtsprobleme beschränken und die (überwiegend völkerrechtsunkundigen) Zeitungsleser über Legalität oder Illegalität des Kosovo-Einsatzes letztlich im unklaren lassen,[4] treten andere für eine vorsichtige und im einzelnen konkretisierte Öffnung des »Regelungssystems über Gewaltanwendung« ein.[5] Teleologische Auslegung wird durch theologische Metapher ergänzt, soweit der NATO-Einsatz als »läßliche Sünde« gekennzeichnet wird, als eine entschuldbare Verletzung der UN-Charta.[6]

Zwar ist naheliegend und verständlich, daß sich die mei-

3 M. Bothe u. a., *Militärischer NATO-Einsatz im Kosovo ohne UN-Mandat?*, in: *Betrifft Justiz*, Nr. 56 – Dez. 1998, S. 350.

4 D. Blumenwitz in: *Die Welt* v. 7. 4. 1999; U. Fastenrath in: *FAZ* v. 22. 4. 1999.

5 So D. Thürer in: *NZZ* v. 3./4. 4. 1999.

6 B. Simma in: *SZ* v. 25. 3. 1999.

sten Stellungnahmen mit der jahrzehntealten Problematik der Legalität oder Illegalität humanitärer Interventionen befassen. Seitdem jedoch die Bundesrepublik Jugoslawien Klage vor dem Internationalen Gerichtshof in Den Haag erhoben hat, ist eine systematische Erörterung geboten. So ist denkbar, der jugoslawischen Position, was den Einsatzbeginn anbetrifft, im Wege eines Eventualvorbringens vier Positionen entgegenzustellen:

1. Ein völkerrechtlicher Vertrag – so auch die UN-Charta – ist nach einem allgemeinen und unbestrittenen Grundsatz des Völkerrechts nach Treu und Glauben in Übereinstimmung mit der gewöhnlichen, seinen Bestimmungen in ihrem Zusammenhang zukommenden Bedeutung und im Lichte seines Ziels und Zwecks auszulegen. Dieser allgemein geltende Auslegungsgrundsatz ist zudem in Art. 31 Abs. 1 des Wiener Übereinkommens über das Recht der Verträge kodifiziert worden. Wie jedes Rechtsverbot, so beschreibt auch das Verbot der Erstanwendung von Waffengewalt nach Art. 2 Nr. 4 der UN-Charta einen Schutzbereich, dessen Inhalt und Grenzen nach dem vorstehenden Auslegungsgrundsatz zu bestimmen sind. Der Schutzbereich des Gewaltverbots ist durch die Charta ausdrücklich dahin bestimmt, daß Gewaltanwendung gegen die politische Unabhängigkeit, die territoriale Unversehrtheit auch dann verboten ist, sofern sie mit den Zielen der Vereinten Nationen unvereinbar ist. Als Ziele der Vereinten Nationen in diesem Sinne sind indessen in Art. 1 der UN-Charta der Weltfrieden, die internationale Sicherheit und die Achtung der Menschenrechte gleichrangig nebeneinander genannt. Gewiß ist in der Praxis der Vereinten Nationen der Menschenrechtsschutz über Jahrzehnte gegenüber der Sicherheitsgewährleistung im Hintergrund verblieben. Gerade in jüngerer und jüngster Zeit hat sich mehr und mehr das Verständnis durchgesetzt, daß zumindest großformatige und schwerstwiegende Menschenrechtsverletzungen wie ethnische Säuberungen in Form von Massenvertreibungen und

Massentötungen zugleich eine Störung, zumindest jedoch eine Gefährdung des Friedens darstellen. Eine »ethnische Säuberung« ist also nicht nur eine Menschenrechtsverletzung, sie verletzt Frieden, Sicherheit und Menschenrechte. Oberstes Ziel und Zweck der UN-Charta ist die Friedenserhaltung. Damit ist rechtslogisch in der Zielbestimmung der Charta enthalten, daß großformatige und schwerste Menschenrechtsverletzungen, wie sie ethnische Säuberungen durch Massenvertreibungen und Massentötungen unzweifelhaft darstellen, unter keinem Aspekt unter dem Schutz der Charta stehen. Ist dies aber so, dann läßt sich nicht mit dem Souveränitätsschutz begründen, daß die Androhung oder Anwendung von Gewalt gegen die Durchführung von »ethnischen Säuberungen« mit den Zielen der Vereinten Nationen unvereinbar ist. Im Gegenteil, hier dient nach dem Proportionalitätsprinzip angedrohte und angewendete Gewalt geradezu der Verwirklichung der Ziele der Vereinten Nationen i. S. des Art. 1 der UN-Charta. So verstanden, fällt der Kosovo-Einsatz nicht in den Schutzbereich des Gewaltverbots der Charta, wobei er allerdings strikt begrenzenden Bedingungen unterliegt.[7] Wohlverstanden: Damit liegt nicht jede »humanitäre Intervention« außerhalb des Schutzbereichs des Gewaltverbots. Die »ethnische Säuberung« durch Massenvertreibungen und Massentötungen steht nach dieser lege artis durchgeführten Interpretation indessen nicht unter dem völkerrechtlichen Schutz staatlicher Souveränität.

Wer diese von den Entwicklungen dieses Jahrzehnts bestimmte Auslegung des Gewaltverbots nicht übernimmt, also eine Verletzung des Art. 2 Nr. 4 der UN-Charta durch die NATO-Mitgliedstaaten annimmt, der muß sich mit dem Problem auseinandersetzen, ob diese Charta-Verletzung nicht nach den Grundsätzen der völkerrechtlichen Verantwortlichkeit ausnahmsweise gerechtfertigt ist.

7 Hierzu durchaus zutreffend D. Thürer in: *NZZ* v. 3./4. 4. 1999, Spalte 3/4.

a) Das Recht der kollektiven Verteidigung gegen einen Angriff mit Waffengewalt ist in Art. 51 der Charta als ein Recht kodifiziert, das bereits vor der Charta bestanden hat und auch außerhalb der Charta als allgemeiner Grundsatz des Völkerrechts gilt. Es ist das Recht der Staaten, einem angegriffenen Staat gegen den Angreiferstaat mit Waffengewalt beizustehen. Die Bundesrepublik Jugoslawien hat keinen fremden Staat angegriffen, sondern eine ethnische Gruppe ihrer eigenen Staatsangehörigen innerhalb des eigenen Hoheitsgebiets. Mit fortschreitender Anerkennung von Minderheiten und nach sonstigen Unterscheidungsmerkmalen bestimmbaren Volksgruppen als partielle Völkerrechtssubjekte wird sich auch ihr Schutz gegen Gewaltanwendung durch den Herbergsstaat dem Schutz des staatlichen Völkerrechtssubjekts angleichen. Dies ist eine logische Konsequenz der im vorigen dargestellten Entwicklung, nach der großformatige Menschenrechtsverletzungen wie Massenvertreibungen und Massentötungen als Störungen des Friedens und der internationalen Sicherheit angesehen werden. Ein Angriff mit Waffengewalt auf einen anderen Staat ist eine Störung des Friedens und der internationalen Sicherheit. Gilt das gleiche für den Angriff mit Waffengewalt auf eine bestimmte Volksgruppe, dann ist es logisch folgerichtig, zugunsten dieser Volksgruppe auch die Sanktionen zuzulassen, die das Völkerrecht zugunsten des angegriffenen Staates bereithält. Dies ist noch kein geltendes Völkerrecht, aber eine unausweichliche Entwicklungstendenz, falls der UN-Sicherheitsrat wie bisher bei der faktischen Wahrnehmung des ihm normativ zukommenden Gewaltmonopols versagt.

b) Wer diese Entwicklung für unwahrscheinlich hält, der muß sich zumindest mit der Frage auseinandersetzen, ob der Kosovo-Einsatz nicht als Maßnahme des Notstandes gerechtfertigt ist. Entwickelte staatliche Rechtsordnungen kennen durchweg den (übergesetzlichen) Notstand als Rechtfertigungsgrund (oder aber als Entschuldigungsgrund) für den

Fall, daß ein durch die eigene Rechtsordnung geschütztes Gut von höchstem Wert nur dadurch vor der Verletzung oder Vernichtung bewahrt werden kann, daß eine andere Rechtsvorschrift verletzt wird. Dies ist daher ein allgemeiner Grundsatz des Rechts, der als Völkerrechtsquelle i. S. des Art. 38 Abs. 1 lit. c des Statuts des Internationalen Gerichtshofs angesehen werden kann, wonach Völkerrechtsquellen auch »die von den Kulturvölkern anerkannten allgemeinen Rechtsgrundsätze« sind. Daß der Schutz von Leib und Leben vor »ethnischen Säuberungen« in Form von Massenvertreibungen und Massentötungen ein völkerrechtlich geschütztes Rechtsgut höchsten Ranges ist, steht außer Frage. Wird eine solche »ethnische Säuberung« vorgenommen, könnten militärische Gegenmaßnahmen gegen den Verursacher dieser »ethnischen Säuberungen« unter Verstoß gegen das Gewaltverbot als Notstandsmaßnahme zumindest dann gerechtfertigt sein, wenn die »ethnische Säuberung« durch Mittel unterhalb dieser Schwelle nachweisbar nicht zu verhindern war. Gerade hiermit wird man sich im Kosovo-Fall in besonderem Maße auseinanderzusetzen haben.

c) Wer auch den völkerrechtlichen Rechtfertigungsgrund des Notstands nicht akzeptiert, der muß sich schließlich damit auseinandersetzen, ob der Kosovo-Einsatz nicht zumindest als Repressalie gerechtfertigt war. Die Repressalie als letztes Mittel zur Erzwingung völkerrechtsgemäßen Verhaltens ist die Beantwortung eines Völkerrechtsbruchs mit einer Völkerrechtsverletzung gegenüber dem Rechtsbrecher, um diesen zu völkerrechtskonformem Verhalten zu zwingen. Die Repressalie muß im Vergleich mit dem Völkerrechtsbruch, den sie beenden soll, verhältnismäßig und (so verlangen manche) möglichst gleichartig sein. Waffengewalt darf grundsätzlich nicht als Repressalie eingesetzt werden, wenn die vorangegangene Völkerrechtsverletzung nicht in der Anwendung von Waffengewalt bestanden hat. Daß die »ethnische Säuberung« in Form von Massenvertreibungen und

Massentötungen eine mit massiver Waffengewalt vorgenommene Völkerrechtsverletzung schwerster Kategorie darstellt, die einem verbotenen bewaffneten Angriff durchaus zumindest gleichwertig ist, liegt auf der Hand. Wenn also gegen einen solchen Völkerrechtsbruch fundamentaler Menschenrechte auf Leib und Leben bewaffnete Gewalt zur Erzwingung der Beendigung solcher ethnischer Säuberungen eingesetzt wird, läßt sich dies zumindest als Repressalie kennzeichnen, die sich im Rahmen des Proportionalitätsprinzips hält.

Nach alledem zeigt sich, daß der von der Bundesrepublik Jugoslawien und der Russischen Föderation eingenommenen und auch innerhalb unseres Landes von manchem Juristen gestützten Völkerrechtsposition Argumente entgegengehalten werden können, die gewichtig und in sich schlüssig sind. Ob eine und gegebenenfalls welche der vier Begründungslinien sich einmal durchsetzen wird, läßt sich gegenwärtig nicht feststellen. Der Internationale Gerichtshof in Den Haag hätte die Chance, entweder der jugoslawisch/russischen Rechtsposition zum Durchbruch zu verhelfen oder aber eine der dargelegten vier Argumentationsketten – oder auch eine fünfte – zu verfolgen. Wahrscheinlicher ist allerdings, daß das Weltgericht einer Entscheidung in der Sache ausweichen wird.

Otfried Höffe

Humanitäre Intervention? Rechtsethische Überlegungen

Glücklicherweise ist das Thema nicht mehr brand*aktuell: im politischen Sinn glücklich, weil im Kosovo politische Verbesserungen auf dem Weg sind, und für den Diskurs glücklich, weil er, vom Handlungsdruck entlastet, nüchterner geführt werden kann. Die politische Entlastung sollte den Diskurs aber nicht in Folgenlosigkeit stürzen; denn nicht allein die Verhältnisse im Kosovo, sondern die internationalen Beziehungen insgesamt bedürfen dringend der Verbesserung.*

1. Nothilfe

Daß in Europa, dem seit mehr als fünf Jahrzehnten friedensverwöhnten Kontinent, jüngst die Waffen das Szepter führten, daß es zu einer militärischen Intervention kam, gewissermaßen »Krieg« herrschte, erschien als bestürzend neu. Militärische Gewalt ist in der Tat bestürzend, selbst für das Nachkriegseuropa war sie aber keineswegs neu. Denn die westeuropäischen Staaten, die ihre Waffen fern von Europa einsetzten, führten gleichwohl Krieg. Ferner schlug in Ostmitteleuropa die jahrzehntelange Unterdrückung bekanntlich auch in militärische Gewalt um: in Ost-Berlin, Budapest, Prag und Polen. Im Vielvölkerstaat, den nur ein Diktator, Tito, zusammenhielt, dem ehemaligen Jugoslawien, sprachen sogar die Waffen schon fast ein Jahrzehnt. Und nicht weniger bestürzend ist die militärische Gewalt in Tschetschenien, jenseits des Urals und diejenige, die südlich und östlich des Mittelmeeres sowie jenseits des Atlantiks eingesetzt wird. Eine

Ächtung des Krieges darf sich jedenfalls nicht auf den eigenen Kontinent beschränken.

Ist der Einsatz von militärischer Gewalt, wenn auch nicht neu, so zumindest legitim? Die rechtsethische Antwort ist unmißverständlich klar, besonders überzeugend vom großen Rechts- und Friedensdenker Kant vertreten. Mit einem bei ihm höchst seltenen Pathos sagt er in der Abhandlung *Zum ewigen Frieden*, in dem für das Völkerrecht zuständigen Zweiten Definitivartikel: daß »die Vernunft vom Throne der höchsten moralisch gesetzgebenden Gewalt den Krieg als Rechtsgang schlechterdings verdammt, den Friedenszustand dagegen zur unmittelbaren Pflicht macht«. Die einzige, ebenso klare Ausnahme besteht im Recht der Bürger, »sich und ihr Vaterland ... gegen Angriffe von außen zu sichern«.[1] Auch die Charta der Vereinten Nationen bestätigt »das naturgegebene Recht zur individuellen oder kollektiven Selbstverteidigung« (Artikel 51).

Persönlich darf man sich durchaus zur Gewaltlosigkeit entscheiden und ungerechtfertigte Gewalt ohne Gegenwehr ertragen. Schwieriger ist schon die Frage zu beantworten, ob man selbst dort ein moralisches Recht auf Gewaltlosigkeit hat, wo sich die Gewalt auf Personen richtet, für die man Schutzverantwortung trägt, deutlich etwa für die eigenen Kinder. Hier tut sich ein moralisches Dilemma auf: Einerseits mag man seinem Prinzip der Gewaltlosigkeit treu bleiben dürfen; andererseits haben die Schutzbefohlenen einen Anspruch auf meinen Schutz, und hilflose Personen wie Kinder verlassen sich darauf, daß man die eigenen Hilfsmöglichkeiten ausschöpft, was die Gegengewalt gegen fremde Gewalt, die Nothilfe, mit einschließt.

Bei dem – nach Selbstverteidigung und Schutzverantwor-

1 Immanuel Kant, *Zum ewigen Frieden. Ein philosophischer Entwurf*, Königsberg 1795. Vgl. den kooperativen Kommentar: O. Höffe (Hg.). *Immanuel Kant, Zum ewigen Frieden* (Klassiker Auslegen, Bd. 1), Berlin 1995.

tung – dritten Fall, der Notwehr anderer, ist die Antwort nicht mehr schwierig: Zweifellos gibt es kein Recht, anderen jedes Recht auf Selbstverteidigung abzusprechen; eine moralische Befugnis, die eigene Haltung der Gewaltlosigkeit anderen aufzuzwingen und jedes Opfer von Gewalt auf Gewaltlosigkeit zu verpflichten, zeichnet sich nirgendwo ab. Ernsthaft strittig ist erst ein vierter Fall, definiert durch die Frage, ob man zu den Waffen greifen darf, wenn man weder selbst noch ein Schutzbefohlener angegriffen wird: Darf man nicht nur sich und seine Rechte sowie Schutzbefohlene, sondern auch fremde Menschen und deren Rechte notfalls mit Gewalt verteidigen? Ist die sogenannte humanitäre Intervention legitim?[2]

Dieser Grundsatz bleibt unstrittig: Wer jemandem beisteht, der sich in Not wehrt, begeht kein Unrecht, sondern eher derjenige, der die Hilfe in Not verweigert. Die soziale Fortsetzung der Not*wehr*, die Not*hilfe*, ist eine rechtsmoralisch unstrittige Praxis; unterlassene Nothilfe ist kein Ausdruck überlegener Moral, sondern entweder das Eingeständnis fehlenden Könnens – man ist zu schwach oder sonstwie nicht fähig zu helfen – oder aber Ausdruck fehlenden Willens: man »drückt sich«, sei es aus Bequemlichkeit, aus Opportunität oder aus Angst. Vielleicht hängt man auch einer Hoffnung an, die sich in unserer Zeit, leider, noch als Illusion erweist, und folgt der trotzigen Devise: »Nie wieder Krieg.«

Man könnte sich zwar mit Kant auf einen moralischen, folglich kategorischen Friedensimperativ berufen wollen, auf das unbedingt gültige Gebot, die »natürliche«, gewaltsame Konfliktlösung zugunsten der rechts- und friedensförmigen Lösung aufzugeben. Das Gebot fällt aber nicht in jene Moral

2 Für den systematischen Hintergrund der folgenden Überlegungen s. O. Höffe, *Gibt es ein interkulturelles Strafrecht? Ein philosophischer Versuch*, Frankfurt/M. 1999; ders., *Demokratie im Zeitalter der Globalisierung*, München 1999, bes. Teil II-III.

des Verdienstlichen, die Tugendmoral, die über das hinausgeht, was die Menschen sich *gegen*seitig schulden und auch *ein*seitige Handlungen wie Wohltätigkeit gebietet, sondern in die Rechtsmoral, für die die Wechselseitigkeit konstitutiv ist. Der einseitige, sogar die Selbstverteidigung verbietende Gewaltverzicht, gewissermaßen eine Friedensbereitschaft um jeden Preis, ist der auf Reziprozität gründenden Rechtsmoral fremd.

Wer die Nothilfe auf sich nimmt, zeichnet sich durch Mit-Leiden aus und die Bereitschaft, das Mit-Leiden ernst zu nehmen, statt es »frommen Worten« zu überlassen: Resolutionen einer folgenlosen Betroffenheit und Empörung. Zweifellos ist der Friede ein höchstes Gut der Politik: der zwischenstaatlichen Politik nicht weniger als der binnenstaatlichen. Der Wunsch der Menschheit, daß man des Krieges endlich satt werde und die Schwerter zu Pflugscharen und die Lanzen zu Winzermessern umschmiede, gilt aber keinem beliebigen Frieden. Der Traum, den Propheten wie Jesaja (2,4) und Philosophen wie Kant stellvertretend für uns alle träumen, meint weder den Frieden, der aus Unterdrükkung und Ausbeutung lebt, noch die ewige Ruhe auf dem Kirchhof. Gemäß der Einsicht »opus iustitiae pax« gründet dieser Friede auf Recht und Gerechtigkeit.

Wer dem Opfer ungerechter Gewalt zur Hilfe eilt, steht durchaus im Dienst dieses Friedens. Er muß allerdings strenge Bedingungen erfüllen: Erstens müssen der Anlaß bzw. Zweck der humanitären Nothilfe rechtens sein und zweitens die »Antwort« auf den Anlaß; gleiches gilt für die Nothilfe Leistenden, den Träger der Intervention, nicht zuletzt für die Art und Weise der Durchführung. Und alle vier Bedingungen sind gleichermaßen zu erfüllen. Kein noch so legitimer Zweck erlaubt ein minder legitimes Mittel. Wer sich in den Dienst von Recht und Gerechtigkeit stellt, erwirkt ohne Zweifel keine Lizenz zum Unrecht. Selbst dem, der gegen Verbrechen wider die Menschlichkeit einschreitet, ist nicht alles erlaubt. Ohnehin bleibt das generelle Prinzip der Verhältnismäßigkeit der Mittel zu beachten.

2. Massives Unrecht

Unstreitig kann der Anlaß humanitärer Intervention nur in massivem Unrecht bestehen, namentlich in schwersten Menschenrechtsverletzungen wie dem massenhaften planvollen Mord. Daß nicht jede Menschenrechtsverletzung zur militärischen Intervention berechtigt, zeigt folgendes Gegenbeispiel: Nach Artikel 24 der *Allgemeinen Erklärung der Menschenrechte* hat jeder Mensch einen Anspruch auf periodischen bezahlten Urlaub. Staaten, die diesen Anspruch nicht anerkennen, machen sich also einer Menschenrechtsverletzung schuldig. Trotzdem ist ihre Rechtsverletzung nicht so massiv, daß sie eine humanitäre Intervention rechtfertigte. Das Unrecht muß tatsächlich massiv sein, überdies in zwei Hinsichten zweifelsfrei vorliegen, was zu einem insgesamt dreistufigen Test führt: Im Sinne humanitärer Nothilfe darf man nur dort eingreifen, wo (1) klarerweise gegen eine Regel verstoßen wird, die (2) ein klares Recht beinhaltet, dessen Verletzung (3) klarerweise ein massives Unrecht darstellt.

Gehen wir davon aus, daß im ehemaligen Jugoslawien seit langem und neuerdings im Kosovo so gravierende und so wiederholte Menschenrechtsverletzungen geschehen, daß man sie weder als Ausrutscher noch als relativ harmloses Unrecht bagatellisieren kann. Gehen wir ferner davon aus, daß die massiven Menschenrechtsverletzungen vornehmlich von einer Seite aus stattfinden, dann, freilich auch nur dann ist die erste Hälfte der ersten unserer vier Bedingungen erfüllt.

Vorausgesetzt, daß im Kosovo über lange Zeit vornehmlich Albaner die Opfer des massiven Unrechts, Serben aber die Täter waren, sieht es mit der zweiten Hälfte einfach aus.

Man braucht hier keine partikulare Moral zu beschwören, nur »westliche Werte«, gegen die man sich mit »seinen«, andersartigen Werten zur Wehr setzen könnte. Keineswegs ist hier die Moral, wie Rechtspositivisten gern generell behaupten, streiterregend: polemogen. Sie übersehen, daß es sich um eine auf den Bereich des Rechts beschränkte Moral handelt, daß sie, die Rechtsmoral, bescheidene Ansprüche erhebt und daß diese nicht zuletzt wegen ihrer Bescheidenheit universal gültig sind. Die einschlägigen Menschenrechte wie das Recht auf Leib und Leben und auf einen Schutz von Eigentum sind interkulturell gültig, nachzulesen in jedem Strafgesetzbuch. Brandstiftung, Vergewaltigung und vorsätzliche Tötung aus verwerflicher Gesinnung, Mord, sind nicht bloß in Westeuropa strafbar, in Osteuropa, Asien und Afrika aber nicht. Im Gegenteil gelten sie in allen Rechtskulturen, die wir kennen, als strafbare Delikte. Infolgedessen ist der Unrechtscharakter der inkriminierten Taten zwischen den Kulturen unstrittig; mehr noch: überall gelten die Plünderung und Brandstiftung, die Vertreibung von Zivilisten, die Exekution unbewaffneter Menschen und die Vergewaltigung von Frauen als *massives* Unrecht.

Blicken wir in das Jugoslawische Strafgesetzbuch, so lesen wir beispielsweise im elften Hauptstück »Strafbare Handlungen gegen die Menschlichkeit und Internationales Recht« als erstes unter dem Titel »Genocidium«:

Artikel 124: »1. Wer in der Absicht, eine nationale, ethnische, rassische oder religiöse Gruppe vollkommen oder teilweise zu vernichten, Tötungen, schwere Körperverletzungen oder schwere Schädigungen physischer oder geistiger Gesundheit von Mitgliedern der Gruppe begeht, Zwangsaussiedlungen der Bevölkerung durchführt, eine Gruppe in Lebensbedingungen versetzt, die zu ihrer vollkommenen oder teilweisen Ausrottung führen, oder Maßnahmen zur Verhinderung von Geburten zwischen Angehörigen der Gruppe trifft oder Zwangsübersiedlungen von Kindern in eine andere Gruppe vornimmt, wird mit strengem Gefängnis nicht unter fünf Jahren oder mit dem Tode bestraft.«

Das zwölfte Hauptstück »Strafbare Handlungen gegen Leib und Leben« beginnt mit »Tötung« und sagt:

Artikel 135 »... 2. Wer einen Menschen auf grausame oder hinterlistige Art, oder auf eine das Leben mehrerer Menschen gefährdende Art, oder aus Eigennutz, oder behufs Begehens oder Verheimlichens einer anderen strafbaren Handlung oder aus anderen niedrigen Beweggründen, oder wer mehrere Menschen tötet, wird mit strengem Gefängnis nicht unter zehn Jahren oder mit dem Tode bestraft.«

Oder »Schwere Körperverletzung«, *Artikel 141*: »1. Wer jemanden am Körper schwer verletzt oder an der Gesundheit schwer schädigt, wird mit Gefängnis nicht unter sechs Monaten oder mit strengem Gefängnis bis zu fünf Jahren bestraft. 2. Wer jemanden am Körper so schwer verletzt oder an der Gesundheit so schwer schädigt, daß dadurch das Leben des Verletzten gefährdet oder ein wichtiger Körperteil oder ein wichtiges Organ des Verletzten vernichtet oder dauernd und in erheblichem Maße geschwächt, oder eine dauernde Unfähigkeit zur Arbeit des Verletzten oder eine dauernde und schwere Gesundheitsschädigung oder Entstellung verursacht worden ist, wird mit strengem Gefängnis bis zu acht Jahren bestraft. 3. Stirbt der Verletzte infolge der in Abs. 1 und 2 genannten Verletzung, so wird der Täter mit strengem Gefängnis bis zu zwölf Jahren bestraft.«

Oder »Notzucht«, *Artikel 179*: »1. Wer eine Frau, mit der er nicht in ehelicher Gemeinschaft lebt, durch Gewalt oder Drohung mit einem unmittelbaren Angriff auf Leib oder Leben zum Beischlaf nötigt, wird mit strengem Gefängnis bis zu acht Jahren bestraft. 2. Ist durch die in Abs. 1 genannte Handlung eine schwere Körperverletzung oder der Tod der Frau eingetreten, so wird der Täter mit strengem Gefängnis nicht unter zwei Jahren bestraft.«

Bei Diebstahl (Artikel 249), Schwerem Diebstahl (Artikel 250), Raub (Artikel 252), Plünderung (Artikel 255) usw. sieht es nicht anders aus: Wie die Strafgesetze anderer Rechtsordnungen, so stellt auch das Jugoslawische Strafgesetzbuch die inkriminierten Taten unter Strafe.[3]

Die legitime Antwort auf klares und massives Unrecht, die zweite Bedingung einer legitimen Intervention, ist ebenfalls klar und ebenso zweigeteilt: Einerseits ist das Opfer des Unrechts in sein Recht zu setzen, den Kosovo-Albanern also eine friedliche Existenz in ihren Dörfern zu sichern. Andererseits sind die schuldigen Täter zur Rechenschaft zu ziehen, und zwar auf die einzig legitime Art: vor einem internationalen Gericht.

3. Souveränität als Einspruch?

Eine der Haupteigenschaften des modernen Staates, die Souveränität, scheint dem allerdings zu widersprechen. Wie der lateinische Ausdruck für Souveränität, die *majestas*, anzeigt, soll jeder Staat bzw. sein Oberhaupt eine Hoheit und Würde besitzen, die keinerlei Eingriffe erlaubt. Selbst Jean Bodin, auf den der Begriff zurückgeht, unterwirft aber den Souverän rechtsmoralischen Verbindlichkeiten, nämlich göttlichen Geboten und dem Naturrecht; ferner bleiben Bestimmungen des positiven Rechts, namentlich völkerrechtliche Verpflichtungen, gültig.[4] Die Legitimation staatlicher Gewalt verbindet sich also schon immer mit ihrer Limitation; eine absolute, uneingeschränkte Hoheitsgewalt war die Souveränität nie.

Neuere Entwicklungen im Völkerrecht bekräftigen nicht bloß diese Sachlage. Die Charta der Vereinten Nationen vom

3 Die Zitate stammen aus dem *Jugoslawischen Gesetzbuch* vom 2. März 1951, in deutscher Übertragung mit einer Einführung von August Munda, Berlin 1952.

4 *Les six livres de la république*, Paris 1583 (Nachdruck: Aalen ²1977, dt. München 1981), bes. Buch I, Kap. 8.

25. Juni 1945 beispielsweise und die beiden Menschenrechtspakte vom Jahr 1966 verstärken sie noch. Zugleich wird ein beliebter Fluchtweg versperrt. Den rechtsethischen Verbindlichkeiten der frühen Neuzeit, den Ansprüchen des göttlichen Rechts und des Naturrechts, entzieht man sich gern mit dem Hinweis, deren Inhalte seien doch hoffnungslos umstritten; bestenfalls unter westeuropäischen Prämissen könnten sie überzeugen. Die Menschenrechte – das zeigen die neuen Entwicklungen – sind aber nicht bloß einer interkulturellen *Begründung*, sondern ebenso zur interkulturellen Anerkennung fähig: Alle Staaten, die die Charta der Vereinten Nationen anerkennen, erkennen zugleich die Menschenrechte in ihrer interkulturellen Gültigkeit an. Mit der Ratifizierung der genannten Menschenrechtspakte bekräftigen die Staaten die Selbstverpflichtung. Mit ihrem Strafrecht zeigen sie, daß sie die hier einschlägigen Rechte schon seit langem anerkennen, sie überdies für so elementar halten, daß sie sie der Ultima ratio staatlicher Gewalt, dem Strafrecht, unterwerfen. Und mit dem Begriff »Verbrechen gegen die Menschlichkeit« bezeichnet die Menschheit derart massive Verbrechen, daß sie die üblichen Einschränkungen wie »Verjährung« oder »nur der nationalen Judikative unterstellt« sprengen.

Durch Selbstverpflichtung der »domaine réservée à la souveraineté« enthoben, machen die Menschenrechte, und hier vor allem in ihrem strafrechtlich geschützten Anteil, die Annahme eines absoluten Interventionsverbotes brüchig. Die Schlußakte von Helsinki sagt ausdrücklich, daß für keinen Staat die Menschenrechte eine rein innere Angelegenheit sind. Spätestens seitdem ist das bei Diktaturen beliebte Abwehrargument, das der inneren Angelegenheiten, außer Kraft gesetzt. Und es ist nicht etwa nur vorübergehend außer Kraft gesetzt, sondern so, wie es die Rechtsethik schon immer sagt: auf Dauer.

Die Bedingungen, die eine humanitäre Intervention rechtfertigen, müssen allerdings ausgelegt werden. Und je allgemeiner die Bedingungen sind, desto größer ist der Spielraum der Auslegung. Solange die Bedingungen nicht genauer festgelegt sind, drohen daher Interpretationskontroversen, die ihrerseits der Parteilichkeit und Willkür Vorschub leisten, was der Idee des Rechts widerpricht. Die Antwort auf diese Situation versteht sich – fast – von selbst: Um den Spielraum der Willkür einzuschränken, ist das Völkerrecht fortzubilden und um präzise Bestimmungen für jenes massive Unrecht zu erweitern, das eine humanitäre Intervention erlaubt, eigentlich sogar gebietet. Denn bliebe die humanitäre Intervention fakultativ, so degenerierte sie zu einer Gerechtigkeit à la carte, abhängig von Zufällen sowohl der Interessen als auch der Macht.

4. Aufklärung der Täter und Mitläufer

Die zweite Bedingung hat, wie angekündigt, eine zweite Hälfte: Die Täter müssen wissen, daß sie zur Rechenschaft gezogen werden, etwa nach dem Muster der Kriegsverbrecherprozesse von Nürnberg und Tokio. Heute ist aber nicht mehr ein Militärgerichtshof von Siegermächten zuständig, sondern ein internationales Tribunal (Den Haag). Zu diesem Zweck ist eine zweite Fortbildung des Völkerrechts geboten: die Bildung von global verantwortlichen öffentlichen Gewalten, hier: jenes Weltstrafgerichts, das mittlerweile von der »Völkerfamilie« beschlossen, aber noch nicht in Kraft getreten ist und das pikanterweise von einer der Interventionsmächte im Kosovo, den USA, nicht anerkannt wird.

Anderen Völkern wurde nach Überwindung ihrer allzu offensichtlichen Diktatur Mitläufertum vorgeworfen. Ist der Vorwurf im Fall des Kosovo nicht ebenfalls angebracht? War es nicht geboten, das serbische Volk nachdrücklich über das massive Unrecht aufzuklären, das in seinem Namen geschieht, ferner über die universal anerkannten Maßstäbe, gegen die dabei verstoßen wird, nicht zuletzt über den festen Willen der Weltgemeinschaft, aus Verbundenheit mit den Opfern die Verstöße in Erinnerung zu behalten, die direkt Verantwortlichen, also Politiker und Heerführer, vor ein internationales Gericht zu stellen und den vielen anderen, die teils durch Schweigen, nicht selten durch Zustimmung, mitunter sogar Applaus, mitverantwortlich sind, ihre Mitverantwortung vorzuhalten? Es ist doch merkwürdig, daß das Unrecht, das in der Zeit von Hitler, Stalin und Franco, von Tito, Pinochet und anderen Diktatoren stattfand, intensiv aufgearbeitet wird (freilich nicht überall in der gleichen Intensität) und man sich trotzdem auf die Aufgabe nicht vorbereitet hat, im Fall analogen Unrechts, hier dem von Milošević, Denkprozesse bei den Völkern zu initiieren:

Warum wurde nicht versucht, rechtzeitig und mit erfolgversprechenden Mitteln (Radiosendungen, Massenabwurf von Flugblättern ...) den Serben klarzumachen, daß man ein derart massives Unrecht nicht bloß den wenigen Hauptverantwortlichen anlasten, sondern auch den vielen anderen vorwerfen wird und daß diese nicht mit einem raschen Vergessen rechnen dürfen? Warum hat man den Serben nicht klarmachen wollen, daß zwar nicht kollektiv alle, wohl aber distributiv viele mitschuldig sind und daß ihnen die Mitschuld von Kindern und Kindeskindern wird vorgehalten werden? Leicht ist die entsprechende Aufklärung nicht. Zumal in Kriegssituationen neigt man dazu, sich mit der eigenen Regierung zu identifizieren und deren Fehler, sogar Verbrechen herunterzuspielen. Trotzdem dürften genug Menschen auf derartige Argumente ansprechbar gewesen sein. Daß man im Vorfeld der Intervention im wesentlichen nur mit den Politikern verhandelt hat, statt auch eine großangelegte Aufklärung der Bevölkerung zu versuchen, läßt sich schwerlich rechtfertigen. Eigentlich ist es sogar ein Skandal; denn eine Nothilfe soll sich der sowohl einfacheren als auch effizienten Mittel bedienen. Und welche sollten dafür besser geeignet sein als eine Aufklärung der Bevölkerung?

5. Der Geburtsfehler der Vereinten Nationen

Die beiden ersten, in sich noch gedoppelten Bedingungen sind offensichtlich sehr anspruchsvoll und reichen trotzdem zur Legitimation humanitäter Intervention nicht aus. Wer innerstaatlich in seinem Recht verletzt wird, darf nicht persönlich einschreiten; jede Privatjustiz ist Unrecht. Das Opfer einer Rechtsverletzung muß sich an die autorisierten, öffentlichen Gewalten wenden, die ihrerseits darin, im Dienst am Recht, ihre Legitimation, sogar Würde finden. Für die zwischen- und überstaatliche Ebene fehlen aber autorisierte Gewalten. Schon auf europäischer Ebene besteht ein gravierendes Defizit. Denn zuständig ist nicht etwa die Europäische Union, gegen die man dann den beliebten Vorwurf des Versagens erheben könnte. Jugoslawien ist nämlich weder ein Teil der Europäischen Union noch ein Anwärter, den man rascher hätte einbinden sollen. Infolgedessen ist die Verantwortung anderswo zu suchen, nicht bei einer Organisation, der beizutreten die Rechtsethik freistellt, bei einem »Wahleuropa«, sondern bei einem »Pflichteuropa«,[5] etwa bei der OSZE, jener Organisation für Sicherheit und Zusammenarbeit in Europa, der es aber an Handlungsfähigkeit fehlt.

Diesem Defizit liegt ein klarer Verstoß gegen den kategorischen Friedensimperativ zugrunde. Kant spricht in der Friedensschrift zu Recht von »der Bösartigkeit der menschlichen Natur, die sich im freien Verhältnis der Völker unverhohlen blicken läßt« (Zweiter Definitivartikel). Und er meint damit – sagt er andernorts – die Weigerung, im Verhältnis zu-

5 Zu dieser Unterscheidung s. O. Höffe, *Vernunft und Recht*, Frankfurt/M. 1996: Kap. 11 »Zwei Gesellschaftsverträge für Europa«.

einander »aus dem gesetzlosen Zustande der Wilden hinaus zu gehen, und in einen Völkerbund zu treten; wo jeder, auch der kleinste Staat seine Sicherheit und Rechte, nicht von eigener Macht, oder eigener rechtlichen Beurteilung, sondern allein [...] von einer vereinigten Macht, und von der Entscheidung nach Gesetzen des vereinigten Willens, erwarten könnte«.[6]

Entsprechendes gilt für die globale Ebene: Sowohl im gesamteuropäischen Rahmen als auch für die ganze Menschheit fehlt eine Rechtsordnung mit gemeinsamen, öffentlichen Gewalten. Ein auch noch so bescheidener, überdies bloß subsidiär zuständiger europäischer Staat ist ebensowenig in Sicht wie eine nur minimale und subsidiäre Weltrepublik. Man könnte zwar auf die Vereinten Nationen verweisen wollen. Seit ihrer Gründung leiden sie jedoch unter einem gravierenden Geburtsfehler, einem rechtsmoralischen Widerspruch. Ihre Verfassung, die Charta, verpflichtet sie auf universale Menschenrechte und zementiert doch im Sicherheitsrat partikulare Privilegien. Diese belaufen sich auf nichts weniger als eine Kollektivhegemonie von fünf Großmächten. Man braucht sich daher nicht zu wundern, daß der Sicherheitsrat selbst auf massive Menschenrechtsverletzungen parteilich reagiert oder mangels Übereinstimmung überhaupt nicht. Statt dessen stellt er sich in vielfacher Hinsicht als eine Pokerinstanz dar, in der strategische, sogar hegemoniale Interessen, jedenfalls partikularistische Gesichtspunkte mit der universalistischen Moral der Menschenrechte konkurrieren – und in der Regel den Vorzug erhalten.

Daß der Sicherheitsrat nur dort zum handlungsmächtigen Konsens findet, wo die strategischen Interessen der Hegemonialmächte zufällig miteinander übereinstimmen, widerspricht eklatant der Grundidee von Recht und Gerechtigkeit, der Unparteilichkeit. Auf Unrecht ist nämlich so zu antwor-

6 *Idee zu einer Geschichte in weltbürgerlicher Absicht*, Berlin 1784, Siebenter Satz.

ten, wie es die Justitia mit den verbundenen Augen fordert: gleichermaßen und gleichartig. Solange die Vereinten Nationen den genannten Widerspruch tolerieren und die universalistischen Menschenrechte durch den Sicherheitsrat konterkarieren lassen, ist ihre (rechtsethische) Legitimität zweifelhaft – und obendrein ihre politische Handlungsfähigkeit eingeschränkt.

Andererseits ist dieses richtig: Jede humanitäre Intervention, die nicht von einer staatenübergreifenden, entweder gesamteuropäischen oder globalen Organisation getragen wird, die überdies nicht durch hegemoniale Sonderrechte verzerrt wird, ist nur ein zweitbester Weg: eine Notlösung mangels besserer Möglichkeiten. Sie kann nur als Ausnahmerecht zulässig sein: analog zur innerstaatlichen Notwehr dort berechtigt, wo man einem zur Notwehr Berechtigten im Rahmen von dessen Notwehr hilft. Und dafür gibt es, erneut analog zur individuellen Situation, keine vorab legitimierte Instanz: Wo jemand aktuell von massivem Unrecht bedroht ist, muß derjenige helfen, der zur Nothilfe sowohl willens als auch fähig ist.

Eine an sich legitime Anwendung des Ausnahmerechtes ist aber von partikularen Interessen (»Parteilichkeit«) bedroht, beispielsweise von der Innenpolitik des zur Hilfe eilenden Staates, ferner von der Gefahr einer Verquickung mit seinen wirtschaftlichen oder geostrategischen Interessen, nicht zuletzt von ethnischen, religiösen und anderen Zugehörigkeitsgefühlen. Ihretwegen – die Beispiele sind sattsam bekannt – wird manchen Gruppen voreilig, anderen aber gar nicht geholfen. Die Menschenrechtsverletzungen im ehemaligen Jugoslawien zeigen daher einmal mehr, daß die Menschheit seit Jahren ihre wichtigste »Hausaufgabe« vernachlässigt hat. Sie hat es versäumt, eine die Staaten nicht ersetzende, aber sie ergänzende überstaatliche Rechtsordnung einzurichten: sowohl großregional, als gesamteuropäische Rechtsordnung, als auch global, als Weltrechtsordnung. Und bei beiden Aufgaben genügt es nicht, ein (europäisches oder globales) Völkerrecht zu entwickeln, das zwar ehrenwerte Bestimmungen enthält, deren Interpretation und Durchsetzung aber dem Gutdünken der Betroffenen überläßt. Es braucht zusätzlich genuin gemeinsame, öffentliche Gewalten, die dort unparteiisch und wirksam für Recht sorgen, wo die primären Rechtsverantwortlichen, die einzelnen Staaten, versagen, vor allem dort, wo sie selbst das Recht nicht bloß beugen, sondern massiv und planmäßig verletzen.

6. Kein Freibrief

Eine legitime Intervention hat zusätzlich eine vierte Bedingung zu erfüllen: Die Maßnahmen müssen rechtsethisch vertretbar sein, überdies rasch und wirkungsvoll ergriffen werden, also mit Klugheit, Augenmaß und zur rechten Zeit.

Daß im Fall des Kosovo die Nothilfe so spät zustande kam, obwohl jahrelang auf jede Verhandlung neue Menschenrechtsverletzungen folgten, und daß die Verspätung vom Umstand mitverursacht wurde, daß die zur Hilfe aufgeforderten Staaten aus konkurrierendem Eigeninteresse zerstritten waren, daß sie überdies wirtschaftlichen Erwägungen den Vorzug gaben und Öl-, selbst Waffenlieferungen duldeten, muß man als einen weiteren Skandal bezeichnen.

Ein dritter Skandal besteht in dem Umstand, daß die Außenpolitiker des Westens sich auf die Schwierigkeiten Jugoslawiens nach dem Tode Titos nicht vorbereitet hatten. Jeder aufmerksame Besucher nahm die Schwierigkeiten des Landes wahr und konnte die Gewaltbereitschaft ahnen. Und obwohl die vielen Jahre erfolgloser Verhandlungen Zeit boten, alternative Interventionsstrategien auszuarbeiten, handelte man schließlich, so hatte es den Anschein, ohne jede wohldurchdachte Strategie, worunter generalstabsmäßig vorbereitete Aktionen zu verstehen sind, einschließlich alternativer Optionen für unterschiedliche, auch für wechselnde Szenarien. Das Defizit darf man freilich nicht – nur – der militärischen Planung vorwerfen; denn Pläne, die einen besseren Erfolg versprachen, wurden von politischer Seite verhindert.

Weiterhin darf der Nothelfer, der »gute Samariter«, nicht etwa mehr Schaden anrichten, als er verhütet. Aus diesem Grund und nicht etwa, weil die geostrategischen Interessen anders gelagert sind, dürfte es richtig sein, gegen die Gewalt in Tschetschenien – massiv! – zu protestieren, auch Gegenmaßnahmen zu ergreifen, aber von militärischer Gewalt abzusehen.

Das klare Kriterium – eine *per saldo*-Hilfe statt *per saldo*-Schädigung – läßt sich freilich nicht immer leicht anwenden. Denn ein so skrupelloser Politiker wie Milošević schuf das Dilemma, daß bei fehlender Intervention Vertreibung, Vergewaltigung und Mord weitergeführt werden, und zwar sowohl der physische als auch jener psychische Völkermord, der den Mitgliedern eines Volks ihr Zuhause, ihren Paß, ihr Dorf, ihre Stadt, ihre Kultur, kurz: ihre Lebensgrundlage und zugleich ihre Identität zu rauben sucht. Findet dagegen die Intervention statt, so werden Greuel, weil von langer Hand bestens vorbereitet, zunächst einmal verstärkt.

In keinem Fall ist der Intervenierende zu einer Strafexpedition oder gar einem Strafkrieg berechtigt. Denn es gibt keine Kollektivschuld, die es erlaubte, ein ganzes Volk wegen Greueltaten zu bestrafen. (Der griechische Schriftsteller Demosthenes Kourtovik sagt von der »Theorie der Kollektivschuld«, sie sei ein »euphemistischer Rassismus, der auf einen bestimmten Menschen – unabhängig davon, was dieser ist, was er tut und wofür er eintritt – den gesamten Haß projiziert, der seiner Nation oder der Politik ihrer Führung gilt«.)[7] Ebensowenig steht einem Nothelfer die Strafbefugnis

7 *Trommeln des Vergessens. Abschied vom kritischen Denken*, in: *FAZ* 1999.

zu; eine Rechtsstrafe darf nur eine dazu autorisierte Instanz, ein gesamteuropäischer Strafgerichtshof oder aber ein Weltstrafgericht, aussprechen, und beide sind auf einen fairen Prozeß verpflichtet.

Vor allem darf der »gute Samariter« nicht gegen die rechtsethische Minimalbedingung verstoßen und im Namen der Wiederherstellung von Recht selber massives Unrecht begehen. Kein humanitärer Zweck kann massiv inhumane Mittel heiligen. Die in Kauf genommenen Nebenfolgen dürfen nicht beliebig sein. Militärische Handlungen, die vorhersehbar Unschuldige treffen – und das sind alle Zivilisten –, sind nicht bloß politisch unklug, sondern rechtsethisch unzulässig. (Man hätte deshalb wohl Landstreitkräfte einsetzen und Todesopfer auch auf der eigenen Seite in Kauf nehmen müssen.) Soll eine humanitäre Intervention berechtigt sein, dann nicht um der Rechthaberei, sondern ausschließlich um dem Recht zu dienen. Dazu gehört übrigens die Aufgabe, Vorsorge zu treffen, daß die Opfer des Unrechts, sobald die Macht der Täter gebrochen ist, nicht ihrerseits Unrecht begehen, also wiederholen, was wir aus der Zeit nach dem Zweiten Weltkrieg kennen: jene etwa bei der Vertreibung der Deutschen geübte »Privatjustiz« großen Stils, die nicht selten von Regierungen mitorganisiert und von den anderen »großzügig« geduldet wurde.

7. Fünf Lehren

Lassen sich aus den Greueln im Kosovo und dem Versuch einer humanitären Antwort auf die Greuel Lehren ziehen? Zumindest vier drängen sich auf:

Erstens muß man sich eingestehen, daß man schon im Vorfeld vieles falsch gemacht hat. Es ist hier nicht der Ort für eine Detailanalyse, wohl aber für eine Forderung: Eine Politik, die die humanitäre Intervention in ihr Arsenal aufnimmt, ist zu einer verantwortlichen »Vorfeld-Politik« verpflichtet.

Zweitens bleibt jede nichtöffentliche Gewalt eine *Not*lösung, die in die einzig legitime, die öffentliche Gewalt überführt werden muß, auf daß inskünftig derartige Konflikte rechtsförmig unterschieden werden. Infolgedessen ist endlich eine internationale Rechts- und Friedensordnung zu errichten, und dabei geht man sinnvollerweise in zwei Stufen vor: Eine großregionale Ordnung sorge in Europa für eine europäische, andernorts für eine afrikanische, eine amerikanische, eine asiatische und eine pazifische Ordnung. Und darüber hinaus errichte man eine globale Ordnung, die sich um all die Probleme kümmert, die zwischen den Großregionen auftauchen oder von vornherein überregionaler Natur sind. Denn ob der Nothelfende erfolgreich, halb erfolgreich oder erfolglos war – das Amt eines Weltpolizisten steht weder der NATO noch einem anderen Militärbündnis zu. »Polizei« nennen wir nämlich eine Zwangsmacht, die im Namen einer öffentlichen Gewalt und nach strengen Regeln einer vorgegebenen Rechtsordnung agiert und gegen deren Einsatz, sofern er mißbräuchlich oder mit falschen Mitteln oder auch nur unverhältnismäßig erfolgt, Rechtsmittel offenstehen. Ob Weltpolizei oder nur Europapolizei – ohne eine vorgegebene Rechtsordnung sind sie nicht, was der Name »Polizei« suggeriert: das Instrument eines Rechtsstaates.

Im Rahmen der internationalen Rechtsordnung sind *drittens* für eine humanitäre Intervention verbindliche Grundsätze zu verabreden. Dann erfahren sowohl Diktatoren als auch ihre Mitläufer deutlich genug, daß sie ihre Untaten nicht ungehindert fortsetzen dürfen, geschützt durch eine angeblich absolute Souveränität. Außerdem werden die etwaigen Nothelfer, die humanitär Intervenierenden, an Regeln für ihr Eingreifen gebunden, sowohl an Regeln der Befugnis zum Eingreifen als auch an Regeln der legitimen Durchführung. Und die Regeln helfen, humanitäre Interventionen, wenn sie denn geboten sind, nicht deswegen zu verzögern, weil die Intervenierenden aufgrund unterschiedlicher strategischer Interessen sich lieber streiten als zur Nothilfe schreiten. Nicht zuletzt finden sich andere Staaten aufgefordert, mit ihren Minderheiten »vernünftiger« umzugehen, auf daß diese Staaten nicht das Schicksal Jugoslawiens erleiden: weder dessen Greueltaten noch die humanitäre Intervention gegen die Greuel.

Viertens führe man eine humanitäre Intervention besser geplant durch: Man reagiere rascher und setze die vormilitärischen Sanktionen konsequenter durch, damit die Ultima ratio, die Waffengewalt, in der Regel überflüssig wird.

Schließlich bereite man die Zeit danach vor und helfe vor allem beim Aufbau einer Rechtsordnung und einer Zivilgesellschaft mit. Den Aufbau primär wirtschaftlich zu verstehen wäre nämlich ein ökonomistisches Mißverständnis. Und wer hier von einem neuen Marshallplan spricht, sollte sich erinnern, was dieser tatsächlich war: gewiß kein Wiederaufbauversprechen für das für den Krieg verantwortliche Land, schon gar nicht eines, das noch während des Krieges abgegeben wurde, um die Deutschen zu beruhigen: »Wir bringen eure in Schutt und Asche gelegten Städte, Verkehrswege und Produktionsstätten danach rasch wieder in Ordnung.« Die USA halfen keineswegs selbstlos. Sie wollten vielmehr, um eine zweite Weltwirtschaftskrise, namentlich eine Überproduktionskrise im eigenen Land zu verhindern, Europa als kräftigen Handelspartner wiederherstellen, außerdem die sowjetische Expansion bremsen, nicht zuletzt den eigenen politischen Einfluß in Europa erhöhen. Aus diesen Gründen richtete sich die Wirtschaftshilfe auch nicht etwa nach der Größe der Not. Vielmehr erhielten von den in den Jahren 1948 bis 1952 bezahlten 13,37 Milliarden Dollar Großbritannien 3,18 und Frankreich 2,71 Milliarden Dollar, während nach Deutschland nur 1,39 Milliarden Dollar flossen. (Zum Vergleich: Der Lastenausgleich, der lediglich einen kleinen

Teil der Wiederaufbaukosten Westdeutschlands ausmachte, belief sich auf 127 Milliarden DM, also bei einem Umrechnungsplus von 1 $ zu 4 DM auf mindestens das Zwanzigfache.)

Auch wenn wirtschaftliche Not politische Folgen hat – der Aufbau einer die Menschenrechte und die Minderheiten respektierenden Demokratie ist an wirtschaftlichen Wohlstand nicht gebunden. Anders sieht es mit einer Wirtschaftshilfe für die Opfer des Unrechts aus; sie ist allerdings an die Bedingung zu binden, daß die Opfer nicht zu Tätern werden und Revanche, sogar Rache üben. Die nach 1945 geübte »Privatjustiz« sollte sich nicht wiederholen. Und vor allem verhält es sich mit einer »tödlichen Hinterlassenschaft« anders: Sollte es zutreffen, daß allein in Serbien Tausende, vielleicht sogar Zehntausende nicht explodierter Splitterbomben liegen, die noch Jahre nach Ende der Intervention Zivilisten bedrohen, und daß auch der Kosovo und angrenzende Gebiete davon nicht verschont sind, so trägt der Intervenierende Mitverantwortung, die Bomben zu entschärfen. Und wenn er die Mitverantwortung von sich weist, so fällt auf die humanitären Zwecke seiner Intervention ein dunkler Schatten.

Die Bilanz aus den rechtsethischen Überlegungen ist einfach und schwierig zugleich: Der königliche Weg zu einer teils europäischen, teils globalen Rechts- und Friedensordnung führt nicht über die prachtvollen Boulevards wohlklingender Resolutionen, sondern über die steinigen Bergpfade von politischen Verhandlungen. Und deren Verhandlungsziel wird erst mit rechtsverbindlichen Verträgen erreicht, die durch staatsförmige oder staatsnahe Institutionen gesichert werden.

Wolfgang Kersting
Bewaffnete Intervention als Menschenrechtsschutz?

Philosophische Überlegungen zu einem kaum lösbaren Problem

Das moderne Völkerrecht ist anders als das klassische Völkerrecht ein Friedensrecht, das seine vornehmste Aufgabe in der Aufrechterhaltung des zwischenstaatlichen Friedens erblickt und militärische Aktionen nur zuläßt, wenn sie der Selbstverteidigung von Staaten und Staatenbündnissen dienen und die Wiederherstellung der gewaltsam veränderten oder die Sicherung der bedrohten zwischenstaatlichen Ordnung anstreben. Die Eckpfeiler dieser völkerrechtlichen Friedenskonzeption sind zum einen das strikte zwischenstaatliche Gewaltverbot und zum anderen das Verbot militärischer Interventionen. Alles, was der domestischen Jurisdiktion eines Staates unterliegt, darf fremde Staaten nichts angehen. Die Vereinten Nationen sind ein kollektives Sicherheitssystem, jedoch keine Gerechtigkeitskooperative. Der binnenstaatliche Handlungsbereich liegt in völkerrechtlicher Windstille; erst dann, wenn binnenstaatliches Handeln Auswirkungen auf andere Staaten hat, wenn diese sich bedroht fühlen oder die Völkergemeinschaft die Stabilität der Region gefährdet sieht, wird dieses völkerrechtlich auffällig. Der hier zugrunde gelegte Friedensbegriff ist formal und negativ; Frieden herrscht dann und bereits dann, wenn der Krieg abwesend ist, wenn die souveränen Staaten einander als gleich anerkennen und das Recht auf politische Selbstbestimmung wechselseitig respektieren. Anders als die *pax christiana*, anders als der durch Gerechtigkeit aufblühende Frieden ist dieser Zustand der Kriegsabwesenheit normativ überaus anspruchslos. Er ist indifferent gegenüber der moralischen Qualität der inneren Verfassung der Nationalstaaten und der Innenpolitik ihrer Regierungen. Dem völkerrechtlichen Frieden ist es gleichgültig, ob er sich dem wechselseitigen Respekt von Demokratien, einem systemübergreifenden Abschreckungskalkül oder der strategischen Vorsicht von Gangsterstaaten verdankt.

Der neue Interventionismus, der seit dem Ende des kalten Krieges zu beobachten ist,[1] rechtfertigt sich jedoch nicht mehr ausschließlich friedenspolitisch; er versteht sich vielmehr als menschenrechtsprotektionistische *ultima ratio*. Freilich werden in der interventionsfreundlichen Rhetorik der internationalen Politik wie auch in den begleitenden völkerrechtlichen Kommentierungen diese beiden gänzlich unterschiedlichen Begründungsdimensionen begrifflich nicht sorgfältig getrennt.[2] Das völkerrechtliche Friedensziel und das menschenrechtliche Schutzziel werden konfundiert; die domestische Menschenrechtsverletzung wird selbst als Angriff auf den Frieden ausgelegt; dadurch wird das völkerrechtliche Interventionsverbot ausgehebelt und durch ein menschenrechtliches Interventionsgebot ersetzt, das seinerseits als Anwendungsfall völkerrechtlicher Friedenssicherung ausgegeben wird. Damit steht jedoch mehr auf dem Spiel als die semantische Klarheit. Das völkerrechtliche Friedensziel ist aufgrund des negativen und formalen Charakters in hohem Maße konsensfähig und konnte daher als normative völkerrechtliche Orientierung bislang allgemeine Anerkennung finden. Insbesondere von den kleinen ebenso wie den neuen Staaten wird das Interventionsverbot begrüßt, gibt es ihnen doch einen von der Weltöffentlichkeit überwachten Schutz vor den gößeren und stärkeren Mächten. Wird der Friedensbegriff jedoch menschenrechtlich aufgela-

1 Dazu Jäckel 1995; Debiel/Nuscheler 1996; Murphy 1996; Brunkhorst 1998.

2 Vgl. Johansen 1966, S. 61-86.

den, wird die interventionsausschließende Unabhängigkeitsgarantie von der Erfüllung menschenrechtlicher Forderungen abhängig gemacht, dann besteht die Gefahr, daß das Sicherheitssystem ins Wanken gerät, da der neue, normativ ausgeweitete, da binnenstaatliche Menschenrechtlichkeit in zufriedenstellendem Ausmaß kritieriell einbeziehende Friedensbegriff eine weitaus geringere Anerkennungschance besitzt. Der Menschenrechtsbegriff ist bekanntlich nicht unbestritten; er steht seit geraumer Zeit im Verdacht, dem Völkerrecht ein partikularistisches Wertsystem aufzupfropfen, den Interventionismus als politisches Instrument eines westlichen Wertimperialismus, eines Kulturkolonialismus, zu benutzen. Gerade wenn das Völkerrecht, das aus dem *ius publicum europaeum* entstanden ist, Weltrecht werden möchte, darf es sich nicht zum Vehikel der normativen Besonderheiten des kulturellen europäischen, westlichen Selbstverständnisses machen.

Dürfen Menschenrechte mit Gewalt zwischenstaatlich durchgesetzt werden? So lautet die grundlegende interventionsethische Frage. Mein Beantwortungsversuch hat drei Abschnitte. Ich beginne mit einer kritischen Durchsicht antiinterventionistischer Argumente. Sodann werde ich ein Argument für eine rechtsmoralisch gebotene Einschränkung des Anti-Interventionismus auf der Grundlage eines minimalistischen, mißbrauchsimmunen Menschenrechtsbegriffs vorschlagen. Und da eine im Grundsätzlichen nachgewiesene Legitimität eines Prinzips keinesfalls eine situationsunabhängige, rational akzeptable und moralisch zulässige Anwendung garantiert, muß abschließend noch ein Blick auf die Bedingungen geworfen werden, die dieser eingeschränkte Interventionismus beachten muß, um sowohl rational als auch rechtsmoralisch anerkennungsfähig agieren zu können. Diese Bedingungen, das wird sich zeigen, errichten so hohe Hürden für einen Interventionismus aus menschenrechtlichen Gewissensgründen, daß der rechtsmoralische Optimismus, der sich auf der Begriffsebene der Legitimation einstellen mag, schnell verfliegt und der Einsicht Platz macht, daß das Problem menschenrechtlich legitimierter militärischer Interventionen praktisch nahezu unlösbar ist.

I. Anti-Interventionistische Argumente

Kant hat Recht definiert als Unabhängigkeit von fremder nötigender Willkür nach einem allgemeinen Gesetz. Ein jeder ist frei und sein eigener Herr, solange er sich an die Grenzen hält, die einem jeden einen gleich großen Selbstverfügungsbereich zuweisen. Jeder hat das Recht auf uneingeschränkte Selbstbestimmung innerhalb des formalen Reziprozitätsnetzes gleicher rechtlicher Freiheit. Es ist evident, daß die Rede von dem interventionsgeschützten Selbstbestimmungsrecht der Staaten von genau diesem Konzept individueller rechtlicher Autonomie zehrt. Staatliche Selbstbestimmung gewinnt durch schlichte Analogisierung Sinn; der Staat wird nach dem Vorbild der Person begriffen; die territoriale Unverletzbarkeit korrespondiert der leiblichen Unversehrtheit; die Grenze ist die Haut des Staates. Und auch dann ist jede Form gewaltsamer Einmischung unrechtmäßig, wenn sie der Verbesserung des Staates dienen möchte und ihm Gutes tun will. Weder erlaubt das sich um die einzelstaatliche Souveränität konzentrierende Völkerrecht einen Interventionismus der Übelsabwehr noch einen der Promotion des Guten. Auch hier tritt die analogische Übereinstimmung mit dem Recht der Person deutlich hervor: denn auch dann erlaubt die individuelle Autonomie kein gewaltsames Eindringen in die Selbstbestimmungsdomäne des Individuums, wenn ihm dieses zum Vorteil gereicht, sei es durch Verhinderung eines die eigene Position verschlechternden Handelns, sei es durch Beförderung des Guten. Freiheit impliziert, die Kosten der eigenen Entscheidungen selbst aufbringen zu müssen; auch dann, wenn die Selbstbestimmungsanstrengungen zu einem miserablen Resultat führen,wenn sie die eigene Person schädigen, darf nicht gewaltsam eingeschritten werden. Zwangsbewehrte Verhinderungen von Selbstschädigung sind genauso widerrechtlich wie ein mit Gewalt einschreitender Paternalismus, der einen anderen zu einem besseren Leben zwingen will. Der Respekt der Selbstbestimmung verlangt ethische Indifferenz. Niemals darf ein anderer sich dazu hinreißen lassen, auftretende ethische Differenzen zwischen sich und anderen durch Zwangsanwendung zu überbrücken.

1.1 Der Staat als Person

Hält diese altehrwürdige, bereits von Platon verwendete Staat-Person-Analogie einer rechtsphilosophischen Überprüfung stand? Einige meinen, sie sei nicht mehr zeitgemäß, arbeite mit einem Staatsverständnis, das geschichtlich seit langem überholt sei. Jedoch kann man sicherlich nicht gegen diese Analogie zwischen staatlicher Souveränität zum einen und dem Selbstbestimmungsrecht der Person zum anderen mit dem Hinweis auf die politischen Fragmentierungswirkungen der ökonomischen Globalisierung argumentieren. Häufig hört man in diesen Tagen von der Notwendigkeit, das Nationalstaatsparadigma zu begraben und sich mit dem postnationalen Zeitalter vertraut zu machen. Fraglos ist es richtig, daß die vielfältigen Vernetzungen der Staatenwelt sich von Tag zu Tag verdichten, daß die politischen und ökonomischen Abhängigkeiten zunehmen. Durch die Einbindung der einzelnen Nationalökonomien in ein unaufhörlich expandierendes System der Weltwirtschaft wiederholt sich die Dialektik, die bereits bei der Etablierung des kompetitiven Marktes innerhalb der staatlichen Gebietshoheit zu beobachten war: Die vielfältigen Individualisierungs- und Befreiungseffekte des Wettbewerbsmarktes sind nur durch gleichzeitige Verdichtung der Abhängigkeitsbeziehungen zwischen den Wirtschaftssubjekten zu erreichen. Globalisierung bedeutet Ausdehnung hochdependenter Abhängigkeitsverhältnisse auf alle Bereiche modernen Lebens. Nur hat das erst einmal keinerlei Auswirkungen auf das Souveränitätskonzept. Daher sind alle Mortifikationen der Souveränität ebenso verfrüht wie die gleichzeitige Forderung begeisterter Kosmopoliten nach einer paradigmatischen Umstellung des Völkerrechts von einem Recht der Zwischenstaatlichkeit zu einem Recht genuiner, individualistisch radizierter Globalität. Warum ist derartiges verfrüht? Weil es auf einem schlichten Denkfehler beruht, den man in der Philosophie als naturalistischen Fehlschluß bezeichnet. Faktische Entwicklungen können Geltungsvorausssetzungen verändern, tangieren aber nicht die Gültigkeit normativer Konzepte. Dies um so weniger, als auch im Fall des individuellen Selbstbestimmungsrechts nie eine gottgleiche, also voraussetzungslose und omnipotente Selbstverfügungsfreiheit unterstellt worden ist. Daß unterschiedliche Umstände unterschiedliche Auswirkungen auf die Chancen der rechtlich geschützten Freiheitswahrnehmung haben, ist ein *anthropologicum* und daher trivial und hat *prima vista* keinerlei Bedeutung für die normative Bestimmung. Zum anderen gilt, daß ein großer Teil der Abhängigkeitsverhältnisse durch intersubjektive Kooperation entstanden ist, als Folge strategisch vorteilhafter Selbstbindung, daher also in Übereinstimmung mit dem Selbstbestimmungsrecht steht. Das Selbstbestimmungsrecht ist in seiner Geltung nicht an faktische Allmacht gebunden; es ist mit jeder eingewilligten Selbstbindung, mit jeder freiwilligen Verdichtung des Abhängigkeitsnetzes, mit jeder selbst gewollten Einschränkung der faktischen Selbstverfügung durchaus vereinbar. Wichtig ist nur, daß die Legitimationskette nicht durch Zwang zerrissen wird; daß jede einschränkende Regelung sich nachvollziehbar auf die wie immer motivierte Einwilligung des Einschränkungsopfers zurückführen läßt. *Globalisierungsbedingte Interdependenzverdichtungen im zwi-*

schenstaatlichen Bereich geben also nicht die geringste Veranlassung, eine völkerrechtliche Periode der Nachsouveränität einzuläuten.

Mittels dessen, was man als globalisierungsbedingte Erosion der Verfügungskapazitäten der einzelstaatlichen Souveränität bezeichnen kann, ist die Analogie zwischen Staaten und Personen nicht zu Fall zu bringen. Jedoch gibt es eine andere Perspektive, eine insbesondere hinsichtlich der interventionsethischen Implikationen dieser Analogie wichtige Perspektive, in der diese Analogie allen Halt verliert. Die Analogie verlangt von uns, die Rechtsposition, die Staaten gegenüber Staaten haben, nach dem Muster der Rechtsposition zu betrachten, die nach unseren, sei es naturrechtlichen, sei es vernunftrechtlichen, sei es menschenrechtlichen Überzeugungen Individuen gegenüber Individuen, Personen gegenüber Personen haben. Entsprechend fordert sie auch, die interstaatlichen Kernverpflichtungen nach dem Vorbild interpersonaler Basisverpflichtungen auszulegen. Andererseits gilt aber auch, daß aus neuzeitlicher rechtsphilosophischer Perspektive das Völkerrecht ein Derivat des Staatsrechts und das Staatsrecht ein Derivat des Menschenrechts ist. Die einzelnen Rechtsbereiche sind also nicht geltungslogisch unabhängig voneinander, sondern durch eine Legitimationskette miteinander verbunden, die im menschenrechtlichen Fundament befestigt ist. Dieser Gedanke der Legitimationskette impliziert eine notwendige Einschränkung der Person-Staat-Analogie, da sie die Wiederholung der *normativen Homogenität* der interindividuellen Ausgangslage auf zwischenstaatlicher Ebene als fragwürdige rechtliche Fiktion durchschaubar macht. Unter *normativer Homogenität* verstehe ich folgendes: Alle relevanten Berechtigten und Verpflichteten sind im Falle interpersonaler Normativität von derselben Art; konkurrierende Anspruchserheber und Verpflichtungsadressaten, die bei der rechtlichen Gestaltung der zwischenmenschlichen Situation zu berücksichtigen wären, die sich, sei es relativierend, sei es kumulierend bemerkbar machen könnten, gibt es nicht. Der Grund dieser normativen Homogenität ist evident: Personen sind aufgrund der rechtfertigungstheoretischen Basistheorien unser kulturell-gesellschaftlichen Begründungspraxis die unhintergehbare Ausgangsgröße der Rechtszuschreibung. Wir kennen nichts Vormenschliches, dem im Vergleich zum menschlichen Individuum die Eigenschaft selbständiger Rechtssubjektivität zukommen könnte.

Wenn nun Staaten wie Personen zu betrachten wären, müßte dem zwischenstaatlichen Verhältnis normative Homogenität zugesprochen werden können. Und das heißt: Es dürfte bei der rechtlichen Beurteilung zwischenstaatlicher Verhältnisse ausschließlich der staatliche Berechtigte und Verpflichtete von Belang sein. Und das heißt weiter: Es kann nur Rechtsverletzungen geben, die das Recht fremder Staaten betreffen; es kann nur Verpflichtungen geben, die in der zwischenstaatlichen Ordnung und in dem staatenweltlichen Frieden begründet sind. Die einzigen völkerrechtsauffälligen und einschlägige Rechsdurchsetzungsakte provozierenden Rechtsverletzungen von Staaten sind dann Verletzungen des Rechts fremder Staaten und der zwischenstaatlichen Rechts- und Friedensordnung durch gewaltsamen Angriff oder durch Aktionen, die friedensbedrohliche Auswirkungen haben können. Die einzigen völkerrechtskonformen Rechtsdurchsetzungsakte sind daher allein Verteidigungshandlungen eines angegriffenen Staates oder friedenssichernde und friedenswiederherstellende Maßnahmen der Staatengemeinschaft. Zweifellos läßt sich zumindest das klassische und auch das moderne Völkerrecht in seinen ersten Entwicklungsjahrzehnten durchaus durch den Begriff der normativen Homogenität charakterisieren. Es ist weder für das klassische noch für das kriegsächtende moderne Völkerrecht denkbar, daß es konkurrierende Berechtigte neben den Staaten gibt. Es ist nun nicht so, daß das Völkerrecht die menschenrechtlichen Forderungen leugnen muß, es ist aber so, daß es menschenrechtliche Forderungen nicht als völkerrechtlich relevant betrachtet. Aus völkerrechtlicher Perspektive gilt das Prinzip der menschenrechtlichen Indifferenz einzelstaatlichen Handelns; es ist gleichgültig, ob staatliche Selbstbestimmung mit den menschenrechtlichen Ansprüchen in Übereinstimmung steht oder nicht; von Wichtigkeit sind nur die außenpolitischen Auswirkungen. Nur über außenpolitische Auswirkungen, nur aufgrund ihres friedenspolitischen Potentials kann menschenrechtswidriges Handeln völkerrechtsauffällig werden.

Diese Sichtweise ist sowohl für den *common sense* als auch für die Rechtsphilosophie zumutungsvoll. Der *common sense*, in hohem Maße Kind seiner Zeit, ist ein naturwüchsiger und begriffsloser Menschenrechtler, dem nicht einleuchten will, wie staatsrechts- und völkerechtsbegründende menschenrechtliche Ansprüche staatsrechtsimmanent wie völkerrechtsimmanent außer Geltung gesetzt werden können. Das Staatsrecht hat sich denn ja auch nicht lange von den Normierungseinflüssen seiner Legitimationsquelle freihalten können: Unser Staatsrecht ist demokratisch, liberal, konstitutionalistisch, rechtsstaatlich und sozialstaatlich. Warum sollte sich dann aber das Völkerrecht gegen seinen Legitimationsgrund abdichten dürfen?

So richtig es zu sein scheint, auf der Grundlage eines verdoppelten Selbstbestimmungsrechts den hinsichtlich der Personen selbstverständlich verbotenen Paternalismus der Vermeidung und der Beförderung auch aus dem zwischenstaatlichen Bereich herauszuhalten und somit einen allgemeinen, absoluten, unqualifizierten Anti-Interventionismus zu vertreten, so ist es doch unabweisbar, daß Staaten Personenverbände sind, Verbände von Instanzen mit eigenem Recht, Individuen hingegen keinesfalls Verbände von Instanzen mit eigenem Recht darstellen. Daher kann ein individueller Selbstbestimmungsakt, der sich innerhalb der zwischenmenschlichen Ordnung bewegt, nie einen rechtsverletzenden Charakter haben, da es keine nicht-personalen Rechtssubjekte gibt, die von derartigen Selbstbestimmungsakten von Personen in ihrem Recht gekränkt werden könnten. Zellen haben möglicherweise Interessen, aber sicherlich keine Rechte. Staatliche Selbstbestimmung kann hingegen durchaus rechtsverletzenden Charakter haben, denn Staaten sind Rechtssubjekte, die ihrerseits aus Rechtssubjekten bestehen, und zwar aus Rechtssubjekten, deren Rechtssubjektivität – verglichen mit der ihrigen – überdies normativ vorgängig und rechtfertigungslogisch prioritär ist. Der Staat ist eine ontologisch wie rechtfertigungstheoretisch derivative Angelegenheit; ein Konstrukt, ohne ein an einem bestimmten Ort lebendes Volk, ohne eine sich als politische Einheit begreifende Gemeinschaft von Individuen überhaupt nicht identifizierbar; und auch seine gegen andere seinesgleichen nach außen gerichtete Rechtsausstattung, auch seine äußere Souveränität, ist lediglich vermittelter Ausdruck originärer menschenrechtlicher oder individualrechtlicher Rechtsstellungen. Da diese die rechtfertigungstheoretische Leitwährung unserer praktischen Begründungsdiskurse bilden, kann nur dann ein normatives Argument überzeugen, wenn seine Rechts- und Moralbegrifflichkeit in die rechtfertigungstheoretische Leitwährung des Menschenrechts konvertierbar ist. Das gilt ebenso für Versuche, anti-interventionistische Intuitionen in Argumente zu überführen, wie für das Vorhaben, interventionistische Ausnahmen zu formulieren oder gar den Umriß von zwischenstaatlichen Eingriffspflichten auszuziehen.[3]

Die unterschiedliche rechtliche Physiognomie von Person und Staat verhindert, die Analogie so weit auszubauen, daß sie ein generelles Interventionsverbot tragen könnte. Freilich besagt die Unhaltbarkeit der Staat-Person-Analogie nicht,

3 Zum Verhältnis staatliche Autonomie – Interventionsverbot vgl. Beitz 1979, S. 67-120.

daß es keine anderen Gründe für ein Interventionsverbot geben könnte. Diese können entweder außermoralischen Zuschnitts sein und Kosten-Nutzen-Rechnungen anstellen, also etwa vorbringen, daß es in Hinblick auf die Gesamtzahl aller möglichen Betroffenen immer noch das kleinere Übel sei, die binnenstaatlichen Menschenrechtsverletzungen hinzunehmen, als ein militärisches Eingreifen mit all solchen gigantischen Kollektivhandlungen nun einmal anhaftenden rationalen und moralischen Unwägbarkeiten zu riskieren. Diese können aber auch selbst rechtsmoralischer Natur sein. Denn die Unverletzlichkeit des Staates ist nicht davon abhängig, daß wir die Rede von der Völkerrechtssubjektivität des Staates ontologisch ausweiten und den Staat zur moralischen Person erklären, die einen Zweck an sich selbst darstellen würde. Wenn wir das Analogie-Modell fallen lassen, sind wir nicht gezwungen, die Souveränität zu kippen. Denn die hinter der Analogie sichtbar werdende legitimationslogische Sekundarität des Staates impliziert zumindest dann nicht die Aufgabe des Souveränitätsprinzips, wenn staatliche Souveränität als notwendige Bedingung der Verwirklichung der primären, den Staat an die Legitimationskette legenden Individualrechte instrumentell gerechtfertigt werden kann. Die Menschen haben, wie Kant in einer eindrucksvollen Argumentation gezeigt hat, ein Recht auf Staat,[4] auf die Bedingungen also, unter denen allein sie ihres Rechtes sicher sein können. Und es ist evident, daß dieses Recht auf Staat notwendigerweise das Recht auf Unabhängigkeit des Staates von fremdstaatlicher Willkür impliziert. Das Völkerrecht mag sich mit der Evidenz der friedenspolitischen Produktivität des staatlichen Selbstbestimmungsrechts begnügen, die Rechtsphilosophie vermag jedoch tiefer zu schürfen und eine von innen wie von außen gesicherte Staatlichkeit als notwendige Bedingung menschenrechtlicher Sicherheit aufzuzeigen,

4 Vgl. Kersting 1993a.

somit mit dem Menschenrecht selbst einen Legitimationsgrund für den Anti-Interventionismus vorzuweisen.

Dieses Argument gibt der anti-interventionistischen Intuition einen weitaus überzeugenderen Ausdruck als das Analogisierungsargument. Freilich zeigt es intern auch schon die Grenze des Interventionsverbots. In dem Maße, in dem gerade die normative Profilierung der völkerrechtlichen Position des Staates von der vorausgesetzen und nicht fraglichen normativen Grundausstattung der Person zehrt, muß notwendigerweise die rechtlich relevante Beurteilung staatlichen Handelns sein Verhalten zu den Rechten der Bürger einschließen. Und zumindest dann dürfte der Staat sein Recht auf Nichteinmischung verwirkt haben, wenn die Respektierung seiner Autonomie die Hinnahme der staatlichen Zerstörung der Voraussetzung autonomer Lebensführung bei großen Teilen seiner Bürger implizierte, wenn also die Respektierung seiner Autonomie verlangte, vor staatlichem Terror, Deportation, Völkermord die Augen zu verschließen. *Es gibt ein fundamentales Kohärenzgebot*, das verlangt, daß die einzelnen Rechtsbereiche aufeinander abgestimmt werden: und ein Rechtssystem ist inkohärent, wenn binnenstaatliche systematische Menschenzerstörung durch das völkerrechtliche Selbstbestimmungsrecht gedeckt werden könnte.

1.2 Der Staat als Instrument und Ort politischer Selbstbestimmung

Neben der staatspersonalen Fassung hat das anti-interventionistische Argument auch eine andere, mehr politische und gleichsam rousseauistische Fassung erhalten. In ihr wird der Staat durch die politische Gemeinschaft ersetzt. Während das erste anti-interventionistische Argument sich an dem älteren Begriff der Staatssouveränität orientiert, der Bodinschen-Hobbesschen Variante der historisch ausgebildeten

Fürstensouveränität, stützt sich das zweite anti-interventionistische Argument auf den jüngeren Begriff der Volkssouveränität. Jetzt ist es nicht mehr staatliche Selbstbestimmung, die der Anti-Interventionismus zu respektieren verlangt, jetzt ist es die kollektive Selbstbestimmung einer politischen Gemeinschaft, die fremden Mächten verbietet, gewaltsam in das Staatsgebiet einzudringen. Seit der Französischen Revolution ist der Gedanke der politischen Selbstbestimmung der Völker fester Bestandteil unserer menschenrechtlich fundierten politischen Überzeugungen. Und auch hier hat die philosophische Legitimationstheorie den wirklichen Verhältnissen vorgearbeitet: Das vertragstheoretische Argument von der einvernehmlichen Errichtung einer Herrschaftsordnung ist nichts anderes als wahrgenommene kollektive politische Selbstbestimmung. Die Vertragsgemeinschaft des rechtfertigungstheoretischen Kontraktualismus ist der Prototyp der sich selbst bestimmenden, autonom über Verfassung, Regierung und Politik bestimmenden politischen Gemeinschaft.[5]

Mit dem Übergang in die politische Wirklichkeit verliert der Begriff der politischen Selbstbestimmung jedoch schnell an kriterieller Klarheit. Angesichts der Vielzahl nicht-demokratischer, der politischen Selbstbestimmung des Volkes keinen Raum lassender, keinen Ausdruck gebender Staaten ist nicht zu sehen, in welchem Sinn das Interventionsverbot der politischen Autonomie des Volkes dienen könnte. Gegen diese rousseauistische Variante des anti-interventionistischen Arguments kann ein Einwand wiederholt werden, der oben schon gegen das Selbstbestimmungsrecht des Staates erhoben wurde. Denn das Selbstbestimmungsrecht der politi-

5 Vgl. Kersting 1994. Völkerechtliche Beachtung fand das Selbstbestimmungsrecht der Völker zuerst in der 14-Punkte-Erklärung Wilsons; verstärkte Bedeutung wuchs ihm während des Prozesses der Entkolonialisierung zu. Heute gilt die Selbstbestimmungsidee als unstrittige völkerrechtliche Norm; vgl. Ipsen 1999, S. 341-386.

schen Gemeinschaft basiert wie das Selbstbestimmungsrecht des Staates auf einer Analogie mit dem individuellen Selbstbestimmungsrecht. Diese Analogie ist aber im Fall der Gemeinschaft nicht plausibler als im Fall des Staates. Grund der Implausibilität ist hier wie da die nicht vorhandende Einheit. Welche extravaganten Bedingungen erfüllt sein müssen, um ein Volk als ein sich selbst bestimmendes Volk bezeichnen und damit das Recht auf Unabhängigkeit völkerrechtlich legitim einklagen zu können, kann man dem Gesellschaftsvertrag Rousseaus entnehmen.[6] Jede Herrschaftsorganisation, die hinter die Identität von Herrschenden und Beherrschten zurückfällt, jeder politische Verband, der hinter der kulturell und ökonomisch homogenen, weder durch ethische Differenzen noch durch sozio-ökonomische Unterschiede fragmentierten politischen Gemeinschaft der Rousseauschen Republik zurückbleibt, ist dann nur noch metaphorisch als ein sich selbst bestimmendes und in der Wahrnehmung seines kollektiven Rechtes auf Autonomie nicht von außen zu beeinträchtigendes Volk anzusprechen.

Die Rede von dem Selbstbestimmungsrecht der politischen Gemeinschaft ist nicht klarer als die Rede von dem Selbstbestimmungsrecht des Staates. Selbstbestimmung ist ein Begriff, der den semantischen Kontrast zur Fremdbestimmung benötigt, um Verständlichkeit zu gewinnen. Das heißt: Im Begriff der Selbstbestimmung ist zuallererst die Abwesenheit der Fremdbestimmung anzutreffen. Selbstbestimmung liegt dann vor, wenn keine Fremdbestimmung vorliegt. Fremdbestimmung ist verboten, um Selbstbestimmung zu ermöglichen; um über sich selbst zu verfügen, um sein Lebensschicksal in die eigenen Hände zu nehmen. Wir haben den Begriff der Selbstbestimmung wie den der Volkssouveränität seit langer Zeit unserem demokratiemythologischen Grundvokabular zugefügt und gebrauchen ihn beden-

6 Vgl. Kersting 1994, S. 140-179.

kenlos. Dabei wären hier allerlei Bedenken abgebracht. Denn dieses Argument ist doch nur dann sinnvoll auf das Volk anwendbar, wenn dieses wie im Fall der Einzelperson bei der Abwesenheit von Fremdbestimmung wirklich jeden Raum zur Selbstbestimmung hätte, wenn mit der Vertreibung des fremden Zwingherrn, der Befreiung von der Kolonialmacht sowohl die notwendige als auch die hinreichende Bedingung für die Wahrnehmung politischer Autonomie erfüllt wäre. Das Volk aber, das nur in der Rechtfertigungstheorie des Kontraktualismus in einem politisch unorganisierten Zustand anzutreffen ist, das nur im Naturzustand der Vertragstheorie als spontane Assoziation existiert und nur in der logischen Sekunde des staatsbegründenden Vertragsschlusses als Kollektivsubjekt autonom agiert, dieses Volk gibt es außerhalb dieser begrifflichen Konstruktionen einer durch und durch individualistischen Rechtfertigungstheorie nicht. Das empirische, in der Wirklichkeit anzutreffende Volk ist immer schon eingebunden in politische Organisationsformen und in seinen politischen Artikulationsmöglichkeiten durch vorhandende Herrschaftsstrukturen bestimmt. Daher kann ihm Selbstbestimmung nicht nur durch äußere Fremdbestimmung verwehrt werden, sondern auch durch innere Unterdrückung. Diese kann viele Gesichter haben: Die Phänomenologie der Unfreiheit kann von der Unterwerfung eines Volkes unter einen diktatorischen Willen gehen bis zum Bürgerkrieg, von der Diskriminierung bis zum Völkermord. Nahezu alle innenpolitischen Defizienzformen sind auch dadurch charakterisiert, daß sie eine politische Selbstbestimmung des Volkes verhindern, daß ein Volk sich hier gar nicht erst politisch artikulieren kann, weil die volksfeindliche diktatorische Herrschaft sich auf Unterdrückung und Einschüchterung, auf Teilung und Fragmentierung, auf Polarisierung und Polemisierung stützt und letztlich in einer mörderischen Herrschaft einer Rasse über eine andere Rasse, einer Ethnie über eine andere Ethnie, einer Religionsgemeinschaft über eine andere Religionsgemeinschaft kulminieren mag. All die empirischen Distinktionsmerkmale werden dann politisch relevant, die gerade bei einer Selbstbestimmung des Volkes irrelevant sein müßten, weil diese notwendigerweise nur im Modus der Mitbürgerlichkeit aller Mitglieder des Staatsvolkes geschehen kann.

Die fundamentale Grenze der Analogie liegt schlicht in folgendem: Die menschliche Person hat als menschliche Person nur aus einer Richtung Fremdbestimmung zu befürchten. Im Fall des Staates ist es aber etwas anders: Zwar haben Mensch und Bürger keine Möglichkeit zur politischen Selbstbestimmung, wenn ihnen mit militärischer Gewalt ein fremdstaatlicher Wille aufgezwungen wird; aber selbst dann, wenn sich das binnenstaatliche Leben einmischungsfrei entwickeln kann, ist damit noch kein geschützter Raum für politische Selbstbestimmung gegeben, da es immer auch noch einen inneren Feind der Selbstbestimmung geben kann. Aufgrund dieser doppelten Gefahr der Fremdbestimmung ist daher auch grundsätzlich der Fall denkbar, daß fremdstaatliche Fremdbestimmung erwünscht sein kann, um die mörderische binnenstaatliche Fremdbestimmung durch ein Regime, eine Ethnie, eine Religion usf. zu beenden.

Wo also sind die Spuren der Autonomie der Bürger auf der Oberfläche des Staates zu sehen? Diese Spuren müssen gefunden und gelesen werden können, tragen sie doch allein den normativen Anti-Interventionismus.[7] Theoretiker, die den Anti-Interventionismus mit dem Selbstbestimmungsrecht einer politischen Gemeinschaft begründen, müssen folglich Kriterien angeben, mit deren Hilfe das Vorliegen von Selbstbestimmung festgestellt werden kann, und zwar vor allem in nicht-demokratischen Staaten, da anderenfalls der Anti-Interventionismus von vornherein auf demokratische

7 Zum Problem eines hinreichend gehaltvollen, interventionsethisch verwendbaren Begriffs der politischen Selbstbstimmung vgl. McMahan 1986; Luban 1985a.

Staaten beschränkt bliebe. Sie schlagen zumeist manifeste Zustimmung, verhaltens- und bleibenskonkludente Anerkennung, sichtliche Unterstützung der Regierung, ausdrückliche Autorisierung und ähnliches vor. All diese Kriterien entstammen dem Arsenal empirisch-konsentischer Legitimationstheorien. Empirisch-konsentische Legitimationstheorien stellen jedoch für Begründungsargumentationen ein dicht vermintes Gelände dar, in dem man unweigerlich umkommt.[8] Denn wird diesem Kriteriumstyp eine starke Fassung gegeben, dann gibt es keinen Fall politischer Gemeinschaft, der diese interventionsabweisende Selbstbestimmung besäße. Wird diesem Kriterium eine schwache Fassung gegeben, dann wird jeder Form von Staatlichkeit eine selbstbestimmte politische Gemeinschaft zugeordnet werden können. Entscheidet man sich für diese schwache Fassung, dann hat man zwar den Anti-Interventionismus gerettet, aber auf Kosten einer vollständigen semantischen Denaturierung des Begriffs der Selbstbestimmung.[9]

Wenn wir empirisch-konsentische Theorien durch apriorisch-konsentische Theorien ersetzen, also durch Vertragstheorien, dann geraten wir vom Regen in die Traufe. Denn dann wird die interventionsabweisende Autonomie des Staates von seiner expliziten, kontraktualistisch ausbuchstabierten Legitimität abhängig gemacht. Würden wir das interventionsabweisende Selbstbestimmungsrecht des Staates an die Bedingung der allgemeinen Zustimmungsfähigkeit, also an die Gerechtigkeit seiner Institutionen, binden, dann

8 Man schaue sich nur David Humes Kritik der Konzeption des impliziten, stillschweigenden Vertrages an; sie enthält alle Einwände, die gegen den empirischen Konsentismus vorgebracht werden können; vgl. Hume 1987; vgl. Kersting 1994, S. 134ff.; man möge sich auch an die überwältigende Zustimmung erinnern, die sich die regierende Partei in dikatorischen Regimen in sogenannten Wahlen stets zu verschaffen weiß.

9 So hat Walzer keinerlei Schwierigkeiten, die Selbstbestimmung einer politischen Gemeinschaft mit einem tyrannischen Regime zu vereinbaren; vgl. Walzer 1977, S. 87.

würden wir einerseits den Non-Interventionismus auf einen Bereich eingrenzen, den ohnehin niemand dem Interventionismus aussetzen würde, und andererseits den Interventionismus auf eine gefährliche Weise entgrenzen, wären dann doch alle Reforminterventionen, alle Gerechtigkeitskreuzzüge legitim.

Die Kriterienabhängigkeit des Arguments vom Selbstbestimmungsrecht der politischen Gemeinschaft belastet die Interventionsethik mit einem fundamentalen Fehler, den ich den *Irrtum über die Maßgeblichkeit der Legitimität* nennen möchte. Gleichgültig, ob die Spuren der Selbstbestimmung nun empirisch oder aprioristisch ausbuchstabiert werden, immer schiebt sich die Legitimitätsbedingung zwischen Selbstbestimmungsrecht und Nicht-Einmischungspflicht. Legitimität begründet einen Anspruch auf Nicht-Intervention; Illegitimität führt zur Verwirkung des Anspruchs auf Nicht-Intervention. Damit wird jeder Zugang zu einer rationalen Interventionsethik verbaut. Wir werden weiter unten sehen, daß die Belanglosigkeit des Legitimitätskriteriums eine grundlegende interventionsethische Gelingensbedingung ist.

1.3 Republikanische Einwände gegen einen paternalistischen Interventionismus

Freilich gibt es auch ein bekanntes Argument in der Literatur, das sich von der Legitimität staatlicher Herrschaft unabhängig macht und selbst dann eine Intervention verbietet, wenn der Staat evident illegitim ist. Dieses Argument stammt von Mill und ruht auf zwei Säulen: Die erste Säule wird durch das Recht auf politische Selbstbestimmung gebildet, das politischen Gemeinschaften zukommt; die zweite Säule wird durch die empirische Vermutung gebildet, daß politische Gemeinschaften nur dann in dauerhaften Selbstbestimmungsverhältnissen leben können, wenn sie sich diese politische Freiheit unter großem Einsatz und Opfermut erkämpft haben.[10] Freiheit, so wünschenswert sie ist, muß selbst unter Schmerzen erworben werden, damit man sich ihres dauerhaften Besitzes erfreuen kann. Der wohlmeinende Interventionist verlängert nur das Szenario der Unmündigkeit: Da das Volk nie die Gelegenheit hatte, sein Leiden in Taten umzusetzen und durch sein Handeln Selbstbewußtsein und Selbstvertrauen zu gewinnen, wird es nach dem Rückzug des fremden Befreiers sich schnell wieder dem ersten hergelaufenen Tyrannen an den Hals werfen. Dieses Argument ist sichtlich eine Variation jenes drastischen Republikanismus, der Thomas Jefferson davon sprechen ließ, daß der Baum der Freiheit alle Jahre wieder einmal mit Blut begossen werden müsse, um nicht zu verkümmern.

Folgendes ist hier einzuwenden: So wichtig der Wert der politischen Freiheit ist, so plausibel auch die empirische Vermutung sein mag, daß geschenkte Freiheit sich nicht heimisch machen kann, ist es doch keinesfalls so, daß politische Selbstbestimmung den höchstrangigen Beurteilungsgesichtspunkt bildet und es keine dringlicheren Werte und übergeordneten Rechtsansprüche gäbe, die eine Intervention erlauben könnten.[11] Es ist lächerlich, Intervention etwa mit dem Argument der Verhinderung der Selbstbefreiung eines Volkes von einer ungeliebten oder gar tyrannischen Regierung zu verbieten, wenn dieses Volk sich infolge dauerhafter Unterdrückung gar nicht mehr in einem Zustand befindet, der eine Selbstbefreiung gestattete; wenn das Volk Opfer von Deportation, Mord und brutaler Vernichtung wird. Will man dann dem Interventionisten, der dem Völkermörder in den Arm fallen möchte, den Waffengang verwehren mit dem Hinweis, daß er dem Volk nicht das Recht auf Selbstbefreiung nehmen darf? Soll er so lange darauf warten, daß sich das Volk zur Selbstbefreiung aufrafft, bis der letzte von ihm im

10 Vgl. Mill 1873; Walzer 1977.
11 Vgl. Luban 1985a.

Massengrab verschwunden oder aus dem Land vertrieben worden ist? Ein merkwürdiger Republikanismus waltet hier, der Befreiungsromantik mit Opferstrenge paart. Und es ist kein Wunder, daß besonders Kommunitaristen dieses Argument sehr schätzen.

1.4 Kulturelle Differenz und präsumptive Legitimität

Und auch das folgende Argument ist kommunitaristischen Zuschnitts. Es ist von Michal Walzer in die Diskussion eingeführt worden. Es ist das Argument von der präsumptiven Legitimität; Kommunitaristen sind Antiuniversalisten und akzeptieren keine kulturinvarianten und geschichtstranszendenten Beurteilungskriterien. Es gibt nur partikulare Wertwelten, die Fremden verschlossen sind. Wenn aber Geschichte und Kultur eines anderen Gemeinwesens epistemologisch unzugänglich sind, bleibt den Außenstehenden nur, Legitimität aus ethischem Takt zu unterstellen. Denn »they don't know enough about its history, and they have no direct experience, and can form no concrete judgments, of the conflicts and harmonies, the historical choices and cultural affinities, the loyalties and resentments that underlie it. Hence their conduct, in the first instance at least, cannot be determined by either knowledge or judgement. It is, or it ought to be, determined instead by a morally necessary presumption: that there exists a certain ›fit‹ between the community and its government and that the state is ›legitimate‹.«[12] Das ist jedoch, gelinde gesagt, purer Unsinn. Vertrautheit mit Kultur und Geschichte, der Genese von

12 Walzer 1985, S. 212. Einen ähnlich absurden Partikularismus vertritt Goldman 1982; in seinen Augen ist eine Intervention dann gerechtfertigt, wenn sie den Gerechtigkeits- und Legitimitätsvorstellungen folgt, die in dem Interventionsziel gelten; so kann dann Intervention als ausgelagerte und reimportierte Selbstbestimmung, als Art Selbstbestimmungs-out-sourcing, ausgelegt werden.

Konflikten und den sozialen Linien der Loyalität und des Hasses ist sicherlich notwendig, um den gegenwärtigen Zustand eines Landes zu verstehen; aber ich muß nicht in eine Kultur eintauchen, um Genozid, Verfolgung von Minderheiten, Entrechtung und Deportation von ganzen Bevölkerungsgruppen als Menschenrechtsverletzungen zu erkennen.[13] Das Massengrab hat keine kulturelle Grammatik, die nach diffiziler Hermeneutik verlangte; das, was es bedeutet, zeigt es selbst.

II. Menschenrecht und Interventionismus

Die Durchsicht der wichtigsten anti-interventionistischen Argumente hat die folgenden Vermutungen begründet: Erstens, daß sich ein strikter Anti-Interventionismus nicht aufrechterhalten läßt; zweitens, daß das Legitimationskriterium interventionsethisch belanglos ist; drittens, daß ein bedingter Interventionismus zu rechtfertigen ist; und viertens, daß sich diese Rechtfertigung ausschließlich auf einen strengen, minimalistischen Menschenrechtsbegriff stützen kann. Ich werde im folgenden diese Vermutungen zu erhärten versuchen.

Dabei wird sich überdies die Möglichkeit ergeben, eine notorische terminologische Verwirrung der Interventionsethik auszuräumen. Gern redet das einschlägige Schrifttum von einem Recht auf Intervention, in der Meinung, daß eine Einschränkung des Interventionsverbots eben ein Recht auf Intervention einräumen würde. Rechte freilich sind – semantisch gesehen – Fremdverpflichtungsbefugnisse. Wen aber sollte der Inhaber eines Interventionsrechts zu verpflichten

13 Der kommunitaristische Parochialismus erweist sich erst recht dann als epistemologisch kurzschlüssig und moralisch verhängnisvoll, wenn man bedenkt, daß auch Geschichtsklitterung, Tatsachenfälschung und der Vertrieb von Legitimationslegenden zum herrschaftsideologischen Rüstzeug autokratischer Gewalthaber gehören.

befugt sein? Die Regierung des Staates etwa, den er mit militärischer Intervention bedroht? Und wozu sollte diese Regierung sein Recht verpflichten? Etwa zur Widerstandslosigkeit? Oder dazu, das zu tun, das nicht getan zu haben ja gerade den Interventionsfall herbeigeführt hat – und das zu tun sie unabhängige menschenrechtliche Gründe ohnehin verpflichten? Aber nicht nur dann ist die Rede von einem Recht auf Intervention sinnlos, wenn wir an die ihm obligationstheoretisch innewohnende Eigenschaft der fremdgerichteten Verpflichtungsbefugnis denken, sondern auch dann, wenn wir uns daran erinnern, daß es keine Pflicht gibt, ein Recht wahrzunehmen, da ein Recht zu etwas zu haben immer auch bedeutet, es nicht wahrnehmen zu müssen. Anders als Pflichten sind Rechte verzichtbar. Aber was ist von einer Konstruktion zu halten, die einerseits Staaten das Recht einräumt, etwa angesichts unerträglicher Menschenrechtsverletzungen in einem fremden Staat in diesen militärisch zu intervenieren, andererseits es ihnen jedoch damit auch freistellt, ob sie dieses Recht nun wahrnehmen wollen oder nicht? Wird das nicht zu einer Zynismus erzeugenden Abwertung des menschenrechtlichen Legitimationsgrundes führen müssen? *Von einem Recht zur Intervention kann sinnvoll nur dann geredet werden, wenn eine Pflicht zur Intervention besteht.* Denn wir haben natürlich ein Recht, das zu tun, was zu tun wir verpflichtet sind. Das moralisch Notwendige ist immer auch moralisch zulässig; aber das moralisch Zulässige ist nicht immer auch moralisch notwendig. Wenn militärische Interventionen rechtsmoralisch begründet werden können, dann ausschließlich im Rahmen eines Nachweises ihrer moralischen Notwendigkeit. Der Begriff der Interventionspflicht ist, verglichen mit dem Begriff des Interventionsrechts, geltungslogisch primär. Und nur dann können militärische Interventionen rechtsmoralisch notwendig sein, wenn sie als Maßnahmen zum Schutz fundamentaler Menschenrechte unerläßlich sind.

Das Menschenrecht hat freilich viele Gegner in der Welt des politischen Handelns und der politischen Meinungsbildung. Und diese Gegner muß der Interventionsethiker genauso wie der kosmopolitische Freund einer globalen Rechtsordnung widerlegen.

Da sind zum einen die Partikularisten. Für sie ist der Menschenrechtsgedanke lediglich kultureller Ausdruck des westlichen Individualismus. Hinter seinem angemaßten Universalismus verbirgt sich in ihren Augen eine imperialistische Arroganz, die der ganzen Welt das eigene partikulare Selbstverständigungsmuster aufzwingen will. Letztlich ist der westliche Menschenrechtsuniversalismus dann nichts anderes als Moralkolonialismus, als die Fortsetzung des Kolonialismus mit moralischen Mitteln.

Da sind zum anderen die konservativen Skeptiker, die der Moral politisch zutiefst mißtrauen und der Politik die Autonomie zurückgeben möchten. Sie betrachten mit großem Argwohn den rhetorisch-deklamatorischen Menschenrechtsauftrieb. Der moralische Universalismus, so ihre Überzeugung, verderbe die Politik. Gleichgültig, ob Bergpredigt oder Menschenrecht, beides verursache gravierende Rationalitätsmängel, führe zu einer Hypermoralisierung der Politik. Wird aber die Politik der Wahrheit unterworfen, ist sie bekanntlich zu jeder Enthemmung bereit. Es besteht die Befürchtung, daß die Hobbessche Rationalität einer kollektiv verwalteten Kriegsabwesenheit einer Kreuzzugsmentalität weiche, einem Interventionismus der moralischen Optimierung. Die politischen Wertungläubigen sehen ein neues Mittelalter heraufdämmern, erblicken hinter der expandierenden Praxis humanitärer Intervention eine Neuauflage der Lehre vom gerechten Krieg. Es scheint ihnen, daß das Menschenrecht zur *potestas spiritualis* des post-nationalstaatlichen Zeitalters wird und der Sicherheitsrat zum Zentralorgan der menschenrechtlichen Ökumene, das souverän über die Interventionsfälle verfügt.

Das Menschenrecht hat aber einen noch weit größeren und gefährlicheren Feind als diese Allianz aus Relativismus, Mißmut und Verdacht. Der größte Feind des Menschenrechts ist es selbst, sein unglaublicher Erfolg. Damit spiele ich nicht auf die bekannte sensationsökonomische Gesetzlichkeit an, daß rhetorische Übersättigung, nicht anders als physiologische, Ablehnung und Widerwillen erzeugt. Ich meine die Hypertrophierung des Menschenrechtsgedankens, die Überschwemmung der öffentlichen Diskussion mit immer neuen Menschenrechten. Wird jedes Anliegen mit der Dignität menschenrechtlicher Unvermeidlichkeit ausgestattet, wird die Berufung auf das Menschenrecht bald zu einer leeren Gebärde. Wird jedes auftauchende Problemfeld menschenrechtlich vermessen, geht die logische und normative Leitfunktion des Menschenrechtsbegriff in einem begrifflichen Dickicht verloren. Die Menschenrechtslandschaft ist mittlerweile verwildert und unübersichtlich; die semantischen Wucherungen lassen keine Konturen, keine Ordnung mehr erkennen. Das Menschenrecht erweist sich damit als begründungstheoretisch untauglich und wird daher weder in der Lage sein, das ihm von den Globalisierungsbegeisterten auferlegte weltpolitische Orientierungspensum zu leisten noch einer rationalen Interventionsethik normativen Halt zu geben. Schon die Vorstellung militärischer Interventionen zur Durchsetzung der menschenrechtlich eindeutig vorzugswürdigen Herrschaftsform der Demokratie ist abenteuerlich; der Gedanke aber einer Erzwingung der allgemeinen Gewährleistung eines periodischen, bezahlten Urlaubs oder der Möglichkeit straffreien religionsunabhängigen Heiratens oder des Rechts auf Arbeit, auf freie Berufswahl, auf angemessene und befriedigende Arbeitsbedingungen sowie auf Schutz gegen Arbeitslosigkeit ist vollends phantastisch.

Der einzige Ausweg aus diesen Schwierigkeiten ist ein strikter menschenrechtlicher Minimalismus. Wir müssen den Menschenrechtsgedanken vor seiner deklamatorischen Abnutzung retten, ihn einer semantischen Entschlackungskur unterwerfen. Durch diese Minimalisierung wird der Menschenrechtsbegriff Relativismus- wie Partikularismusresistenz gewinnen und auch die Befürchtung eines gewaltbereiten hypermoralischen Menschenrechts- und Demokratiemissionarismus des Westens zerstreuen. Die politische Philosophie der internationalen Beziehungen, insbesondere die Interventionsethik, benötigt einen solchen begründungstheoretisch tauglich gemachten Menschenrechtsbegriff dringend.

Zugegeben, der Mensch des Menschenrechts ist schwer zu finden, und nicht erst Huntington und die Kommunitaristen haben aufgegeben, ihn zu suchen. Schon Rousseau war sich sicher, daß der Mensch des modernen Kontraktualismus ein moderner Mensch sei; auch Hegel gab in seinem Naturrechtsaufsatz von 1802 zu bedenken, daß das Maß des Apriorischen allemal das Aposteriorische sei. De Maistre und – ihm wie immer folgend – Carl Schmitt haben diese ideologiekritischen Befunde dann kurzerhand verallgemeinert: Wer Menschheit sagt, der lügt. Die Anthropologie scheint also begründungstheoretisch vergiftet. Abstraktionen sind immer Trojanische Pferde des Besonderen. Daher muß vor Abstraktionen, vor der Währung des Universalismus, gewarnt werden.

Nur dann eröffnet sich ein Ausweg, wenn der Mensch des Menschenrechts im vorkulturellen Bereich gesucht wird. Der Mensch als solcher bildet die Zuschreibungsformel des Menschenrechts; sie verlegt jeder kulturellen Qualifizierung der Zuschreibungsbedingung den Weg. Der Mensch als solcher, das ist der natürliche Mensch, der nackte Mensch, der Mensch der biologischen Klassifikationslehre, der *homo sapiens*. Dieser steht auf der einen Seite, und die Menschenrechtssubjektivität steht auf der anderen Seite; und niemandem ist es erlaubt, dazwischenzutreten und durch kulturell kolorierte Bilder eigentlichen oder höheren Menschseins die Rechtszuschreibung zu reglementieren. Gerade darin zeigt sich der unüberbietbar revolutionäre Charakter des Menschenrechtskonzepts: daß es eine allen staatlichen Rechtsordnungen, allen geschichtlichen Kulturkreisen und allen moralischen, religiösen oder metaphysischen Deutungen menschlichen Seins, menschlicher Lebensführung und menschlicher Bestimmung vorangestellte normative Ordnung purer Zwischenmenschlichkeit errichtet, die für alle geschichtlichen Sozialformationen und kulturellen Selbstdeutungen unbedingte Verbindlichkeit besitzt. *Nur über die strikte Naturalisierung des Men-schen gelangt man also zum Kern des Menschenrechtsbegriffs.* In der aller ideologischen Differenzierung und kulturellen Selbstinterpretation vorausliegenden biologischen Klassifikationsgleichheit ist das Gegenstück des normativen Egalitarismus des Menschenrechts zu finden. Der begründungstheoretisch einzig relevante menschenrechtliche Mensch ist ein endliches, sterbliches, verwundbares und leidensfähiges Wesen; der menschenrechtliche Schutz gründet sich auf die schlichte Evidenz menschlicher Verletzlichkeit zum einen und die nicht minder evidente Vorzugswürdigkeit eines Zustandes der Abwesenheit von Schmerz und Gewalt, von Folter, Not und Hunger, von Unterdrückung und Ausbeutung zum anderen.

Um den Kerngehalt des Menschenrechtsgedankens zu identifizieren, sollte man einer einsichtigen Unterscheidung folgen, die sich in der naturrechtlichen Pflichtenlehre des 17. und 18. Jahrhunderts findet. Es ist die Unterscheidung zwischen einer pflichtentheoretischen Orientierung am *esse* und einer am *bene esse* des Menschen.[14] Während eine Sichtung der Bedingungen ermöglichten Menschseins vor die Rechts-

14 Vgl. Kersting 1997, S. 74-120.

pflichten führt, erschließen sich über die Bedingungen glükkenden, gelingenden oder gar vollendeten Menschseins die Liebespflichten. *Wenn das Menschenrecht seinen universalen Anspruch angesichts kultureller Differenz plausibel machen will, muß es sich als Recht des menschlichen* esse *auslegen und mit einer Formulierung präkultureller Bedingungen menschlicher Koexistenz begnügen.* Die Ausformulierung gelingenden Menschseins muß dann der Kultur und den Instanzen überlassen bleiben, die die kulturelle Sinnstiftung metaphysisch und theologisch abstützen. Und daß beides zusammengehen muß, war der traditionellen Pflichtenlehre genauso klar wie die Notwendigkeit der Vorrangigkeit der Rechtspflichten. Kein kultureller Entwurf gelungenen Menschseins kann akzeptiert werden, der den fundamentalen Konsistenz- und Konsequenzbestimmungen des menschenrechtlich vermessenen *esse*-Bereichs widerspricht. Genausowenig kann es der Politik einer Regierung erlaubt sein, sich unter den Schutz der staatlichen Selbstbestimmung und des Interventionsverbots zu stellen, wenn sie sich Verletzungen dieser Kernmenschenrechte schuldig macht, wenn die Regierung sich gegenüber dem Staatsvolk oder gegenüber Teilen der Bevölkerung als *hostis populi* erweist und die Menschen terrorisiert und verfolgt, verhungern läßt oder deportiert, außer Landes jagt oder ermordet und in Massengräbern verscharrt.

2.3 Die doppelte Negation des Rechts

Um den sich hier abzeichnenden Zusammenhang zwischen Menschenrechtsminimalismus und rechtsmoralisch gebotener, weil menschenrechtlich begründeter Intervention deutlicher zu machen, möchte ich einen Blick auf das rechtsphilosophische Problem der doppelten Negation des Rechts werfen.[15] Gemeint ist damit das folgende: Wir unterscheiden

15 Vgl. Kersting 1999.

zum einen das Recht von der Gewalt, zum anderen das Recht vom Unrecht. Recht ist also einmal der Gewalt und ein anderes Mal dem Unrecht entgegengesetzt. Damit das Recht der Gewalt entgegengesetzt sein kann, müssen grundlegende ordnungspolitische Bedingungen erfüllt sein, muß eine fundamentale Befriedung des menschlichen Zusammenlebens institutionell gesichert sein. Freilich ist das Recht als gewaltnegierendes Recht nicht mit dem Recht als unrechtnegierendem Recht gleichzusetzen, denn dann würde so lange Gewalt herrschen, wie das Recht nicht-verwirklichte Gerechtigkeit wäre. *Dann würde jeder Gerechtigkeitsabstand hinreichend sein, um ein bestehendes Rechtssystem als Gewaltzustand zu denunzieren.* Um diese Gleichsetzung zu vermeiden, muß es möglich sein, Recht von Gewalt zu unterscheiden, ohne auf die Unterscheidung von Recht und Unrecht zurückgreifen zu müssen. Diese Unterscheidung würde es auch gestatten, Gewaltopfer von Ungerechtigkeitsopfern zu trennen. Und es ist einsichtig, daß in der Fluchtlinie dieser Unterscheidung sich auch unerlaubte Reform- und Optimierungsinterventionen von gebotenen Interventionen der Gewaltabwendung unterscheiden lassen müssen. Nur dann ist intervenierende Gewaltanwendung gerechtfertigt, wenn die Regierung, der Gewalthaber, die herrschende Mehrheit oder Minderheit selbst zur Quelle der Gewalt wird, wenn der Bevölkerung oder Teilen von ihr in der Regierung selbst ein sie um die fundamentalen Leistungen staatlicher Friedenssicherung und rechtlicher Ordnung betrügender todbringender Feind erwächst.

2.4 *Hostis iniustus*

In den berühmten Völkerrechtsparagraphen der *Metaphysischen Anfangsgründe der Rechtslehre* von 1795 hat Kant dem *hostis iustus* des traditionellen, durch seine Vernunftrechtskonzeption außer Kraft gesetzten Völkerrechts die Figur des *hostis iniustus*, des ungerechten Feindes, hinzugesellt. Ein ungerechter Feind ist ein Staat, eine Regierung, die für das ganze Volk oder für einen Teil der Bevölkerung die fundamentalen friedensstiftenden Verrechtlichungsleistungen aufkündigt, rückgängig macht und den Gewaltzustand wiederherstellt. Ein ungerechter Feind ist ein staatlicher Staatlichkeitszerstörer, ein obrigkeitlicher Terrorist. Der *hostis iniustus* bewirkt eine Wiederentstehung des rechtsfreien Naturzustandes aus der Machtfülle des Staates heraus, benutzt das Gewaltmonopol zur Produktion mörderischer, regelloser Gewalt; er ist darum die absolute Perversion des Rechtsgedankens überhaupt und entschieden zu bekämpfen.

Carl Schmitt hat Kant verdächtigt, mit seinem Lehrstück vom ungerechten Feind den Moralismus der mittelalterlichen, moraltheologischen Lehre vom gerechten Krieg in das neuzeitliche Völkerrecht eingeführt und dabei dessen »diskriminierende Aufspaltungskraft« noch vertieft zu haben.[16] Fraglos muß vor dem Hintergrund einer Theorie, die zum einen den Krieg verurteilt und sich weigert, mit völkerrechtlichem Gleichmut Kriegszustand und Friedenszustand gleichermaßen als Völkerrechtszustände zu betrachten, und zum anderen einen Völkerkrieg für legitim hält, wenn er einem *hostis iniustus* gilt, der juristische Rationalitätsgewinn, den Schmitt mit dem Übergang von der moraltheologischen Lehre vom gerechten Krieg zum klassischen Völkerrecht des *hostis iustus* und des *ius ad bellum* verbindet, verdampfen. Nicht nur lehnt Kant den gerechten Krieg ab, er vermag auch in der Kriegshege keinen rechtlichen Fortschritt zu erblikken. Schmitt mag recht haben, wenn er hier keinen juristischen Sachverstand am Werke sieht, der sich wohlweislich aller normativ-ethischen Szenarien entschlägt. Schmitt hat aber unrecht, wenn er statt dessen hier Theologie vermutet. Wenn Kant in einer bekannten Anmerkung der Friedens-

16 Schmitt 1950, S. 142.

schrift schreibt, daß das »Recht d e r Menschen« als »Augapfel Gottes«, als das »Heiligste, was Gott auf Erden hat«, zu betrachten und zu behandeln ist (Akad.-Ausg. Bd. VIII, 352/Anm.), dann mag eine solche Charakterisierung naheliegen. Und wenn weiterhin seitens Kant dem Machthaber Demut angesichts der übermenschlichen Aufgabe, diesen Augapfel Gottes zu hüten, empfohlen wird, dann wird sich dieser Eindruck noch verstärken. Aber der in der Entschlüsselung biblisch-theologischer Bilder nicht immer glückliche Schmitt trifft mit seinem Urteil auch hier nicht. Nicht einer Retheologisierung verdankt sich die Rede vom *hostis iniustus* und die diesem Rechtsverderber in der Tat zukommende größere »diskriminierende Aufspaltungskraft«, sondern einer allen juristischen *common sense* übersteigenden philosophischen Radikalität. Gerade weil Kant neuzeitlich denkt, sich längst von allen material-sittlichen Zielvorstellungen in der Politik verabschiedet hat, ist für ihn die fundamentale Distinktion nicht mehr die zwischen gerechter und ungerechter Herrschaft, sondern die zwischen Gewalt und rechtlicher Ordnung. Gerade weil er das Ordnungsproblem mit rechtsphilosophischer Radikalität angeht, setzt er den entscheidenden Unterschied wesentlich früher an, muß darum einerseits der Gewalt-Recht-Differenz die weitaus größere Dringlichkeit zusprechen, muß darum aber auch andererseits die normative, über Erfüllung und Verfehlung, über Exzellenz und Entartung entscheidende Unrecht-Recht-Differenz aus der Dringlichkeitszone rücken, ohne jedoch die ihr innewohnende obligatorische Kraft zu schmälern. Nicht der ungerechte, die Sache der Christenheit verratende, dem Hl. Stuhl schadende Feind ist das *summum malum*, sondern der Naturzustand, die Anarchie, die Gewalt, die den Menschen in der unwirtlichen ersten Natur festhält und ihn daran hindert, die Insuffizienz der ersten durch die Errungenschaften einer künstlichen, zweiten zu überwinden. Wenn aber nun ein Staat selbst die ihm gegebenen Mittel gegen das grundlegende Ziel der Verrechtlichung der Gewaltverhältnisse kehrt, wenn nicht von außen Gewalt in eine institutionelle Ordnung einbricht und sie verheert, sondern wenn die Machthaber ihr Gewaltmonopol und die Rechtssicherungsmittel und Verteidigungsinstrumente gegen das eigene Volk richten, wenn der Staat als Großterrorist selbst innerhalb seiner Ordnung Naturzustandsverhältnisse produziert, seine Gewalt von den Fesseln des Rechts befreit und gegen das Recht richtet, dann ist die Grundlage friedlichen menschlichen Zusammenlebens dort zerstört, wo sie zuerst errichtet werden muß, im Staat, und von dem zerstört, der zu ihrer Errichtung eigens ins Leben gerufen worden ist.

Dieses staatsterroristische, genozidale Szenario ist von kriterieller Bedeutung; denn es kommt auf die Qualität der Gewalt innerhalb eines Staates an, nicht allein auf die Existenz. Auch Bürgerkriege verwandeln ein bestehendes Staatsgebiet in einen Naturzustand, in dem unterschiedliche Parteien um die politische Gestaltungsmacht, um das Gewaltmonopol kämpfen; hier ist Staatlichkeit ausgesetzt; hier kämpfen unterschiedliche Parteien um die Macht, ihrem Willen die Form der Staatlichkeit zu geben. Bürgerkriege stellen als solche daher keinen Interventionsfall dar; die völkerrechtliche Gemeinschaft darf dieser gewaltsamen Geburt neuer Staatlichkeit zusehen und die fälligen Hoffnungen und Befürchtungen unter sich aufteilen, sie darf jedoch nicht sich in den Bürgerkrieg einmischen zugunsten der einen oder der anderen Seite. Und sollte sich der Bürgerkrieg verstetigen, sollte das Land zivilisatorisch versteppen, keine bleibenden Staatlichkeitsstrukturen mehr entstehen können, dann wird sich die Völkergemeinschaft überlegen müssen, wie diese Konfliktzone befriedet werden kann. Aber dieser geschilderte Fall gehört nicht in den Bereich interventionsethischer Zuständigkeit, da wir es ja *per definitionem* gar nicht mehr mit einem Staat unter Staaten zu tun haben, dessen inneres Verhalten Gegenstand einer interventionsethischen Überprüfung sein könnte.

2.5. *Transzendentale und programmatische Menschenrechte*

Wenn wir die wichtige Differenz zwischen basaler Rechtlichkeit und minimaler politischer Geordnetheit zum einen und Gerechtigkeit und idealer politischer Formierung zum anderen menschenrechtsintern abbilden wollen, sollten wir zwischen transzendentalen und programmatischen Menschenrechtselementen unterscheiden.[17] Transzendentale Menschenrechte umfassen das Recht auf Leben, auf körperliche Unversehrtheit und auf basale Sicherheit, d. h. auf gewaltfreie Lebensumstände und eine verläßliche, berechenbare politische Ordnung. Sie markieren die Schwelle zwischen Grenzsituation und Normalität; sie sichern die kollektiv-institutionellen Voraussetzungen eines friedlichen Lebens, das darauf hoffen darf, durch einen natürlichen Tod zu enden. Transzendentale Rechte sind Existenzrechte.

Die politischen Lebensverhältnisse verbessern sich dann, wenn nicht nur die transzendentalen Menschenrechte gesichert sind, sondern auch die programmatischen Menschenrechte verwirklicht werden. Zu den programmatischen Menschenrechten zähle ich das Recht auf Freiheit und Gleichheit, auf Demokratie und politische Selbstbestimmung, auf Rechtsstaatlichkeit und Konstitutionalismus, auf angemessene soziale Grundversorgung und auf eine gesicherte Mitgliedschaft in einer Weltrepublik. Transzendental heißt die eine Menschenrechtsgruppe, weil sie ausschließlich die Bedingungen formuliert, die erfüllt sein müssen, damit Menschen überhaupt die Chance haben, ein friedliches und gewaltfreies Leben führen zu können. Programmatisch heißt die andere Menschenrechtsgruppe, weil sich in ihr die Bedingungen abzeichnen, die zusätzlich erfüllt sein müssen, damit die Menschen ein gutes Leben führen können. Transzenden-

17 Vgl. Kersting 1993b; Schmidt 1996.

tale Menschenrechte wenden die anthropologische, die existentielle Not; programmatische Menschenrechte entwerfen den institutionellen Rahmen bürgerethischer Erfüllung. Sie stellen das Höchstmaß dessen dar, was kollektiv, auf politischem Wege, durch die Errichtung von Ordnungen und Institutionen geleistet werden kann, damit Individuen ein gelingendes Leben in Freiheit und Eigenverantwortung führen können. Programmatische Menschenrechte sind Exzellenzrechte.

Die Epistemologie und Praxis der programmatischen Menschenrechte ist darum auch wesentlich komplizierter als die Epistemologie und Praxis der Existenzrechte. Es bedarf nicht viel, um die Forderungen der Existenzrechte zu erkennen und zu beachten; es bedarf nur des Verzichts auf Gewaltanwendung und der Etablierung einer Ordnung, die Konflikte gewaltfrei regelt und durch ein in Geltung gesetztes Regelwerk Berechenbarkeit, d.h. Zukunftssicherheit, erlaubt. Hier gibt es keine Auslegungsspielräume, keine Interpretationsalternativen. Hier geht es um Leben oder Tod, Wohnen oder Vertreibung, körperliche Unversehrtheit oder Folter, Vergewaltigung, Verstümmelung, Regel oder Willkür. Hier herrscht die disjunktive Eindeutigkeit des Existentiellen. Hier geht es um das biologische Kernland der Anthropologie, nicht um ihre kulturalistischen Randgebiete, wo die historische Semantik blüht und wo es sich viel angenehmer leben läßt.

Anders die Epistemologie und Praxis der programmatischen Menschenrechte. Hier gibt es Gestaltungsräume, Interpretationsvarianten; hier hat die Auslegung der menschenrechtlich verfaßten politischen Exzellenz viel Spiel. Hier gibt es daher auch viel Experiment und Irrtum, viel politischen Kampf um Mehr oder Weniger an Demokratie oder Rechtsstaat, sozialer Gerechtigkeit oder ökologischer Verfassungsstaatlichkeit. Hier werden die historischen Besonderheiten und kulturellen Eigentümlichkeiten sich dann auch gestalterisch einmischen und die menschenrechtlichen Exzellenzformen charakteristisch einfärben.

Man könnte die politische Garantie der Existenzrechte als Leviathan-Projekt bezeichnen. Denn der Hobbessche Staat, noch nicht belastet mit den programmatischen Forderungen des Lockeschen Liberalismus, des Rousseauschen Demokratismus und des Kantischen Vernunftrechts, ist als vordringlich Sicherheit durch Gewaltmonopol und Etablierung eines Systems von Koordinationsregeln garantierender Staat der Inbegriff einer *Prä-Gerechtigkeits-Rechtlichkeit*. Seine Leistungen definieren die menschenrechtliche Minimalerwartung; wird diese durch die vorhandene Politik erfüllt, dann ist jede gegen den Staat gerichtete Gewaltanwendung illegitim; denn diese könnte nur der gerechtigkeitsethischen Verbesserung der Rechtlichkeit dienen wollen. Gewalt aber ist manifeste Abwesenheit von Recht und daher ein gerechtigkeitspolitisch ungeeignetes Instrument. Der Krieg, so Kant, ist kein Rechtsweg, kein legitimes Verfahren, um strittige Rechtsansprüche zu entscheiden oder um mangelhaftes Recht zu verbessern. Allenfalls legitim ist der Krieg, wenn er der Selbstverteidigung dient oder wenn er einem *hostis iniustus* das Handwerk legt, also sich gegen eine staatliche Macht richtet, die, obzwar allein zum Zwecke der Verwirklichung des Rechts ins Leben gerufen und mit dem innerstaatlichen Gewaltmonopol ausgestattet, dieses zur Verfolgung und Ermordung ihrer Staatsbürger einsetzt und sich so vom Rechtsschützer zum Rechtsverderber, vom Naturzustandsbeender zum Naturzustandsverewiger verwandelt.[18]

18 Diese Einschränkung legitimer militärischer Interventionsgewalt auf den Fall einer eklatanten binnenstaatlichen Verletzung der transzendentalen Menschenrechte besagt jedoch nicht, daß der Entwicklungsstand der programmatischen Menschenrechte in der internationalen Menschenrechtspolitik keine Rolle spielen darf und die Weltöffentlichkeit angesichts vorenthaltener programmatischer Menschenrechte schweigen muß. Sie muß nicht nur nicht schweigen, sie muß, aus grundlegender menschenrechtlicher Solidarität, ihre kritische und fordernde

Ich gebe zu, daß der Verlauf der von mir zwischen den transzendentalen Existenzrechten und den programmatischen Exzellenzrechten errichteten typologischen Grenze sicherlich strittige Strecken aufweist. Die Kartographen der *anthropina* können eben nur relative Genauigkeit erreichen. Aber der Gedanke, der dieser Trennung zugrunde liegt, dürfte ebenso klar sein wie das von ihm getragene Argument, daß sich kein Interventionismus zum Schutz programmatischer Menschenrechte rechtfertigen läßt, jedoch ein Interventionismus zum Schutz transzendentaler Menschenrechte gerechtfertigt ist. Von Kants Äußerungen zum *hostis iniustus* inspiriert, von der fruchtbaren interventionsethischen Anwendbarkeit des rechtsphilosophischen Problems der doppelten Negation des Rechts überzeugt, widerspreche ich dem alten Jakobinismus der republikanischen Verfassungsverbesserung[19] ebenso wie dem neuen Jakobinismus der menschenrechtlichen Optimierung. Die von beiden geteilte Interventionsfreudigkeit ist verhängnisvoll; ein gerechtigkeitsethischer Promotionsinterventionismus ist nicht zu verteidigen; allenfalls für einen gewaltabwehrenden, gewaltunterbindenden Interventionismus kann das völkerrechtliche Interventionsverbot außer Kraft gesetzt werden. Denn der Ausgestaltungsgrad wie die Ausgestaltungsweise der programmatischen Menschenrechte muß jedenfalls insoweit ausschließlich der domestischen Selbstbestimmung der Einzelstaaten überlassen bleiben, daß gegenläufige Vorstellungen, sei es der meinungsführenden Mächtigen der Staatengemeinschaft oder des Sicherheitsrates der Vereinten Nationen oder auch der Weltöffentlichkeit, keinerlei militärische Eingriffsmaß-

Stimme erheben; und sie darf sich auch überlegen, welche Formen nichtmilitärischer, gewaltfreier Interventionen hier zu einer Verbesserung der programmatischen Menschenrechtssituation führen könnten. Hier kann nur der kulturelle Takt das menschenrechtliche Engagement in die Schranken verweisen; vgl. Kersting 1998b.

19 Vgl. Zanetti 1998, S. 309.

nahmen rechtfertigen können. Hingegen steht die Beachtung der transzendentalen Menschenrechte keinesfalls zur einmischungsgeschützten einzelstaatlichen Disposition. Die Verletzung der transzendentalen Menschenrechte stellt grundsätzlich einen Interventionsfall dar. Hier stehen die menschenrechtlichen Grundlagen völkerrechtlichen Zusammenlebens auf dem Spiel; hier verlangt die basale menschenrechtliche Solidarität ein militärisches Eingreifen.

Die Rechtfertigung dieses militärischen Eingreifens hat freilich nichts damit zu tun, daß, wie es diskursethische Anhänger einer weltumspannenden Zivilgesellschaft im Fall des Kosovo-Konflikts formuliert haben, erfreuliche Tendenzen und absehbare Entwicklungen sich auf eine sich immer stärker verflechtende Weltgemeinschaft mit einheitlichem Weltrecht und einheitlicher Weltinnenpolitik hin bewegen würden. Eine solche Vorgriffsrechtfertigung ist höchst problematisch, da sie sich abhängig macht von Tendenzdeutungen und geschichtsphilosophischer Kaffeesatzleserei. Nicht der Tatbestand fundamentaler Menschenrechtsverletzung wird dann als Rechtfertigungsgrund aufgeboten, sondern die Tatsache, daß man auf dem Wege zu einer weltrechtlich vereinheitlichten Weltinnenpolitik sei, der daher zum jetzigen Zeitpunkt durch eine menschenrechtspolitische NATO-Initiative vorgegriffen werden dürfe. Menschenrechtsinterventionismus als Vorschein eines globalen Strafrechts der Vereinten Nationen. Habermas' Argumentation erinnert an jemanden, der einen zukünftigen Lottogewinn beleihen möchte.[20] Die größere philosophische Radikalität meines Arguments hingegen verlangt, die in fundamentaler menschenrechtlicher Solidarität begründete Verpflichtung zur Intervention vom Stand der völkerrechtlichen Entwicklung unabhängig zu machen. Damit befindet sich der philosophische Gedanke übrigens in Übereinstimmung mit der gelten-

20 Vgl. Jürgen Habermas: *Bestialität und Humanität*, in diesem Band S. 51ff.

den völkerrechtlichen Rechtsprechung: Bekanntlich hat der Internationale Gerichtshof in Den Haag am 11. Juli 1996 in einem Zwischenurteil zur Klage Bosniens gegen Serbien/Montenegro von einer Pflicht aller Staaten gesprochen, Völkermord zu verhindern. Nicht erst die Herausbildung supranationaler Staatlichkeitsstrukturen einer weltgesellschaftlichen, rechtlichen Ordnung bildet einen Rechtfertigungsgrund für gewaltverhindernde Interventionen, sondern jeder Staat ist verpflichtet, alles ihm zur Verfügung Stehende zu tun, um derart umfangreiche Menschenrechtsverletzungen zu verhindern. Nicht erst im Rahmen völkerrechtsvertraglich hergestellter Multilateralität oder gar institutionalisierter Globalität darf ein solcher völkermordbeendender Interventionismus gewählt werden, sondern auch der unilaterial intervenierende Staat ist in diesem Fall grundsätzlich legitimiert.

III. Anwendungsvoraussetzungen und Rationalitätsbedingungen

Freilich ist damit noch nicht das interventionsethisch letzte Wort gesprochen. Denn eines ist die grundsätzliche Legitimationsargumentation, die vor dem Hintergrund gescheiterter anti-interventionistischer Begründungen den Bereich legitimer zwischenstaatlicher Gewaltanwendung jenseits aller responsiven und präventiven Friedenssicherungsmaßnahmen abzustecken und den Rechtsgrund zu beschreiben versucht, der einen Staat verpflichten könnte, sich in den Bereich domestischer einzelstaatlicher Selbstverfügung mit Gewalt einzumischen. Ein anderes aber ist die Frage der legitimen Anwendbarkeit einer im Grundsätzlichen gerechtfertigten Interventionsbefugnis. Daß nach der Klärung der prinzipiellen Legitimationsfrage noch eine rechtsmoralische Berücksichtigung der möglichen Voraussetzungen, Folgen und Nebenfolgen von militärischen Interventionshandlungen vorgenommen werden muß, kann weder im Allgemeinen noch im Besonderen verwundern. Da es durchaus denkbar ist, daß unter einer allgemeinen Beschreibung zweckmäßige und darum legitime Handlungen sich in einer bestimmten Situation als unzweckmäßig, gar als kontraproduktiv und schädlich erweisen können, muß die Anwendung prinzipiell legitimer Handlungen an die Existenz von erfolgsgarantierenden Bedingungen gebunden sein. Die Notwendigkeit einer solchen Zwei-Ebenen-Argumentation, die Handlungslegitimationen unter einer allgemeinen Beschreibung von Rationalitätsbedingungen der Anwendung unterscheidet, leuchtet erst recht ein, wenn man bedenkt, daß nicht nur eine vorliegende Situation ein üblicherweise zweckmäßiges Instrument scheitern lassen kann, sondern es neben der die Legitimation dirigierenden Wertperspektive noch andere Bewertungsdimensionen gibt, die bei einer Anwendung der Handlung in Frage kommen können, so daß nicht nur mit dem Fall zu rechnen ist, daß eine Handlung instrumentell versagen kann, sondern auch mit Umständen, in denen eine Handlung normativ versagen könnte, weil sie bei der Erfüllung der Ansprüche der einen Norm notwendigerweise die Ansprüche anderer ebenfalls relevanter und hier zuständiger Normen mißachten muß. Diese abwägungsethische Vorsicht ist natürlich a fortiori angebracht, wenn es sich bei den in Rede stehenden Handlungen um sehr risikoreiche Handlungen mit unübersichtlichem, nur sehr begrenzt planbarem Verlauf und schwer zu kontrollierenden Folgen und Nebenfolgen handelt, also um Handlungen von der Art militärischer Interventionen.

Schon auf den ersten Blick leuchtet es ein, daß nur dann zum Ausweg einer militärischen Intervention gegriffen werden kann, wenn auf seiten der intervenierenden Partei gewaltökonomische Sicherheit besteht. Gewaltökonomische Sicherheit besagt, daß die Gewalt, die von außen ins Land gebracht wird, um der Gewalt im Land ein Ende zu bereiten, im technischen wie im moralischen Sinn effektiv sein muß: sie muß zum einen geeignete Mittel finden, um den sie legitimierenden Zweck möglichst schnell zu erreichen; und sie muß zum anderen dafür sorgen, daß ihre Maßnahmen nicht selbst zu illegitimer Gewalt werden; sie muß zielgenau eingesetzt werden und ausschließlich die Gewaltanwender selbst treffen. Überdies muß sie die *Bedingung der normativen Kohärenz* erfüllen und sich hüten, moralisch produktive Gewaltanwendung nicht durch normverletzendes Vorgehen oder durch vorhersehbare moralisch unzulässige Nebenfolgen zu diskreditieren. Legt man diese Bedingung der normativen Kohärenz eng aus, dann ist jede, wenn auch nicht beabsichtigte, gleichwohl aber in Kauf genommene Tötung unbeteiligter Dritter eine Verletzung dieser Bedingung. Und da keine militärische Intervention denkbar ist, die sich keine »Kollateral-Tötungen« zuschulden kommen läßt, wird es keine moralisch zulässigen Interventionshandlungen geben können. Auch der sich der Durchsetzung der Existenzrechte verschreibende Interventionismus wird an dem Kriterium der Vermeidung von »Kollateral-Tötungen« scheitern müssen.[21]

Da Planungsüberlegungen zuverlässige Zielvorgaben verlangen, ist eine genaue politische Zielvorstellung wichtig, die die allgemeine moralische Aufgabe der Gewaltunterbindung und der Sicherung der transzendentalen Menschenrechte vor dem Hintergrund der gegebenen Situation politisch operationalisiert. Nur wenn das Legitimationsziel durch eine genaue, situationskundige politische Zielvorstellung aufgefangen wird, vermag eine technisch effiziente und gewaltökonomische, militärische Planung erfolgen. Wenn man sich auf ein derart gewagtes Unternehmen wie eine militärische Operation einläßt, muß man sich hinsichtlich ihrer Erfolgs-

21 Vgl. Reinhard Merkel: *Das Elend der Beschützten*, in diesem Band S. 66 ff.

aussichten sicher sein und klare Vorstellungen vor allem auch davon haben, wie man sie beendet. Nichts könnte schlimmer sein, als durch einen mangelnden oder unzuverlässigen operationalen Rahmen in den Sog eines den Ereignissen hoffnungslos hinterherlaufenden politischen und dann auch militärischen Opportunismus zu geraten. In dem Maße, in dem diese technische und moralische Gewaltökonomie seitens der Interventionisten nicht garantiert werden kann, verdichtet sich das abwägungsethische Argumentationsdickicht natürlich. Sicherlich hält uns die kognitive Unverfügbarkeit der Zukunft nicht vom Handeln ab; auch ist die Unberechenbarkeit von Handlungsverläufen kein Grund, von der Praxis abzurücken, zwischen legitimen und illegitimen Handlungen zu unterscheiden. *Aber Kriege stellen fraglos einen praxeologischen Grenzfall dar.* Die epistemische Unsicherheit hinsichtlich des technischen und moralischen Ertrags unseres Handelns, die im normalen Interaktionsalltag nicht sonderlich ins Gewicht fällt, vermag aufgrund des militärischen Großaktionen innewohnenden technischen und moralischen Risikopotentials selbst zu einem rationalen wie moralischen Argument für den Handlungsverzicht werden. Der Weg in die Wirklichkeit endet für das klare menschenrechtliche Legitimationsargument im tiefsten Abwägungsdickicht, aus dem nur ein sein Gewissen riskierendes Entscheiden herausfindet.

Die Schwierigkeiten der anwendungsrationalen und abwägungspragmatischen Konkretisierung der prinzipiell umrissenen Interventionspflicht beginnen jedoch nicht erst mit der konsequentialistischen Kasuistik, die vor dem Hintergrund der besonderen Situation zum einen und der politischen Zielvorgabe zum anderen die Erfolgsgenauigkeit und die normative Kohärenz des militärischen Einsatzes prüft, die Schwierigkeiten beginnen bereits mit der Definition der *causa iusta. Denn die Besonderheit militärischer Gewalthandlungen bewirkt, daß die Interventionspraxis grundsätz-*

lich nicht mit dem Pathos menschenrechtlicher Begründung Schritt halten kann. Weder der staatliche Mord eines einzelnen noch vereinzelte staatliche Morde werden die protestierende Staatenwelt zur Waffe der Intervention greifen lassen und greifen lassen dürfen. Der Übergang vom Protest zum militärischen Eingreifen ist allein eine Frage der Quantität. Die internen Risiken der Interventionspraxis verlangen ein gewisses Ausmaß an Ungeheuerlichkeit, Grausamkeit und Schrecklichkeit, verlangen signifikante genozidale Aktivitäten; die Opfer müssen bereits einen beträchtlichen Blutzoll entrichtet und erhebliche Not erlitten haben, bevor das Instrument der Intervention zur Hand genommen werden kann.

Der Haupteinwand gegen militärische Interventionen befürchtet politischen Mißbrauch. Interventionen könnten im Zeitalter nach dem kalten Krieg dazu benutzt werden, unter dem Vorwand grundlegenden Menschenrechtsschutzes Interessenpolitik zu betreiben. Dem könnte natürlich dadurch begegnet werden, daß die Definitionsmacht über die interventionsethische *causa iusta* dem Sicherheitsrat oder der Generalversammlung oder einer noch zu schaffenden anderen internationalen Institution, etwa einem Interventionsrat, zu übertragen wäre, der in Abstimmung mit den Generalsekretären der größten Sicherheits- und Militärbündnisse der Welt einen einstimmigen oder mehrheitlichen Beschluß zu fassen hätte; obwohl die Befürchtung nicht grundlos ist, daß die Bindung der Interventionsentscheidung an derart aufwendige und mehrstufige Verfahren in einer durch unterschiedliche politische Interessen geprägten Welt immer zu spät kommen wird.

Bei der Durchsetzung dieses Beschlusses wird es freilich immer noch auf die entsprechende Bereitschaft von Einzelstaaten und Bündnissen ankommen, die moralischen, politischen und ökonomischen Risiken einer Militäraktion einzugehen. Zumindest solange wird die menschenrechtliche

Solidarität auf derartige einzelstaatlichen Initiativen angewiesen sein, wie die Vereinten Nationen noch nicht über eigene militärische oder weltpolizeiliche Kontingente verfügen. Somit kann auch durch die Übertragung der Entscheidungsverantwortung auf völkerrechtliche Institutionen das machtpolitische Interesse nicht ausgeschaltet werden und die Gefahr der interessenpolitischen Ausbeutung menschenrechtlicher Basisziele nicht ganz abgewehrt werden. Aber es ist natürlich illusionär, derartiges überhaupt erwarten zu wollen, und so töricht wie fahrlässig, ausgerechnet in der internationalen Welt der Politik moralische Lauterkeit und Gesinnungspurismus als Legitimationsbedingungen einer militärischen Intervention zum Zwecke der Völkermordabwehr und des grundlegenden Menschenrechtsschutzes zu betrachten.

Was für die Welt menschlichen Handelns allgemein gilt, gilt für die Politik, gilt für die Niederungen des Romulus *a fortiori*. Grundsätzlich wird der moralisch primäre Zweck nicht dadurch diskreditiert, daß jemand ihn mit einem ihm dienlichen Sekundärzweck verbindet; ja, selbst dann verliert das moralische Handeln nicht seinen Wert, wenn der Handelnde seine Übereinstimmung mit egoistischen Sekundärzwecken zur Bedingung macht, wenn die Moral also nur dann Verwirklichungschancen hat, wenn es sich für den Handelnden auszahlt. Aus dem gleichen Grund ist auch die offensichtliche Selektivität des interventionsethischen Engagements kein Argument gegen die Zulassung militärischer Interventionen zum Schutze grundlegenden Menschenrechts. Natürlich ist eine konsistente Interventionspraxis wünschenswert; aber eine nach unabhängigen Kriterien zu rechtfertigende Intervention zum Zeitpunkt t2 in A wird nicht dadurch illegitim, weil zum Zeitpunkt t1 eine gleichermaßen gerechtfertigte Intervention in B unterblieben ist. Und eine erfolgreiche, klug geplante und mit umfassendem Kostenbewußtsein durchgeführte Intervention gegen einen kleinen Despoten ist auch dann zu begrüßen, wenn Staatengemeinschaft und Weltöffentlichkeit wohlberaten die großformatigen, mit Nuklearwaffen ausgestattete Machthaber ungeschoren lassen. Andererseits verlangt das menschenrechtliche Begründungsargument natürlich eine ungeteilte Interventionswelt. Jede selektive Interventionspraxis, die dem normativen Grund nur dann Wirksamkeit gestattet, wenn er opportunitätskostenfrei agieren kann, höhlt die menschenrechtlichen Legitimationsgrundlage auf die Dauer aus und läßt die interventionsethische Idee einer gewaltbewehrten Durchsetzung transzendentaler Menschenrechte im Rahmen einer globalen Menschenrechtsordnung im Zynismus versinken.

Schaut man sich diese interventionsethische Zwei-Ebenen-Argumentation näher an, so möchte man verzagen. Die Klarheit des Legitimationsarguments verliert sich im Dikkicht der Praxis. Die eigentümlichen technischen und moralischen Risiken der legitimierten Militärintervention stellen sich ihrer Ausführung in den Weg. Die Bedingungen einer moralisch verantwortlichen Erfüllung der menschenrechtsprotektionistischen Interventionspflicht sind so schwierig, daß das interventionsethische Gesamtproblem kaum lösbar erscheint.

Literatur

Beitz, Charles R./Cohen, Marshall/Scanlon, Thomas/Simmons, A. John (Hg.) 1985: *International Ethics*, Princeton NJ.

Beitz, Charles R.: *Political Theory and International Relations*, Princeton, NJ.

Brunkhorst, Hauke (Hg.) 1998: *Einmischung erwünscht? Menschenrechte und bewaffnete Intervention*, Frankfurt/M.

Debiel, Tobias/Nuscheler, Franz (Hg.) 1996: *Der neue Interventionismus. Humanitäre Einmischung zwischen Anspruch und Wirklichkeit*, Bonn.

Goldman, Alan H. 1982: »The Moral Significance of National Boundaries«, in: Peter A. French/Theodore E. Uehling, Jr./Howard

K. Wettstein (Hg.): *Social and Political Philosophy: Midwest Studies in Philosophy VII/1982*, Minneapolis, S. 437-454.
Hume, David 1987: »Of the Original Contract«, in: ders.: *Essays: Moral, Political, and Literary*, Indianapolis, S. 465-487.
Ipsen, Knut 1999: *Völkerrecht*, 4. Aufl., München.
Jäckel, Hartmut (Hg.) 1995: *Ist das Prinzip der Nichteinmischung überholt?*, Baden-Baden.
Johansen, Robert C. 1996: »Limits and Opportunities in Humanitarian Intervention«, in: Stanley Hoffman: *The Ethics and Politics of Humanitarian Intervention*, Notre Dame, Ind., S. 61-86.
Kant, Immanuel 1902: *Gesammelte Schriften*, Akademie Ausgabe, Berlin.
Kersting, Wolfgang 1993 a: »Kant und die politische Philosophie der Gegenwart«, in: ders., *Wohlgeordnete Freiheit. Immanual Kants Rechts- und Staatsphilosophie*, Frankfurt/M., S. 11-87.
Kersting, Wolfgang 1993 b: »Pax Kantiana. Towards a Political Philosophy of International Relations«, *prima philosopha* 6/2, S. 153-168.
Kersting, Wolfgang 1994: *Die politische Philosophie des Gesellschaftsvertrags*, Darmstadt.
Kersting, Wolfgang 1997: *Recht, Gerechtigkeit und demokratische Tugend*, Frankfurt/M.
Kersting, Wolfgang 1998 a: »Probleme der politischen Philosophie der internationalen Beziehungen«, in: Christine Chwaszcza/Wolfgang Kersting (Hg.): *Politische Philosophie der internationalen Beziehungen*, Frankfurt/M., S. 9-72.
Kersting, Wolfgang 1998 b: »Internationale Solidarität«, in: Kurt Bayertz (Hg.): *Solidarität*, Frankfurt/M., S. 411-429.
Kersting, Wolfgang 1999: »Die doppelte Negation des Rechts. Kant und die Rechtsphilosophie des Marburger Neukantianismus«, in: Heiner F. Klemme u. a. (Hg.): *Aufklärung und Interpretation*, Würzburg, S. 13-28.
Luban, David 1985 a: »The Romance of Nation-State«, in: Beitz et al. (Hg.) 1985, S. 238-246.
Luban, David 1985 b: »Just War and Human Rights«, in: Beitz et al. (Hg.) 1985, S. 195-216.
McMahan, Jeff 1986: »The Ethics of International Intervention«, in: Anthony Ellis (Hg.): *Ethics and International Relations*, Manchester, S. 24-51.
Mill, John Stuart 1873: »A Few Words on Non-Intervention«, in: ders.: *Dissertations and Discussions*, New York, III, S. 238-263.
Murphy, Sean D. 1996: *Humanitarian Intervention. The United Nations in an Evolving World Order*, Philadelphia.

Schmidt, Hajo 1996: »Menschenrecht und militärische Gewalt. Zur ethischen Problematik »humanitärer Intervention«, in: Tobias Debiel/Franz Nuscheler (Hg.): *Der neue Interventionismus. Humanitäre Einmischung zwischen Anspruch und Wirklichkeit*, Bonn, S. 103-126.
Schmitt, Carl 1950: *Der Nomos der Erde im Völkerrecht des Jus Publicum Euopaeum*, Berlin.
Walzer, Michael 1977: *Just and Unjust Wars. A Moral Argument with Historical Illustrations*, New York.
Walzer, Michael 1985: »The Moral Standing of States: A Response to Four Critics«, in: Beitz et al. (Hg.) 1985, S. 217-237.
Zanetti, Véronique 1998: »Ethik des Interventionsrechts«, in: Christina Chwaszcza/Wolfgang Kersting (Hg.): *Politische Philosophie der internationalen Beziehungen*, Frankfurt/M., S. 297-324.

Ulrich Beck
Über den postnationalen Krieg

Was ist das Kosovo-Drama – ein Krieg, ein Nicht-Krieg, ein undefinierbarer Krieg? Meines Erachtens haben wir die Geburt des postnationalen Krieges erlebt. Alles, was die NATO-Angriffe auf Jugoslawien so verwirrend (il)legitim macht, kann leicht zur Normalisierung einer neuen Art des Krieges im globalen Zeitalter werden. Postnational ist dieser Krieg (und damit nicht mehr in der Clausewitzschen Begrifflichkeit zu fassen), weil er weder im nationalen Interesse – »die Fortsetzung der Politik mit anderen Mitteln« – ausgetragen wird noch aus alten Rivalitäten mehr oder weniger verfeindeter Nationalstaaten heraus verstanden werden kann. Es ist vielmehr genau umgekehrt das globale Aufweichen der nationalstaatlichen Souveränitätsordnung, die Schwächung, ja Barbarisierung des Staates, welcher sich der Vertreibung und des Völkermords an seinen Bürgern schuldig macht, sowie der Glaube an die Zivilität stiftende Moral der Menschenrechte, welche den Kosovo-Krieg »postnational« machen. »Krieg ist Frieden« (Orwell). Tatsächlich kommt der postnationale Krieg mit einer Implosion klassischer Unterscheidungen zwischen Krieg und Frieden, zwischen Innen und Außen, Angriff und Verteidigung, Recht und Unrecht, Mörder und Opfer, Zivilgesellschaft und Barbarei auf die Welt.

Der politikwissenschaftliche Neorealismus, der die Dominanz des nationalstaatlichen Interessenkalküls unterstellt, versagt, weil er das neue, weltgesellschaftliche Machtspiel nicht begreifen und entziffern kann. Wer glaubt, der Weltpolizist USA täusche diese Rolle nur vor, um im europäischen Pulverfaß des Balkans uramerikanische Wirtschafts- und geopolitische Machtinteressen durchzusetzen, verkennt nicht nur die Lage vollständig. Er übersieht auch, wie sehr die Menschenrechtspolitik (ähnlich wie die Durchsetzung der »freien Marktwirtschaft«) zur Zivilreligion, zum Glauben der Vereinigten Staaten an sich selbst geworden ist.

In dem von den Vereinten Nationen herausgegebenen *Report of the Commission on Global Governance* wird dargelegt, daß die Politik supranationaler Organisationen nicht nur das Management wirtschaftlicher Globalisierung beabsichtigt, sondern es dabei wesentlich auch darum geht, eine neue Ethik globaler Demokratie und Menschenrechte durchzusetzen. Viele mögen das für Wortgeklingel gehalten haben. Doch die amerikanische Außenministerin Albright (»Menschenrechte und Außenpolitik«) läßt keinen Zweifel an der Ernsthaftigkeit zu: »Die Unterstützung von Menschenrechten ist nicht nur eine Art von internationaler Sozialarbeit. Sie ist unerläßlich für unsere Sicherheit und für unser Wohlergehen, denn Regierungen, die die Rechte ihrer eigenen Bürger mißachten, werden wahrscheinlich nicht die Rechte eines anderen respektieren. In diesem Jahrhundert wurde praktisch jeder größere Akt internationaler Aggression von einem Regime ausgeführt, das politische Rechte unterdrückte. Solche Regime lösen wahrscheinlich auch eher Unruhe aus, indem sie Minderheiten verfolgen, Terroristen Unterschlupf gewähren, Drogen schmuggeln oder im Geheimen Massenvernichtungswaffen bauen.« (Zitiert nach: *Amerika-Dienst* 25, 1998, S. 2.)

Man kann den Typus des postnationalen Krieges zum einen von seinen moralisch-rechtlichen Grundlagen, zum anderen von der ihm eigenen militärischen Handlungslogik her entwickeln und begreifen:

1. Dem immer schon spannungsreichen Verhältnis von Volkssouveränität und Menschenrechten als den zwei Quellen staatlicher Legitimität wird mit einer an Menschenrechten orientierten Außenpolitik, wie sie Albright vorschlägt, eine äußerst folgenreiche Wende gegeben. Denn mit einer

eklatanten Verletzung der Menschenrechte in ihrem eigenen Territorium gegenüber ihren Bürgern kann eine Regierung die völkerrechtliche Anerkennung ihrer Souveränität verlieren. Der Übergang von einer nationalstaatlichen zu einer kosmopolitischen Weltordnung läßt sich also als ein höchst folgenreicher Prioritätenwechsel zwischen Völkerrecht und Menschenrecht begreifen. An die Stelle des in der nationalstaatlichen ersten Moderne geltenden Grundsatzes *Völkerrecht bricht Menschenrecht* tritt der in seinen Folgen noch undurchdachte, weltgesellschaftliche Grundsatz der zweiten Moderne: *Menschenrecht bricht Völkerrecht.* Die Folgen sind revolutionär: Die die bisherige Ordnung tragenden Unterscheidungen zwischen Krieg und Frieden, Innenpolitik und Außenpolitik brechen zusammen.

Der Grundsatz: Völkerrecht bricht Menschenrecht kennzeichnet das zwischenstaatliche Koordinatensystem der ersten Moderne. Es beruht auf den Prinzipien von Kollektivität, Territorialität und Grenze. Das Völkerrecht dient seiner Entstehung und Idee nach der Friedenssicherung. Es regelt das Verhältnis zwischen Staaten, also Kollektivsubjekten, nicht zwischen Individuen. So sah es Hugo Grotius, so sehen es noch heute die Paragraphen der UN-Charta und der OSZE-Schlußakte. Den hohen Worten, daß »die Schaffung einer Welt«, wie die Präambel der Menschenrechtskonvention von 1948 proklamiert, »frei von Furcht und Not... als das höchste Bestreben der Menschheit« gilt, konnten daher aus völkerrechtlichen Gründen keine Taten gegen den Willen der betroffenen Staaten folgen. Auch der Sicherheitsrat, hätte er denn die Sache des Kosovo selbst in die Hand genommen, wäre nach dem Wortlaut der UN-Charta nicht berechtigt gewesen, unmittelbar den leidgeprüften Menschen im Kosovo Hilfe zu verschaffen, sondern lediglich den »Weltfrieden und die internationale Sicherheit zu wahren«.

Der Grundsatz: Menschenrecht bricht Völkerrecht verweist demgegenüber auf die zwischenstaatlichen Beziehungen im weltgesellschaftlichen Paradigma der zweiten Moderne. An die Stelle der Prinzipien der ersten Moderne – Kollektivität, Territorialität, Grenze – tritt ein Koordinatensystem, in dem *Individualisierung und Globalisierung direkt aufeinander bezogen werden.* Die Träger der Menschenrechte sind Individuen (und nicht Kollektiv-Subjekte wie »Volk« und »Staat«). Menschenrechte sind wesentlich *subjektive* Rechte. Diese Rechte räumen Individuen gesetzliche Spielräume zu einem eigensinnigen Handeln ein. Der springende Punkt ist: Sie entpflichten Individuen von moralischen Geboten oder Vorschriften. Alles dies schafft und sichert den Entfaltungsraum eines institutionalisierten Individualismus.

Zugleich müssen Menschenrechte allerdings nicht nur individualisiert, sondern auch globalisiert gedacht werden. Sind sie doch ohne einen universalistischen Geltungsanspruch, welcher diese Rechte *allen* Individuen jenseits von Stand, Klasse, Geschlecht, Nationalität, Religion zuspricht, undenkbar.

Wenn nun aber im Verhältnis der Staaten zueinander sich Normen und Rechtsauffassungen herausbilden, nach denen die Menschenrechte nicht mehr zu den »Angelegenheiten« zählen, »die ihrem Wesen nach zur inneren Zuständigkeit eines Staates gehören«, dann ist dies revolutionärer, als es eine Neuinterpretation des einschlägigen Artikels 2 der UN-Charta wäre. Dann darf man nicht nur, dann muß man sich einmischen. Denn damit wendet sich das Völkerrecht über die Köpfe der Völker und Staaten hinweg direkt den einzelnen zu und postuliert in diesem Sinne eine *rechtsverbindliche Weltgesellschaft der Individuen.*

Auf diese Weise wird nachvollzogen, was in der Folge von Globalisierungsprozessen verschiedenster Art konstatiert wird: die politische und konstitutionelle Entmachtung des Nationalstaates. Werden jedoch die nationalen Souveränitäten aufgeweicht, kommen dem herkömmlichen Völkerrecht seine klassischen Subjekte abhanden. Soweit in der Ferne der

Zielpunkt dieses Prozesses auch liegen mag, schon auf seiner Fluchtlinie wird sich das außenpolitische Völkerrecht in die *Verfassung einer Weltinnenpolitik* fortentwickeln. Subjektive Menschenrechte sind von innenpolitischen Rechtsansprüchen nicht zu unterscheiden. Sie postulieren keine Grenzschutzbeamten zwischen Individuen, wie das alte Völkerrecht, sie entlassen sie. Dementsprechend fordert Jürgen Habermas ein Weltbürgerrecht (siehe in diesem Band S. 57) – damit der Einsatz für verfolgte Menschen und Völker nicht nur eine Sache der Moral bleibt.

Da bekanntlich der Weg zur Hölle mit guten Absichten gepflastert ist, gilt es frühzeitig zu fragen: Welche Schattenseiten einer solchen Verbindung von globaler Ethik und Politik sind heute schon absehbar? Welche Alpträume werden mit dem Traum von der friedlichen Weltbürgergesellschaft auch wahr? Mit dem Ausbruch des Kosovo-Krieges wird dies klarer: Es entsteht eine neuartige, postnationale Politik des *militärischen Humanismus* – des Einsatzes transnationaler Militärmacht mit dem Ziel, der Beachtung der Menschenrechte über nationale Grenzen hinweg Geltung zu verschaffen. Die gute ist die schlechte Nachricht: Die hegemoniale Macht bestimmt, was Recht, was Menschenrecht ist. Und Krieg wird zur Fortsetzung der *Moral* mit anderen Mitteln. Gerade deswegen wird es um so schwerer, der Eskalationslogik des Krieges einen politischen Riegel vorzuschieben.

»Deutschland ist von Freunden umzingelt«, sagte der ehemalige Verteidigungsminister, Volker Rühe, nach dem Ende der militärischen Konfrontation in Europa. Das Gefühl des Umzingeltseins bringt die Paradoxie der Bedrohung nach dem Wegfall derselben auf den Punkt, die den Westen beschlichen hatte. Kein Zweifel, die plötzlich feindlosen Demokratien des Westens, verantwortlich zugleich für innere und internationale Regulierungen im Rahmen nationaler und supranationaler Institutionen (wie Europa, NATO und Vereinte Nationen), bedürfen neuer, sie erneuernder Quellen der

Legitimation. Diese müssen sie in die Lage versetzen, im Zeitalter der Globalisierung Rechtfertigungen für Aktivitäten und Selbstdarstellungen von Erfolgen zu kreieren.

Um es ganz vorsichtig auszudrücken: Der militärische Humanismus, welchen der Westen mit dem Eintreten für Menschenrechte auf seine Fahnen geschrieben hat, füllt dieses Vakuum bilderbuchartig aus, indem er den feindlosen Institutionen eine *kosmopolitische Mission* verschafft hat.

Es ist wohl nicht übertrieben, von demokratischen Kreuzzügen zu sprechen, in denen der Westen in Zukunft auch um die Erneuerung seiner eigenen Selbstlegitimation fechten wird. Am Kosovo-Krieg kann man erkennen, wie wirkungsvoll dabei den verbliebenen Pazifisten ihre Argumente im Munde umgedreht werden. Und dies hat viel mit dem Epochenunterschied zwischen dem Clausewitz- und dem postnationalen Krieg zu tun.

2. Dieser Unterschied betrifft zunächst die Art der Akteure. Postnationale Kriege entstehen aus dem Zerfall oder der Erosion staatlicher Strukturen und nicht etwa, wie Clausewitz unterstellt, aus der Konfrontation expansionslüsterner Staaten. Dieser Zerfall staatlicher Macht hat viele Ursachen und Symptome: Enttäuschung über Sozialismus *und* Kapitalismus, Despotismus, Korruption, wirtschaftlicher Zusammenbruch, die Entstehung paramilitärischer Gruppen; in Jugoslawien etwa das Wüten der berüchtigten »Tiger« unter der Leitung des Serben Arkan oder der »Chetniks« unter der Führung des extremen Nationalisten Seselj. Arkan war eine bekannte Figur des Belgrader Untergrunds; er besaß eine Kette von Eis-Cafés, in denen auch Drogen verkauft wurden, bevor er vom jugoslawischen Militär angeheuert wurde, um »ethnische Säuberungen« zu exekutieren.

Auch die Kriegsziele widersprechen dem nationalen Interessenkalkül. Postnationale Kriege entzünden sich an einer nach innen gewendeten *Identitätspolitik* – der Eroberung des staatlichen Machtapparates durch partikulare Gruppen, die sich durch »kulturelle Identität« (ethnisch, rassistisch, religiös, sprachlich etc.) gegen andere abgrenzen und diese mit staatlich-militärischen Mitteln »ausgrenzen« (im wörtlichen Sinne des Wortes). Es geht also nicht um Expansion oder geostrategische Interessen, wie Clausewitz unterstellt. Es handelt sich um die Fortsetzung von ethnischen Konflikten mit anderen, mit staatlich-militärischen Mitteln. Gleichzeitig verschwimmen die Grenzen zur organisierten Kriminalität, nicht zuletzt auch um die Raub- und Mordzüge paramilitärischer Gruppen zu finanzieren. Weil das Ziel oft die Destabilisierung und Vertreibung ganzer Bevölkerungsgruppen ist und nicht die Unterwerfung eines klar definierten Gegners, sind die Nebeneffekte klassischer Kriege zum eigentlichen Ziel der Kampfeinsätze im postnationalen Krieg geworden. Die an Menschenrechten orientierte Politik des Westens gerät so oder so in die Not, unentscheidbare Entscheidungen treffen zu müssen. Überall ist von Alternativlosigkeit die Rede. Was also sind die Alternativen?

Eine Antwort auf postnationale Kriege läuft darauf hinaus, diese wie Clausewitz-Kriege zu behandeln und anzunehmen, daß die kriegerischen Fraktionen wenn nicht Staaten, so doch Quasi-Staaten repräsentieren, um auf diese Weise eine Verhandlungslösung »von oben« herbeizuführen. Beispiele dafür sind die Abkommen von Dayton (in dem Bosnien »befriedet« wurde) und von Oslo (mit dem der Frieden zwischen Israelis und Palästinensern eingeleitet werden sollte). Die andere Alternative ist, das interne Völkermorden innerhalb »souveräner Staaten« als Rückfall in die barbarische Vormoderne anzusehen, an der Ansprüche der Menschenrechte, wie von einem anderen Stern, abprallen. So rechtfertigt sich die Politik der Nicht-Intervention – kombiniert mit dem Bau von Festungsmauern, um Europa vor diesem ein für allemal »blutrünstigen Balkan« zu schützen.

Beide Antworten sind vor allem eines: unrealistisch. Die Verwechslung der nationalen mit der globalen Epoche führt zu ungerechten und vorübergehenden Waffenstillständen, wobei mit dem jeweils nächsten Kriegsausbruch die Legitimität und Glaubwürdigkeit internationaler Institutionen zu Bruch gehen. Im zweiten Fall wird der transnationale Charakter der neuen Kriege verkannt. Zuschauen ist auch deswegen nicht möglich, weil Flüchtlingsströme, transnationale Kriminalität oder auch die Diaspora-Volksgruppen im eigenen Land dies nicht zulassen. Es ist paradoxerweise genau dieses Dilemma – Wegschauen macht ebenso schuldig wie Eingreifen –, welches postnationale Kriege in Zukunft möglich, wirklich, am Ende vielleicht sogar normal werden läßt.

Im Zuge der neuen westlichen Politik ethischer und wirtschaftlicher Globalisierung werden die Souveränitätsrechte der nationalstaatlichen Moderne entkernt und dem Zugriff »globaler Verantwortung« geöffnet. Gerade weil das weltweite Einklagen von Grundrechten als hoch legitim und entsprechende Interventionen, wie im Kosovo, als selbstlos gelten, bleibt oft unerkannt, daß sie sich deswegen auf das wundervollste verzahnen lassen mit den altmodischen Zielen imperialistischer Weltpolitik (das Ausspielen der Vereinten Nationen, Mentoren- und Klientenbeziehungen etc.). Während es nach innen hin zugleich gelingt, Bühnen und Rollen zu schaffen, die es »lahmen Enten« – Politikern und Militärs – erlauben, sich im Glanze neuer Aktivität und Legitimität zu sonnen: Die Themen der globalen *Zivil*gesellschaft (auch das ist eine Paradoxie) und des *Pazifismus* versorgen nicht nur den global agierenden Westen mit dem ideologischen Rüstzeug für militärische Interventionen. Man könnte sogar von der Wunderpille *militärischer Pazifismus* sprechen, an der kränkelnde und strauchelnde Politiker genesen können. Für einen Sozialdemokraten ist es vielleicht sogar leichter, dem NATO-Bombardement Ex-Jugoslawiens zuzustimmen, als sich auf die Socken zu machen, um endlich – wie verkündet – die Arbeitslosigkeit zu senken und die Renten zu reformieren.

Der militärische Humanismus, die neue Mischform von humanitärer Selbstlosigkeit und imperialer Machtlogik, wird vorbereitet, normalisiert und generalisiert durch Entwicklungen, die man als *Globalisierungszirkel* kennzeichnen kann: Mit der Erosion territorialstaatlicher Macht schlägt die Stunde der »globalen Verantwortung«. Globalisierung (in welchem Sinne auch immer verstanden) schwächt nationalstaatliche Souveränität und staatliche Strukturen. Der Zusammenbruch nationalstaatlicher Institutionen hat sogar in den neunziger Jahren zu den wirklich schweren menschlichen Tragödien und Kriegen geführt, zuletzt in Ex-Jugoslawien, zuvor schon in Somalia, Westafrika sowie in Teilen der ehemaligen Sowjetunion. Ähnliches droht nun, mit der Finanzkrise in Südostasien, beispielsweise Indonesien. Auch wenn die Schwächung der staatlichen Zentralmacht nicht alleine oder primär auf die neuen Einflüsse globaler Märkte zurückgeführt werden kann, so zeichnet sich doch ab, daß auf diese Weise ein verdecktes staatliches Macht- und Legitimationsvakuum verschärft werden oder offen hervorbrechen kann. Dies schließt ein, daß nationalstaatliche Kompromisse zwischen ethnischen Gruppen ihre Bindekraft verlieren und die latent gehaltenen Konflikte sich am Ende in »Bürgerkriegen« entladen. Da sich dies jedoch vor den Augen der Weltöffentlichkeit vollzieht, stellt sich immer wieder das Dilemma – Eingreifen oder Wegschauen –, und der militärische Humanismus des Westens gerät auf die schiefe Ebene. In einem Weltsystem schwacher Staaten, wie es im Zuge neoliberaler Weltpolitik propagiert und geschaffen wird, steht dann einem imperialen Mißbrauch der kosmopolitischen Mission nichts mehr im Wege. Das will – heute – niemand.

Aus alledem geht hervor, wie groß die Verwirrung ist, die das globale Zeitalter im Felde der Gesellschaft, des Rechts und der Politik stiftet. Die grenzenlose Selbstermächtigung eines militärischen Humanismus ist äußerst gefährlich. Die Befugnis, mit moralischem Anspruch in anderen Staaten einzufallen, kann zur Quelle eines neuen Kreuzrittertums der Menschenrechte werden. Es ist in einer Welt voller Diktatoren die Einladung zum unendlichen Krieg, ein Freibrief zum Mißbrauch. Und dies im Zeitalter einer technizistischen Militär-Chirurgie, welche die operative Kontrollierbarkeit des Krieges in der Weltrisikogesellschaft vorgaukelt.

Und doch kann die Frage, warum im Kosovo, warum nicht in Afrika oder Asien? beantwortet werden: Mit dem NATO-Bombardement der Bundesrepublik Jugoslawien wurde auch sozusagen der *militärische Euro* eingeführt. Europa mußte, ob es wollte oder nicht, nach dem Verhandlungsfiasko seine Handlungsfähigkeit beweisen oder sich selbst aufgeben. Und wie mit der Einführung des Euro die politische Einigung Europas gleichsam unter Zugzwang gesetzt wurde, so stiftet und erzwingt die gemeinsame Militäraktion gegen den Völkermord im Kosovo ein Stück politische Identität Europas. Die Sprache, welche die Bomben paradoxerweise auch sprechen, ist diese: Der Kosovo ist Teil Europas. Wenn hier Europäer Europäer morden, dann ist das eine *innere Angelegenheit* Europas. Der Militäreinsatz verwandelt im Vorgriff auf eine europäische Politik außenpolitische in innenpolitische Grenzen. Letztlich wird gegen das zerklüftete nationalstaatliche Gewaltmonopol sogar der Anspruch auf eine innere Befriedung Europas und damit auf ein europäisches Gewaltmonopol angemeldet.

Zu den Autoren

Ulrich Beck lehrt Soziologie an der Universität München und an der London School of Economics.

Jürgen Habermas ist Professor em. für Philosophie der Johann Wolfgang Goethe-Universität Frankfurt am Main.

Otfried Höffe ist Professor für Philosophie an der Universität Tübingen. 1978-1992 Lehrstuhlinhaber für Ethik und Sozialphilosophie sowie Direktor des Internationalen Instituts für Sozialphilosophie und Politik; 1978-1990 Lehrbeauftragter für Rechtsphilosophie an der juristischen Fakultät der Universität Freiburg (Schweiz); Gastprofessuren an den Universitäten Basel, Bern, Klagenfurt, Sankt Gallen, Lausanne, Zürich.

Knut Ipsen, Universitätsprofessor, ist Inhaber des Lehrstuhls für Öffentliches Recht (Völkerrecht) und Direktor des Instituts für Friedenssicherungsrecht und Humanitäres Völkerrecht der Ruhr-Universität Bochum. 1979-1989 Rektor der Ruhr-Universität Bochum; 1991-1993 Gründungsrektor der Europa-Universität Viadrina Frankfurt (Oder). Seit 1991 Mitglied des Ständigen Schiedsgerichtshofs in Den Haag; seit 1994 Präsident des Deutschen Roten Kreuzes.

Wolfgang Kersting, 1986 Professor für Philosophie in Hannover; Gastprofessuren in Marburg, Göttingen und München; seit 1993 Professor für Philosophie in Kiel.

Georg Meggle war Professor für Philosophie zuerst in Münster und Saarbrücken, jetzt in Leipzig. 1990-1994 Gründungspräsident der Gesellschaft für Analytische Philosophie (GAP).

Reinhard Merkel ist Professor für Strafrecht und Rechtsphilosophie an der Universität Hamburg.

Ulrich K. Preuß ist Professor für Öffentliches Recht und Politik an der Freien Universität Berlin.

Dieter Senghaas lehrt Friedens-, Konflikt- und Entwicklungsforschung an der Universität Bremen. 1987 Preisträger des Lentz International Peace Research Award.

Bruno Simma ist Professor für Völkerrecht und Europarecht an der Universität München. 1987-1996 Mitglied des UN-Ausschusses für wirtschaftliche, soziale und kulturelle Rechte; seit 1997 Mitglied der UN-Völkerrechtskommission; Prozeßvertreter in Den Haag; Mitautor des Lehrbuchs *Universelles Völkerrecht* (3. Aufl. 1984); Herausgeber eines Kommentars zur Charta der Vereinten Nationen in deutscher und englischer Sprache (1991 bzw. 1995).

Drucknachweise

Ulrich Beck, *Über den postnationalen Krieg*, zuerst abgedruckt unter dem Titel *Der militärische Pazifismus*. Über den postnationalen Krieg; in: *Süddeutsche Zeitung* vom 19. 4. 1999

Jürgen Habermas, *Bestialität und Humanität. Ein Krieg an der Grenze zwischen Recht und Moral*, zuerst abgedruckt in: *Die Zeit* vom 29. 4. 1999.

Otfried Höffe, *Humanitäre Intervention? Rechtsethische Überlegungen*, zuerst abgedruckt in: NZZ 8/9. 5. 1999.

Knut Ipsen, *Der Kosovo-Einsatz – Illegal? Gerechtfertigt? Entschuldbar?*, zuerst abgedruckt in: *Die Friedens-Warte*, Bd. 74, Nr. 1/2, 1999.

Wolfgang Kersting, *Bewaffnete Intervention als Menschenrechtsschutz*. Originalbeitrag.

Georg Meggle, *Ist dieser Krieg gut? Ein ethischer Kommentar*. Originalbeitrag.

Reinhard Merkel, *Das Elend der Beschützten*, zuerst abgedruckt in: *Die Zeit* vom 12. 5. 1999.

Ulrich K. Preuß, *Der Kosovo-Krieg, das Völkerrecht und die Moral*, zuerst abgedruckt in: *Blätter für deutsche und internationale Politik*, Nr. 7/1999.

Dieter Senghaas, *Recht auf Nothilfe* (ergänzt um Anmerkungen), zuerst abgedruckt in: *Frankfurter Allgemeine Zeitung* vom 12. 7. 1999, S. 12.

Bruno Simma, *NATO, the UN and the Use of Force: Legal Aspects*, zuerst abgedruckt in: *European Journal of International Law*, Bd. 10, Nr. 1.

Krieg und Frieden
im Suhrkamp Taschenbuch Verlag

Ernst Bloch: Kampf, nicht Krieg. Politische Schriften 1917-1919. Herausgegeben von Martin Korol. es 1167

Briefe von Frauen über Krieg und Nationalismus. Aus dem Slowenischen von Marina Einspieler, aus dem Serbokroatischen von Barbara Antkowiak, Angela Richter und Mechthild Schäfer. Mit einem Beitrag von Duŝka Periŝeć-Osti. es 1811

Falsche Helden. Frauen über den Krieg. Herausgegeben von Daniela Gioseffi. st 2507

Den Frieden denken. Herausgegeben von Dieter Senghaas. es 1952

Friedensanalysen Bd. 16. Die neue Friedensbewegung. Analysen der Friedensforschung. es 1143

Friedensanalysen Bd. 21. Kriegsursachen. es 1238

Friedensanalysen Bd. 22. Militärregime und Entwicklungspolitik. es 1314

Friedensanalysen Bd. 23. Lehren aus der Geschichte? Historische Friedensforschung. es 1355

Friedensanalysen Bd. 24. Die vergessene Dimension internationaler Konflikte: Subjektivität. Redaktion: Reiner Steinweg und Christian Wellmann. es 1617

Friedensanalysen Bd. 25. Von der Kritik zur Friedensforschung. Redaktion: Berthold Meyer. es 1770

Friedensanalysen Bd. 26. Deutschlands Einheit und Europas Zukunft. Redaktion: Bruno Schoch. es 1783

Friedensanalysen Bd. 27. Umweltzerstörung als Kriegsfolge und Kriegsursache. Redaktion: Berthold Meyer. es 1774

Friedensutopien. Herausgegeben und eingeleitet von Zwi Batscha und Richard Saage. stw 267

Alexander Kluge: Schlachtbeschreibung. Roman. es 1193

György Konrád: Antipolitik. Mitteleuropäische Meditationen. Aus dem Ungarischen von Hans-Henning Paetzke. es 1293

– Identität und Hysterie. Essays. Aus dem Ungarischen von Hans-Henning Paetzke. es 1921

– Stimmungsbericht. Aus dem Ungarischen von Hans-Henning Paetzke. es 1394

Ekkehart Krippendorff: Militärkritik. Mit einem Vorwort von Johan Galtung. es 1804

– Staat und Krieg. Die historische Logik politischer Vernunft. es 1305

Alexander Mitscherlich: Die Idee des Friedens und die menschliche Aggressivität. Vier Versuche. BS 233

Dieter Senghaas: Europa 2000. Ein Friedensplan. es 1632

– Friedensprojekt: Europa. es 1717

107/1/7.95

107/2/7.95

314/1/12.96

Neue Historische Bibliothek in der edition suhrkamp

Kiesewetter, Hubert: Industrielle Revolution in Deutschland 1815-1914. NHB. es 1539

Kluge, Ulrich: Die deutsche Revolution 1918/1919. Staat, Politik und Gesellschaft zwischen Weltkrieg und Kapp-Putsch. NHB. es 1262

Kluxen, Kurt: Geschichte und Problematik des Parlamentarismus. NHB. es 1243

Kraul, Margret: Das deutsche Gymnasium 1780-1980. NHB. es 1251

Langewiesche, Dieter: Deutscher Liberalismus. NHB. es 1286

Lehnert, Detlef: Sozialdemokratie zwischen Protestbewegung und Regierungspartei 1848-1983. NHB. es 1248

Lenger, Friedrich: Sozialgeschichte der deutschen Handwerker seit 1800. NHB. es 1532

Lönne, Karl-Egon: Politischer Katholizismus im 19. und 20. Jahrhundert. NHB. es 1264

Marschalck, Peter: Bevölkerungsgeschichte Deutschlands im 19. und 20. Jahrhundert. NHB. es 1244

Mitterauer, Michael: Sozialgeschichte der Jugend. NHB. es 1278

Möller, Horst: Vernunft und Kritik. Deutsche Aufklärung im 17. und 18. Jahrhundert. NHB. es 1269

Pankoke, Eckart: Die Arbeitsfrage. Arbeitsmoral, Beschäftigungskrisen und Wohlfahrtspolitik im Industriezeitalter. NHB. es 1538

Peukert, Detlev J.K.: Die Weimarer Republik. NHB. es 1282

Radkau, Joachim: Technik in Deutschland. Vom 18. Jahrhundert bis zur Gegenwart. NHB. es 1536

Reulecke, Jürgen: Geschichte der Urbanisierung in Deutschland. NHB. es 1249

Rohe, Karl: Wahlen und Wählertraditionen in Deutschland. Kulturelle Grundlagen deutscher Parteien und Parteiensysteme im 19. und 20. Jahrhundert. NHB. es 1544

Schönhoven, Klaus: Die deutschen Gewerkschaften. NHB. es 1287

Schröder, Hans-Christoph: Die Revolutionen Englands im 17. Jahrhundert. NHB. es 1279

Schulze, Winfried: Deutsche Geschichte im 16. Jahrhundert. NHB. es 1268

Sieder, Reinhard: Sozialgeschichte der Familie. NHB. es 1276

Siemann, Wolfram: Die deutsche Revolution von 1848/49. NHB. es 1266

Siemann, Wolfram: Gesellschaft im Aufbruch. Deutschland 1849-1871. NHB. es 1537

Staritz, Dietrich: Geschichte der DDR 1949-1989. NHB. es 1260

314/2/12.96

Neue Historische Bibliothek in der edition suhrkamp

Thränhardt, Dietrich: Geschichte der Bundesrepublik Deutschland. 1949-1989. NHB. es 1267

Ullmann, Hans-Peter: Interessenverbände in Deutschland. NHB. es 1283

– Zwischen den Zeiten. Das Deutsche Kaiserreich 1871-1918. NHB. es 1546

Wehler, Hans-Ulrich: Grundzüge der amerikanischen Außenpolitik 1750-1900. Von den englischen Küstenkolonien zur amerikanischen Weltmacht. NHB. es 1254

Wirz, Albert: Sklaverei und kapitalistisches Weltsystem. NHB. es 1256

Wunder, Bernd: Geschichte der Bürokratie in Deutschland. NHB. es 1281

Ziebura, Gilbert: Weltwirtschaft und Weltpolitik 1922/24-1931. Zwischen Rekonstruktion und Zusammenbruch. NHB. es 1261

Registerband. NHB. es 1280

314/3/12.96

Geschichte
in der edition suhrkamp

Aus der Zeit der Verzweiflung. Zur Genese und Aktualität des Hexenbildes. Beiträge von Gabriele Becker, Silvia Bovenschen, Helmut Brackert, Sigrid Brauner, Ines Brenner, Gisela Morgenthal, Klaus Schneller, Angelika Tümmler. es 840

Bernecker, Walther L.: Kleine Geschichte Haitis. es 1994

Beyme, Klaus von: Hauptstadtsuche. es 1709

Brackert, Helmut: Bauernkrieg und Literatur. es 782

BRD–ade! Vierzig Jahre in Rück-Ansichten. Herausgegeben von Ottheín Rammstedt und Gert Schmidt. es 1773

Calic, Marie-Janine: Der Krieg in Bosnien-Hercegovina. es 1943

Eisner, Freya: Kurt Eisner: Die Politik des libertären Sozialismus. es 422

Eisner, Kurt: Sozialismus als Aktion. Ausgewählte Aufsätze und Reden. Herausgegeben von Freya Eisner. es 773

– Weder Sozialismus noch Kapitalismus. Herausgegeben von Freya Eisner. es 1982

Europa im Krieg. Die Debatte über den Krieg im ehemaligen Jugoslawien. es 1809

Evans, Richard J.: Im Schatten Hitlers? Historikerstreit und Vergangenheitsbewältigung in der Bundesrepublik. Aus dem Englischen von Jürgen Blasius. es 1637

Farge, Arlette/Michel Foucault: Familiäre Konflikte: Die »Lettres de cachet«. Aus dem Französischen von Albert Gier und Chris Paschold. es 1520

Farouk-Sluglett, Marion/Peter Sluglett: Irak seit 1958: Von der Revolution zur Diktatur. Aus dem Englischen von Gisela Bock. es 1661

Folgen der Französischen Revolution. Herausgegeben von Henning Krauß. es 1579

Goytisolo, Juan: Notizen aus Sarajewo. Reportagen. Aus dem Spanischen von Meralde Meyer-Minnemann. Mit zahlreichen Abbildungen. es 1899

Guilhaumou, Jacques: Sprache und Politik in der Französischen Revolution. Aus dem Französischen von Katharina Menke. Mit einem Vorwort von Brigitte Schlieben-Lange und Rolf Reichardt. es 1519

Hennig, Eike: Bürgerliche Gesellschaft und Faschismus in Deutschland. Ein Forschungsbericht. es 875

– Thesen zur deutschen Sozial- und Wirtschaftsgeschichte 1933 bis 1938. es 662

Herbst, Ludolf: Das nationalsozialistische Deutschland. 1933-1945. Die Entfesselung der Gewalt: Rassismus und Krieg. es 1285

312/1/12.96

Geschichte
in der edition suhrkamp

Die Hexen der Neuzeit. Studien zur Sozialgeschichte eines kulturellen Deutungsmusters. Herausgegeben von Claudia Honegger. es 743

Rumänien. Geschichte, Wirtschaft, Politik 1944-1990. Aus dem Ungarischen von Anna Bak. es 1673

Jarusch, Konrad H.: Die eilige Einheit. Ein historischer Versuch. es 1877

Judentum im deutschen Sprachraum. Herausgegeben von Karl E. Grözinger. es 1613

Ketzer, Zauberer, Hexen. Die Anfänge der europäischen Hexenverfolgungen. Herausgegeben von Andreas Blauert. es 1577

Kritisches Wörterbuch der Französischen Revolution. 5 Bände. Herausgegeben von François Furet und Mona Ozouf. es 1522

Leroi-Gourhan, André: Die Religionen der Vorgeschichte. Paläolithikum. Aus dem Französischen von Michael Bischoff. es 1073

Meier, Christian: Die Ohnmacht des allmächtigen Diktators Caesar. Drei biographische Skizzen. es 1038

Meuschel, Sigrid: Legitimation und Parteiherrschaft in der DDR. es 1688

Negt, Oskar / Alexander Kluge: Geschichte und Eigensinn. Gewalt des Zusammenhangs. 3 Bände. Mit zahlreichen Abbildungen. es 1700

Scherrer, Jutta: Gegenüber dem Weißen Haus. Moskauer Tagebuch Herbst 1993. es 1903

Schrift und Materie der Geschichte. Vorschläge zur systematischen Aneignung historischer Prozesse. Herausgegeben von Claudia Honegger. es 814

Silj, Alessandro: Verbrechen, Politik, Demokratie in Italien 1943-1996. Aus dem Italienischen von Ulrich Hausmann. es 1911

Soboul, Albert: Französische Revolution und Volksbewegung: die Sansculotten. Die Sektionen von Paris im Jahre II. Bearbeitet und herausgegeben von Walter Markov. Die Übersetzung aus dem Französischen besorgte Claus Werner. es 960

Der Spanische Bürgerkrieg. Eine Bestandsaufnahme fünfzig Jahre danach. Manuel Tunñón de Lara, Julio Aróstegui, Ángel Viñas, Gabriel Cardona, Joseph M. Bricall. es 1401

Staritz, Dietrich: Geschichte der DDR 1949-1989. NHB. es 1260

Thompson, Edward P.: Die Entstehung der englischen Arbeiterklasse. 2 Bde. Aus dem Englischen von Lotte Eidenbenz, Mathias Eidenbenz, Christoph Groffy, Thomas Lindenberger, Gabriele Mischkowski, Ray Mary Rosdale. es 1170

Trotzki, Leo: Denkzettel. Politische Erfahrungen im Zeitalter der permanenten Revolution. Herausgegeben von Isaac Deutscher, George Novack und Helmut Dahmer. Übersetzungen aus dem Englischen von Harry Maòr. es 896

312/2/12.96

Geschichte
in der edition suhrkamp

Ullmann, Hans-Peter: Zwischen den Zeiten. Das Deutsche Kaiserreich 1871-1918. es 1546

Veyne, Paul: Foucault: Die Revolutionierung der Geschichte. Aus dem Französischen von Gustav Roßler. es 1702

Von deutscher Republik 1775-1795. Texte radikaler Demokraten. Herausgegeben von Jost Hermand. es 793

Vossler, Otto: Die Revolution von 1848 in Deutschland. es 210

Wahrnehmungsformen und Protestverhalten. Studien zur Lage der Unterschichten im 18. und 19. Jahrhundert. Mit Beiträgen von Edward P. Thompson, Rainer Wirtz, Pierre Caspard, Josef Ehmer, Detlev Puls, Patrick Fridenson, Douglas A. Reid, W. R. Lambert, Gareth Stedman Jones. Herausgegeben von Detlev Puls. es 948

Der Zusammenbruch der DDR. Herausgegeben von Hans Joas und Martin Kohli. es 1777

312/3/12.96